LE DÉVELOPPEMENT DE L'ISLAM POLITIQUE EN TURQUIE

Les raisons économiques, politiques et sociales

© L'Harmattan, 2010
5-7, rue de l'Ecole polytechnique, 75005 Paris

http://www.librairieharmattan.com
diffusion.harmattan@wanadoo.fr
harmattan1@wanadoo.fr

ISBN : 978-2-296-13812-4
EAN : 9782296138124

ALEX MUSTAFA PEKÖZ

LE DÉVELOPPEMENT DE L'ISLAM POLITIQUE EN TURQUIE

Les raisons économiques, politiques et sociales

L'Harmattan

Logiques Sociales
Collection dirigée par Bruno Péquignot

En réunissant des chercheurs, des praticiens et des essayistes, même si la dominante reste universitaire, la collection *Logiques Sociales* entend favoriser les liens entre la recherche non finalisée et l'action sociale.

En laissant toute liberté théorique aux auteurs, elle cherche à promouvoir les recherches qui partent d'un terrain, d'une enquête ou d'une expérience qui augmentent la connaissance empirique des phénomènes sociaux ou qui proposent une innovation méthodologique ou théorique, voire une réévaluation de méthodes ou de systèmes conceptuels classiques.

Dernières parutions

André PETITAT (dir.), *La pluralité interprétative. Aspects théoriques et empiriques*, 2010.
Claude GIRAUD, *De la trahison, Contribution à une sociologie de l'engagement*, 2010.
Sabrina WEYMIENS, *Les militants UMP du 16e arrondissement de Paris*, 2010.
Damien LAGAUZERE, *Le masochisme, Du sadomasochisme au sacré*, 2010.
Eric DACHEUX (dir.), *Vivre ensemble aujourd'hui : Le lien social dans les démocraties pluriculturelles*, 2010.
Martine ABROUS, *Se réaliser. Les intermittents du R.M.I, entre activités, emplois, chômage et assistance*, 2010.
Roland GUILLON, *Harmonie, rythme et sociétés. Genèse de l'Art contemporain*, 2010.
Angela XAVIER DE BRITO, *L'influence française dans la socialisation des élites féminines brésiliennes*, 2010.
Barbara LUCAS et Thanh-Huyen BALLMER-CAO (sous la direction de), *Les Nouvelles Frontières du genre. La division public-privé en question*, 2010.
Chrystelle GRENIER-TORRES (dir.), *L'identité genrée au cœur des transformations*, 2010.
Xavier DUNEZAT, Jacqueline HEINEN, Helena HIRATA, Roland PFEFFERKORN (coord.), *Travail et rapports sociaux de sexe. Rencontres autour de Danièle Kergoat*, 2010.

ABREVIATIONS UTILISÉES

AKP : Parti de la Justice et du Développement *(Adalet ve Kalkınma Partisi)*
AMGT: Vision Nationale Europe *(Avrupa Milli Görüş Teşkilatı)*
ANAP: Parti de la Mère Patrie *(Anavatan Partisi)*
AP: Parti de la Justice *(Adalet Partisi)*
CHP : Parti Populaire Républicain *(Cumruhiyet Halk Partisi)*
DGM: Cour de sûreté d'État *(Devlet Güvenlik Mahkemesi)*
DITIB: Union Turque de l'islam *(Türk İslam Birliği)*
DIE: Institut des Statistiques de l'État *(Devlet İstatistik Enstütüsü)*
DP: Parti Démocrate *(Demokrat Partisi)*
DYP: Parti de la Juste Voie *(Doğru Yol Partisi)*
FP: Parti de la Vertu *(Fazilet Partisi)*
IDP: Parti Démocrate de l'islam *(İslam Demokrat Partisi)*
IHL: Lycées de Formations de Religieux *(İmam Hatip Liseleri)*
IKO: Organisation de la Conférence de l'islam *(İslam Konferans Örgütü)*
KIT: Entreprises Economiques Publiques *(Kamu İktisadı Teşekulleri)*
MGK : Conseil National de Sécurité *(Milli Güvenlik Kurulu)*
MHP: Parti du Mouvement National *(Milliyetçi Hareket Partisi)*
MIT: Services Secrets Turcs *(Milli İstihbarat Teşkilatı*
MNP : Parti de l'Ordre National *(Milli Nizam Partisi)*
MSP: Parti du Salut National *(Milli Selamet Partisi)*
MUSİAD: Association des hommes d'affaires indépendants *(Müstakil İş Adamları Derneği)*
RP: Parti de la Prospérité *(Refha Partisi)*
RABITA: Union Mondiale de *l'islam (Dünya İslam Birliği)*
RUTK: Haut Conseil de l'Audiovisuel *(Radyo Televizyon Üst Kurumu)*
SP: Parti du Bonheur *(Saadet Partisi)*
TRT: Autorité de la Télévision et de la Radio en Turquie *(Türkiye Radyo Televizyon Kurumu)*
YAŞ: Conseil Militaire Suprême *(Yüksek Askeri Şura)*
YOK : Conseil de l'enseignement *supérieur (Yüksek Öğrenim Kurumu)*
TUSIAD: Association des Hommes d'Affaires Industriels *(Sanayi İş Adamları Derneği)*

INTRODUCTION

La religion, un des facteurs les plus importants pour le développement du processus social, modifie les structures sociales en influençant, avant tout, l'être humain, et le pouvoir politique. Le lien existant entre l'État et la religion crée directement une relation politique. Pour cette raison, la relation entre l'État, la société et la religion font partie des principaux maillons de l'espace politique.

La relation entre les pouvoirs politiques et les religions n'est pas apparue subitement à un certain moment de l'Histoire et ne s'est pas développée au hasard. Au contraire, elle est apparue dans des circonstances concrètes de la société et elle a fortement influencé les systèmes politiques.

Compte tenu du développement économique et social des sociétés, la relation entre l'État, la société et les religions a été redéfinie, car la position des structures religieuses n'a pas intégré de la même manière, la séparation des pouvoirs. Cela est notamment le cas pour l'islam, qui est la principale religion dans de nombreux pays d'Asie et d'Afrique.

Les concepts d'« Islam » et d'« Islamisme » peuvent être définis différemment. Cependant, si on tente d'élaborer une définition générale, « peu importe quel genre d'interprétation on fait de l'islam, toute structure qui met l'islam au centre de ses pratiques politiques, est islamiste » ou comme Sayyid l'a défini :

« L'islamisme est un projet qui permet de régler les relations sociales en fonction des traditions et des formations historiques de l'islam et de créer ainsi un horizon aux pratiques de la vie. »[1]

Si on établit la relation entre cette définition et l'espace politique, il est facile de comprendre le caractère politique de l'islam.

---

[1] AKTAY Yasin (Sous direction de), *Türkiye'de siyasal islamcılığın marjları*, Modern Türkiye'de Siyasal Düşünce/İslamcılık Cilt-6, İstanbul, Ed. İletişim, 2004, p.13-25.

Des différences significatives entre les multiples courants politiques, qui ont pris comme base l'islam, peuvent aisément se ressentir au quotidien. Qu'ils soient au pouvoir ou à l'opposition, bien qu'ils interprètent l'islam comme un thème commun, il existe des différences d'analyses entre les différents courants. Ainsi, il existe des différences d'interprétation entre les Talibans d'Afghanistan et les islamistes chiites d'Iran ou encore, entre l'Arabie Saoudite, qui abrite les lieux sacrés de l'islam et qui applique la tradition wahhabite et l'islam appliqué au Pakistan, dans les pays asiatiques comme l'Indonésie, la Malaisie ou en Turquie où il y a un mélange entre les cultures orientales et occidentales. Arkoun définit ainsi cette réalité : « Il n'est pas possible de faire une analyse générale qui englobe tous les musulmans. »[2]

L'islam ne laisse aucune possibilité à une séparation entre la religion et l'organisation de la société. Cela s'explique par le fait que l'islam est une religion qui a la particularité de se proclamer en modèle d'organisation politique. En effet, le Coran codifie le droit, ainsi que les procédures judiciaires, dont l'application relève directement des fonctions régaliennes de l'État.

Pour les croyants, le Coran prévoit toutes les solutions aux problèmes économiques, culturels, sociaux et politiques en rapport avec la société, ainsi que la manière d'appliquer le pouvoir politique, qui s'appuie sur un modèle d'organisation sociale. Dans ce sens, l'objectif de toutes les actions politiques est de mettre en application les principes de l'islam. Les fidèles musulmans qui ont des fonctions dans les institutions de l'État doivent ainsi mettre l'État au service de l'islam. Les personnes qui ont le pouvoir de diriger les relations sociales et l'État doivent donner une nouvelle forme au système politique en instaurant la charia, c'est-à-dire le droit prévu par le Coran. Pourtant, selon Mahmoud Azzab, le Coran n'interprète pas la charia dans le sens de droit et il y a une différence considérable entre charia et le fiqh, c'est-à-dire son interprétation donnée par les différentes écoles religieuses.

Les relations entre la religion et la politique constituent la structure de base du « fondamentalisme religieux ». Cette relation a toujours plus ou moins existé durant toutes les périodes historiques. Pourtant, à l'aube du 21ème siècle, on assiste particulièrement à une montée des différents courants fondamentalistes à l'échelle mondiale. Cette montée du fondamentalisme musulman a modifié les relations entre la religion et la société, et se caractérise notamment par un rapprochement entre l'espace religieux et l'espace politique.

---

[2] ARKOUN Muhammed, *İslam üzerine düşünceler*, Istanbul, Ed. Metis, 1999, p. 39.

La situation est, en Turquie, identique à celle de la plupart des pays musulmans du monde comme le montrent les victoires du parti islamiste AKP aux élections législatives de 2002 et 2007.

L'objet de cette thèse est l'étude des raisons économiques, politiques et sociales de du développement l'islam politique que connaît la Turquie depuis plusieurs décennies, développement qui s'est particulièrement accéléré ces dernières années. Dans quel contexte historique, l'islam a-t-il pu accéder au pouvoir dans un pays constitutionnellement laïque ? La réponse à cette question contribuera en même temps à la compréhension de la structure sociopolitique actuelle de la Turquie. En montrant le niveau économique et politique actuel atteint par le mouvement islamiste politique, nous pourrons examiner les différentes hypothèses qui constituent la structure de base de cette étude.

Si on analyse l'histoire proche de l'Anatolie, l'islam politique fait partie des principaux courants de pensée qui ont pu émerger et qui ont eu un certain impact sur les relations sociales. Il est cependant très difficile d'établir une définition de l'islam en Turquie par de simples concepts. En effet, alors que la plus grande partie de la population de Turquie est de religion musulmane, le niveau d'application des pratiques de l'islam fait toujours l'objet de fortes polémiques à l'intérieur de la société.

L'existence de différentes interprétations de la charia parmi les intellectuels islamistes est un véritable handicap pour l'islamisme politique qui s'est pourtant développé et qui a acquis un véritable pouvoir social. Le problème de la représentation politique était le principal obstacle des forces islamistes. Les problèmes provenant de cette situation ont créé, parmi les nombreux courants politiques, différentes possibilités d'interprétation du système. Cette division entre les courants islamistes a permis au système politique de les manipuler plus facilement.

Autrement dit, les différents discours islamistes défendent, d'un côté, des revendications sociales communes (comme le port du voile dans les lieux publics, le problème des lycées des Imam-Hatip, etc.) qui vont renforcer l'efficacité sociale de l'islam, et de l'autre côté, sont divisés quant à l'application de la charia au niveau politique de l'État. En particulier, au cours des 30 dernières années, des hommes politiques issus de différents mouvements islamistes, ont fait des constats théoriques que l'on peut définir comme « novateurs » pour que l'islamisme soit au pouvoir en Turquie. Ils ont soutenu des thèses en prenant notamment comme modèle, un régime basé sur la relation entre l'État, le pouvoir et la société, sur l'analyse des classes sociales, sur le rôle des organisations non gouvernementales. Ces idées ont été développées par des intellectuels islamistes tels qu'Ali Bulaç, İsmet Özel, Abdurrahman Dilipak, Ahmet Tabakoğlu, ou encore Ersin Gürdoğan.

En tant que courant politique, l'islamisme n'est pas contre le principe de propriété privée, ni contre la réalisation de plus-values. Autrement dit, ce courant politique soutient les valeurs de base du capitalisme. Aucun des modèles évoqués dans la relation entre l'État, les classes et le pouvoir, ne montre de différences avec le système libéral actuel. La charia est un concept de base que les organisations islamistes mettent au premier plan de leurs actions et de leurs objectifs. Leur croyance soutient uniquement un système basé sur le Coran et c'est dans cette perspective politique qu'ils forment leurs partisans. L'intégration de la charia dans le système politique par les islamistes représente depuis 1960 une problématique sous-jacente du système politique et est également soutenue par une partie du pouvoir politique depuis 1970. Si différents commentaires sur cette définition ont alors émergé, il y a cependant un point sur lequel tout le monde se rejoint : la charia est une prescription du Coran et il est obligatoire de l'appliquer. De ce fait, toutes les personnes qui défendent l'islam et qui croient au Coran, doivent également défendre la charia. Ainsi, une bonne partie des islamistes, de Necmettin Erbakan, fondateur et leader naturel de Vision Nationale à Recep Tayyip Erdoğan, l'actuel Premier ministre islamiste, a défendu l'islamisation de la société.

L'islam qui était un des plus importants fondements de l'État turc, ne se situe pas en marge du système comme il est supposé l'être. Au contraire, l'islam occupe un rôle prépondérant dans la souveraineté de l'État sur la société. De ce fait, et plus particulièrement dans l'Histoire politique de la République, la synthèse turco-islamique, alliant religion et modernité politique s'est définie comme une véritable stratégie. Il était effectivement étrange que les organisations islamistes aient également défendu ce système et l'aient fait accepter par leurs partisans.

Au départ, les mouvements islamiques ne s'intéressaient pas alors aux concepts tels que « les droits de l'Homme », « la démocratie », « le nationalisme », « la justice »[3] qui sont largement utilisés par les mouvements islamistes depuis ces dernières années, du fait de leur intégration dans le système politique. À certains moments, du fait de certains conflits qui sont apparus entre eux et le système, ils ont mis en avant ces concepts mais ne les ont jamais utilisés comme un moyen d'opposition. Les principales forces politiques de l'islam ont toujours

---

[3] ÇİĞDEM Ahmet, «İslamcılık üzerine bazi notlar», Modern *Türkiye'de Siyasal Düşünce/İslamcılık Cilt-6*, İstanbul, Ed., İletişim, 2004, p.26-33.

obéi aux forces politiques de l'État. La Démocratie, les libertés et les droits de l'Homme ne font pas partie de leurs traditions politiques, bien qu'une minorité de penseurs musulmans soucieux de concilier la religion avec les idées modernes de nation et de démocratie, comme Namik Kemal au 19ème siècle se soient également intéressés à ces questions comme l'affirme clairement l'intellectuel islamiste Abdurrahman Dilipak, ces concepts politiques n'ont pas de place dans le Coran, sauf quand l'islam peut se concilier avec le nationalisme turc. La principale institution où s'est organisé le mouvement islamiste est l'Institution des Affaires religieuses de l'État (Diyanet), ce qui peut sembler contradictoire mais qui répond en fait à un autre besoin de l'État. La politisation de la société qui s'est manifestée dans les relations entre l'Institution des Affaires religieuses, l'État, les confréries et les forces politiques, a apporté d'importants moyens au système politique dans ses relations intérieures et extérieures, tout en restant toujours discrètes. Ainsi, la relation entre l'armée qui est supposée être laïque et les confréries, qui sont supposées être partisanes de la charia, a créé un lien plus important entre les différentes forces du système. Ainsi, par exemple, comme le communisme était à la fois considéré comme l'ennemi de l'État et de l'islam, les confréries ont soutenu les coups d'État dirigés par l'armée contre les communistes, le 12 mars 1971 et le 12 septembre 1980. Les coups d'État commis par l'armée ont alors permis de contribuer au développement de l'islamisme.

Il est nécessaire de faire une analyse détaillée des espaces idéologiques et politiques où les mouvements islamistes se sont développés, pour atteindre un niveau important, au point de devenir des forces politiques dominantes du système pour « reformer » le système

L'islam politique a toujours été une force permettant de soutenir le pouvoir de l'État au cours des différentes époques. Les mouvances islamiques ont souvent agi en totale harmonie avec l'État dans les différentes périodes historiques. Par exemple, entre les années 1950 et 1955, les mouvements islamistes ont pris un rôle très actif dans les attaques contre le Journal *Tan* et dans les dégradations et vandalismes contre les lieux de travail des Grecs, mais aussi des Arméniens et Juifs. Entre les années 1968 et 1970, quand les jeunes universitaires de gauche manifestaient massivement contre la 6ème flotte de guerre américaine, ils ont émis, dans la même optique, des fatwas dans les mosquées qui étaient le principal lieu d'action des islamistes et ont lancé des appels au Talebe Cemiyetleri (Société des Étudiants) et du Komünizmple Mücadele Dernekleri (Association de Lutte contre le communisme). Entre 1975 et 1980, les mouvements islamistes ont encore pris un rôle très actif dans l'établissement d'« associations contre le communisme » et l'anéantissement des mouvements de gauche.

L'islam politique, qui s'est développé à l'intérieur des structures politiques et sociales de la Turquie, n'apporte pas de définition « nouvelle » de la société et ne se situe pas hors du système politique actuel. Il n'est pourtant pas inconcevable que des contradictions non stratégiques permettent par la suite de créer un régime « nouveau ». Les différences se situent sur la définition de la base sur laquelle le pouvoir politique doit s'organiser et sur quelle orientation doit se faire avant tout l'institutionnalisation de l'État. Il n'y a pas de division sur la stratégie politique à mener, car elle est basée sur les différentes variations politiques et économiques du système capitaliste. La politique islamiste accepte la base du système actuel et défend un changement se rapprochant fortement de celui de l'État. Quelques mouvements islamistes, qui sont apparus ces dernières années, défendent un « modèle de pouvoir » radicalement différent, mais sont restés marginaux et ont peu d'influences.

Parmi les forces de l'islam politique, le groupe Gülen (les Fehtullacılar), qui est très proche du système et qui s'est largement organisé au sein des différentes institutions, est le meilleur exemple de l'application de cette stratégie consistant en la prise du pouvoir en douceur. La politique éducative est essentielle pour le maintien du système, tout en étant un excellent indicateur de l'hégémonie du système et de l'influence de l'État sur les pouvoirs sociaux. La base idéologique du système éducatif turc qui est décrite comme laïque, est basée sur le concept de synthèse « turco-islamique ». L'islamisation du système éducatif constitue un des intérêts principaux du mouvement islamiste. Ils ont mené des actions très efficaces dans ce domaine, et ne s'en cachent pas. Le système politique, qui suit la religion de l'État, a appliqué les stratégies de l'islamisation en rendant « obligatoires » les cours de religion dans les écoles. Dans le système éducatif, depuis l'école primaire jusque dans les lycées et les universités, les éléments turco-islamistes occupent une place primordiale dans la diffusion de l'islam politique.

Établir un système efficace dans ce domaine permet de jouer un rôle très important dans l'islamisation de la société et dans la formation de cadres islamistes destinés à diriger ce système. Si on met à l'écart certaines périodes courtes et particulières dans le domaine de l'éducation, telles que l'ouverture par l'État d'écoles religieuses, en accord avec les islamistes, met clairement en évidence les tendances du futur système politique.

Une version turque de l'islamisme s'est développée à partir des années 1890 à travers différentes alliances entre les multiples forces internationales. Derrière cette idéologie « pro-islamique » se cachait surtout des forces, telles que l'Allemagne, qui avaient pour objectif de dominer le Proche-Orient. Depuis cette époque, l'islamisme a toujours été une partie intégrante du système politique, bien qu'il ait revêtu plusieurs formes selon les périodes : du panislamisme de Sultan Hamid, à l'islamisme modéré de l'AKP.

Après la Deuxième Guerre Mondiale et la division du monde en deux pôles, la stratégie de « guerre froide », suivie par les principaux centres du capitalisme et dirigée par son nouveau leader, les États-Unis, a largement utilisé les mouvances de l'islam politique comme un des acteurs principaux de ce conflit. Il existe un lien évident entre la stratégie menée par les États-Unis jusqu'à la chute de l'Union Soviétique et le développement des mouvements islamistes. L'objectif qui a été décidé par le Conseil de Sécurité des États-Unis en 1947, et qui a été par la suite appliqué sans interruption pendant toute la Guerre Froide, était d'entourer économiquement, politiquement et militairement l'Union Soviétique, de limiter sa zone d'influence et enfin de l'isoler du reste du monde. Du fait de sa position géographique, la Turquie était une des principales cibles des États-Unis au Proche-Orient et dans les pays des Balkans. Les États-Unis ont porté un intérêt particulier à développer leur stratégie contre l'Union Soviétique, tout d'abord en Turquie et en Iran, et ensuite en Égypte et en l'Arabie Saoudite. Le thème politique du projet de « ceinture verte » des stratèges américains et appliqué par l'État américain était « la religion contre le communisme ».

La relation entre le processus d'adhésion de la Turquie à l'Union Européenne et ce projet d' « Islamisme modéré », met en évidence un lien commun avec le projet d'alliance, non seulement avec l'Union Européenne, mais aussi avec les États-Unis. De ce fait, la question du développement de l'islamisme « radical » au Proche-Orient est autant un problème de l'Union européenne que des États-Unis. Le processus engagé par l'Union européenne vis-à-vis de la Turquie démontre également l'acceptation dans son espace politique, des régions confrontées à la question de l'islam politique.

Un des facteurs importants des politiques internationales pour le développement de l'islam politique est également la relation qu'entretient la Turquie avec les pays islamistes et les institutions internationales. Les liens qu'entretiennent l'État turc et ses institutions religieuses avec les organisations islamistes internationales, jouent un rôle déterminant dans le développement de l'islam politique en Turquie. Les pays qui sont supposés être dirigé par la Charia, tels que l'Arabie Saoudite, l'Iran, le et la Libye, apportent une aide économique considérable à la Turquie pour le développement de l'islam. En contrepartie des aides reçues pendant les années 1980, ils ont fait passer des lois pour faciliter le développement de l'islam.

L'étude sur le développement historique du mouvement islamiste portera premièrement sur l'examen des différentes perspectives théoriques, politiques et idéologiques du mouvement islamiste. En effet, c'est un point qui est essentiel pour comprendre leurs impacts sur les relations nationales et internationales. Sur quelle base politique islamiste se sont développées ces relations ?

Les mouvements islamistes représentent-ils réellement une force alternative au système politique ou au contraire s'intègrent-ils totalement au système dans les différents domaines politiques et idéologiques ?

Pour répondre à cette question, je m'intéresserai aux perspectives idéologiques et politiques des courants islamistes en me focalisant plus particulièrement sur les analyses et les différents points de vue des intellectuels et les hommes politiques islamistes.

Il s'agira également de replacer le développement de l'islamisme politique dans le contexte des relations nationales et internationales. En effet, l'islamisme de Turquie a été considéré comme une force et a été largement utilisé par les stratèges internationaux. Il apparaît aussi que les mouvements islamistes ont été soutenus par l'État turc mais également par les forces locales et internationales. Après la Seconde Guerre Mondiale, l'islamisme est devenu un facteur prépondérant dans les stratégies établies en direction du Proche-Orient. En Turquie, particulièrement, le soutien politique apporté à l'islamisme a un lien étroit avec le combat dans l'hégémonie des forces présentes dans la région. Une bonne analyse de la base idéologique et politique sur laquelle le mouvement islamiste s'est développé, est un point-clé de la problématique.

L'analyse concrète de l'importance économique des mouvements islamistes, dans la relation avec l'espace idéologique et politique, nous aide également à comprendre dans quel espace, l'islamisme s'est développé. Il est en effet indispensable de saisir les qualités de cette force économique, qui constitue un « capital vert » ou « capital islamiste », et qui représente 20 % de l'économie turque.

Ces analyses nous montrent également l'émergence d'une force et d'un espace d'organisation dans les relations sociales du mouvement islamiste. Une attention particulière sera portée aux données statistiques pour permettre d'expliquer plus concrètement le sujet et la politique mis en place pour organiser le système. L'analyse des données met en évidence les soutiens apportés par les différentes forces du système. Autrement dit, la stratégie des confréries dans les différentes institutions a été, et reste toujours, de se développer en étroite collaboration avec le système. Il existe également un lien direct entre l'insertion politique de leur cadre dans les institutions gouvernementales dans les domaines de la santé, de l'éducation et des affaires religieuses, et l'élaboration d'une base sociale solide.

L'utilisation des données concrètes permet de mesurer le niveau d'implication de l'organisation islamiste dans toutes les institutions stratégiques de l'État depuis le processus historique établi après la Seconde Guerre Mondiale. Cette étude examinera en détail le fonctionnement des institutions qu'ils ont mis au premier plan, ainsi que leur plan tactique multidimensionnel qu'ils ont suivi pour renforcer leurs liens sociaux et leurs orientations stratégiques. Les données nous apportent un aperçu très clair et concret de la stratégie du mouvement islamiste.

Les médias idéologiques visuels et audiovisuels représentent un des moyens les plus efficaces de propagande et d'organisation de la stratégie de développement des mouvements islamistes. En effet, les médias sont des appareils idéologiques de l'État qui sont essentiels pour diriger et orienter la société. Les mouvements islamistes ont su créer un réseau impressionnant en utilisant la télévision, la radio, les journaux, les revues, et depuis quelques années, internet. Ils ont ainsi acquis leur autonomie complète dans la presse écrite et audiovisuelle qu'ils comme des leviers stratégiques dans l'islamisation du pays.

Cette étude est constituée de 10 parties et de plusieurs sous-parties. Toutes ces parties abordent des thématiques différentes, mais qui ont toutes des liens entre elles. Cette caractéristique permet d'établir un lien rationnel entre les différents thèmes abordés. Pour cette raison, il est important de percevoir les relations entre les différents sous-chapitres qui semblent parfois une répétition ou qui traitent parfois de sujets similaires. La question de l'islamisme politique en Turquie peut également être traitée sous un angle philosophique mais j'ai choisi consciemment de ne pas aborder cette partie et rester ainsi fidèle à l'originalité du sujet. De ce fait, le sujet contient une analyse politique mais pas d'analyse philosophique. Les relations entre l'État, la société et la religion dans l'espace théorique, pratique et organisationnel, ont constitué la base de mes recherches. J'ai ainsi voulu traiter le sujet d'Islam politique en Turquie, et dans ce but, je me suis appuyé sur des données concrètes.

PREMIÈRE PARTIE :
LES TENDANCES IDÉOLOGIQUES ET POLITIQUES DU MOUVEMENT ISLAMISTE POLITIQUE

L'examen des aspects multiples de la réalité idéologique et politique du mouvement islamiste, est un point sur lequel il est très important d'insister dans cette étude. Il est d'une part obligatoire de l'examiner pour ses relations avec l'idéologie traditionnelle de l'islam et de l'application pratique du turco-islamisme qui se forme dans l'originalité de la Turquie.

Les islamistes défendent-ils politiquement et idéologiquement un nouveau modèle de système en dehors des systèmes politiques existants ou sont-ils uniquement contre les opinions politiques qui dominent dans l'État actuel ? Où se positionnent-ils dans le système politique ? Sont-ils en état de combattre contre l'État ou sont-ils pour un changement politique intégré dans l'État ? Quelle est la base idéologique de l'opinion islamique qu'ils recherchent en dehors de la structure politique et sociale de la Turquie ? Il est important de comprendre à partir des tendances politiques et idéologiques de l'islam politique comment ils considèrent la démocratie, comment ils s'accordent idéologiquement avec l'État sur une ligne politique anticommuniste dans les limites historiques du capitalisme, comment ils interprètent le régime de charia, comment ils relient la progression idéologique et politique de l'islam avec les évolutions internationales.

1- LE DJIHAD : UNE STRATÉGIE DE LUTTE DÉFENDUE PAR LES ISLAMISTES POUR INSTAURER UN RÉGIME POLITIQUE, LA CHARIA

Mener une guerre religieuse (djihad) ou se battre pour l'islam est considéré comme une tâche essentielle par les islamistes politiques. Il s'agit en effet d'une mission prioritaire pour les tendances et individus islamistes que ce soit sous forme de lutte armée ou sous forme de propagande idéologique et politique. Se battre pour Dieu est la plus grande prière. Ce point de vue dominant dans la logique de l'islam porte la même base dans chaque pays musulman malgré des conditions politiques, économiques et sociales variées. Le djihad est nécessaire pour propager et faire régner l'islam.

L'appel à la guerre religieuse est mis sur la base de deux versets du Coran.

« On vous a prescrit le combat. Il vous est cependant désagréable Or, il se peut que vous ayez de l'aversion pour une chose qui cependant vous est un bien. Et il se peut que vous aimiez une chose qui cependant vous est mauvaise. Et Dieu sait, et vous ne savez pas ».[4]

« Et combattez-les jusqu'à ce qu'il n'y ait plus de persécution et que la religion soit à Dieu. S'ils cessent, donc, plus d'hostilité, sauf contre les prévaricateurs »[5].

Lors de toutes les discussions sur le djihad, ce sont ces versets qui sont pris pour référence. Abdullah Azam, un écrivain islamiste, interprète ces versets et donne une définition du djihad :

« C'est de mener la lutte par tout moyen licite contre tout obstacle et tout ennemi afin de faire régner la religion de Dieu sur terre et d'éliminer le désordre et le mal. L'un de ces moyens est la communication et l'autre est la guerre... »[6]

Deux méthodes principales de lutte permettent de mener le djihad destiné à faire régner dans le monde l'ultime religion de Dieu qu'est l'islam : la propagande et la guerre. La méthode à utiliser dépend du contexte.

D'après ce point de vue, la mission principale des universitaires, écrivains, journalistes islamistes ainsi que des leaders des ordres religieux et des hommes politiques islamistes est de participer au djihad sous quelque forme et méthode que ce soit. Tout individu est tenu d'y participer en fonction de la mission qu'il exerce. On suppose généralement que l'appel au djihad est essentiellement lancé par des organisations islamistes d'origine arabe. Et également que cet appel n'est pas lancé dans un grand pays tel que la Turquie, qui est à la fois

---

[4] *Le Saint Coran, sourate 2 la Vache, versets 212 et 213*, traduction de HAMDULLAH Muhammad, Paris, Ed. Beyan, 2002. p.167.
[5] *Ibid.,* Vache verset 189, p. 165.
[6] AZAM Abdullah, *Müslüman halkın cihadı*, Istanbul, Ed.Tarık, 1998, p. 5.

musulmane et laïque. Cette approche est erronée, du fait que la prise de position des forces islamistes n'est pas bien étudiée.

Il est généralement précisé que cette mission concerne chaque musulman qui doit y travailler activement. Le chemin et la tactique suivis afin d'atteindre ce but ne sont que des détails.

Le Professeur Turhan Tufan Yüce, ex-doyen de l'Université de Dokuz Eylül connu pour ses opinions conservatrices, définit l'islam de la façon suivante :

« L'État de charia, autrement dit l'État théocratique, est régi par le droit divin, c'est-à-dire par les règles religieuses auxquelles l'individu est contraint le cas échéant afin de respecter les exigences de la religion. Le pouvoir du chef de l'État ne provient pas de la société mais de Dieu. »[7]

Cette analyse théorique relative à la charia, met en relief le mode d'approche du problème par les différents groupes islamistes en Turquie. Un autre point sur lequel toutes les tendances islamiques défendant la charia en tant que constitution politique s'accordent est de définir la stratégie de lutte menée en tant que *djihad*.

Le Professeur Ali Özek avait déclaré lors d'un entretien intitulé *le djihad, la plus sacrée des prières* paru dans le quotidien *Akit* : « il existe un principe qui évalue la lutte d'un système menée contre le système adverse. Ce principe et cet ordre de l'islam sont appelés le djihad. À partir de ce point de vue, on considère qu'un musulman qui néglige cette tâche manque à sa mission islamique bien qu'il fasse preuve de beaucoup de piété... »

Özek, lance un appel à tous les musulmans pour qu'ils participent immédiatement à la guerre sainte, et fassent face dès maintenant à leur « responsabilité envers Dieu » pour le monde à venir. Le djihad prendrait une forme différente dans chaque pays en fonction des conditions économiques, sociales et politiques. Différentes méthodes politiques et organisationnelles seront mises en œuvre pour atteindre le but recherché.

Le Professeur Ali Fuat Başgil, exprime sa vision concernant la relation entre l'islam et le djihad de la façon suivante :

« La religion musulmane n'est pas seulement la foi. Elle est en même temps un chemin de vie pratique, une loi comprenant des impératifs et des

---

[7] YÜCE Turhan Tufan, *Türk dünya tarihi dergisi*, Janiver 1997, N°: 2, p. 45-53.

interdictions. Une personne qui ne se soumet pas à la loi religieuse est coupable vis-à-vis de la religion. La personne religieuse est en même temps un citoyen de l'État. Il n'y a plus de problème lorsque la religion et l'État sont unis. Mais lorsqu'ils se distinguent, il y a une forte lutte entre eux. Les ordres de la religion et les règles de l'État s'opposent. Cette séparation a atteint en Turquie un niveau extrême. Le djihad est saint pour l'islam et elle est un ordre de Dieu. »[8]

Le djihad est saint et est un commandement de Dieu dans l'islam. Le djihad est considéré comme un moyen de changer les systèmes politiques. Partout, on retrouve cette même façon de voir. La stratégie est la même. Le développement des politiques conformes à la situation de chaque pays voire de chaque région et la mise en œuvre des modes de lutte sont également une exigence du djihad. On constate qu'en Turquie, le mouvement islamiste applique cette lutte aux différents contextes en fonction des conditions économiques, politiques et sociales et qu'elle se trouve dans des tendances politiques directes. Il faut avoir une connaissance des approches relatives à la guerre religieuse des différentes versions des forces islamiques politiques qui s'organisent dans l'État et qui tentent en même temps d'être efficace dans le domaine politique. Ainsi, il sera plus facile de comprendre les tendances stratégiques de ces forces qui commencent à régner dans la vie quotidienne, sociale et aussi sur le système.

Erdoğan, le président de l'AKP et l'actuel Premier ministre, apporte tout son soutien à l'appel à la guerre religieuse. Lors d'un discours prononcé dans la ville kurde de Siirt : il avait dit :

« Qu'est-ce que je recherche dans ce pays de martyres qu'est la Turquie, si je n'arrive pas à déclarer librement ma foi ? Mes frères, je dis que ces prières ne se tairont pas ! Vous avez des soucis ? Nu ne peut les faire taire. Nous deviendrons un volcan, une foudre et nous exploserons devant ceux qui voudront faire taire l'appel à la prière ! Il n'y a pas d'autre moyen ! Nous existons dans ce but ! Si on dit à ma sœur qui recouvre sa tête "tu ne peux pas faire d'études si tu ne l'enlèves pas", alors, il y a de la torture dans ce pays. Ceci ne continuera pas ainsi, le droit règnera un jour. Devons-nous exister avec la religion ? Oui, nous le devons ! »[9]

Ce discours émanant d'Erdogan est l'un des exemples significatifs de l'appel au djihad. Il proclame au sujet de la mise en application de l'islam : « nous deviendrons un volcan, une foudre, nous exploserons ».

---

[8] Op. cit., no: 2, p. 58.
[9] Le quotidien *Sabah*, 06 janvier 1997.

Une personne ayant des idées si radicales aura naturellement des pratiques reflétant en partie ce processus.

Erdoğan, indique que le monde musulman attend que la nation turque musulmane se révolte pour le djihad :

« Le monde musulman qui compte une population d'un milliard et demie de personne, attend que la nation turque musulmane se révolte. Nous nous révolterons. Maintenant on en voit les signes. Grâce à la permission de Dieu. Ce soulèvement commencera. Tu dois courir. Tu dois travailler. Si tu ne souffres pas, cela ne se produira pas. Si vos enfants, vos femmes vous empêchent d'agir, n'attendez plus cette victoire. Tu dois dépasser tout obstacle, le jour où nous le dépasserons, les lumières de la victoire, seront près de nous. Et alors Dieu accomplira sa lumière… »[10]

Les opinions si nettes et si claires de quelqu'un qui est Premier ministre de Turquie, nous donnent une idée concrète sur les tendances des forces islamiques politiques. Il s'agit d'ailleurs d'une relation directe entre l'appel au djihad et la volonté de faire régner un système politique basé sur « la charia ». Ainsi, l'appel au djihad est admis en tant que forme politique et militaire de l'exercice du système de la « charia ».

Necmettin Erbakan, un ancien Premier ministre de la Turquie et le leader naturel du Mouvement de Vision Nationale avait souligné lors d'un discours prononcé le 13 mai 1991 dans la ville de Sivas combien le djihad est importante pour la lutte de pouvoir politique.

« Le Parti de la Prospérité est une armée. Tu dois travailler de toutes tes forces pour que cette armée grandisse. Ce parti est l'armée de la guerre islamique. Tu ne peux pas mener tes propres actions en te disant que tu fais ta propre guerre. Les actions qui sont menées sans demander l'avis du quartier ne sont que discorde. Si tu travailles, tu travailles ici. Es-tu musulman ? Alors, tu es obligé d'être un militaire de cette armée. On ne devient pas musulman sans donner de l'argent au djihad. Nous, nous sommes musulmans. Nous devons tous soutenir le Parti de la Prospérité (RP) car nous désirons le djihad. Tous ceux qui travaillent consciemment pour le Parti de la Prospérité vont au paradis, pourquoi ? Parce que *Prospérité* signifie travailler pour faire régner l'ordre coranique. »[11]

---

[10] Cité par ÇAKIR Ruşen- ÇALMUK Fehmi, *Recep Tayyip Erdoğan-bir dönüşüm hikayesi*, Istanbul, Ed. Metis, 2001, p.212.
[11] *Refah partisi kapatma davası*, Istanbul, Ed. Kaynak, 1998. p. 287.

Cet ancien Premier Ministre de la Turquie, qui a eu un rôle important dans la constitution du mouvement islamiste politique et qui a eu un effet déterminant sur les forces islamistes y compris sur l'AKP, en tant que leader naturel du mouvement, affirme que son objectif est un État de charia et que pour y parvenir, le djihad est sa forme de lutte et de guerre.

Erbakan promet qu'il luttera pour que l'ordre de la charia règne non seulement en Turquie mais dans le monde entier :

« … Mon Dieu, c'est toi qui as constitué le régime de droit et de justice dans le monde. C'est pour cela que je travaillerai de toutes mes forces pour que cet ordre règne sur terre. Le travail pour faire régner sur terre l'ordre de justice qui nous a été envoyé par Dieu s'appelle le djihad. Pour ceci, un autre musulman promet d'accomplir le devoir suprême du djihad en glorifiant le nom de Dieu. Mon Dieu, je ferai le djihad avec toutes mes forces. Je travaillerai de toutes mes forces pour faire régner sur la terre l'ordre de droit et de justice ordonné par toi pour le bonheur de l'humanité…»[12]

Erbakan, encore, lors de son discours prononcé auprès de la Grande Assemblée nationale de Turquie, au sein du groupe du RP, le 13 avril 1994, indique qu'il s'agit d'un double aspect pour constituer « l'Ordre Juste », c'est-à-dire la charia et affirme ainsi :

« Maintenant, un deuxième point important est que le Parti de la Prospérité viendra au pouvoir et ainsi se constituera l'ordre de la justice. Mais quel est le problème ? La transition sera-t-elle forte ou douce, se fera-t-elle ou non dans le sang ? Je n'ai pas envie d'utiliser ces mots mais je me sens obligé de le faire pour que tout le monde voie la réalité contre leur terrorisme. Maintenant il faut que la Turquie prenne une décision. Le RP emmènera l'ordre juste, ceci est indispensable. Est-ce que ce processus sera doux ou violent, avec ou sans sang ? Soixante millions de personnes en décideront… »[13]

Erbakan affirme ainsi que le régime qu'il souhaite instaurer est le système de la charia. Pour ce fait, il évoque de deux éventualités dans la stratégie à mettre en place pour occuper le pouvoir : changer le régime politique existant soit de manière « douce » c'est-à-dire par la majorité au Parlement, soit de manière « sanglante » c'est à dire en utilisant la violence : c'est la fin qui justifiera les moyens. Le système existant sera ainsi remplacé par la charia considéré comme « l'ordre juste ».

---

[12] Cité par TURAN Sara Gül, *Refah partisi'nin negatif yüzü*, İzmir, Ed. Leyal, 1995, p.186.
[13] *Ibid.*

Indépendamment de la possibilité pratique de ce projet, et de savoir si les équilibres politiques internes, la structure sociale et culturelle générale de la société en Turquie permettront ou non ce changement, il est important de connaître cette opinion pour comprendre l'objectif politique du mouvement islamiste. En effet, jusqu'à présent, le point de vue des autres cadres islamistes qui se sont formés à la même source politique et idéologique et qui ont pris la décision de défendre leur choix politique dans d'autres partis est quasiment identique.

Muzaffer Doğan, l'ancien maire d'Istanbul-Bahçelievler et ancien membre du RP, qui fait actuellement parti l'AKP, avait prononcé un discours lors de sa visite à La Mecque en 1993 aux pèlerins turcs, en affirmant :

« Moi, en tant que votre frère élu à la mairie de Bahçelievler, je dis que je ne suis pas laïque : je dis que je suis pour la charia. À côté de ceux qui disent *mort à la charia* il y a aussi ceux qui disent *vive la charia*. Pendant 600 ans, notre pays a été gouverné par la charia. Mais maintenant Dieu est foulé aux pieds et nous, nous faisons le pèlerinage et nous prions ici. Que Dieu honore à nouveau notre pays avec la charia… »[14]

Ce que ces maires essaient de réaliser est naturellement « le régime de charia ». Dans les municipalités ils essaient d'adapter le système à l'islam. En qualité de maire, il indique clairement qu'il n'est pas laïque, mais qu'il est pour la charia.

Lorsqu'il était député d'Urfa du RP, Halil İbrahim Çelik, avait fait un discours le 8 mai 1997 auprès de la Grande Assemblée nationale de la Turquie, dans lequel il déclarait « je suis tout à fait pour la charia. Je souhaite la charia. » De même, lors d'un discours fait le 14 mars 1994 dans la ville de Kırıkkale, Hasan Hüseyin Ceylan, le député d'Ankara du Parti de la Prospérité, indiquait que le régime politique en Turquie serait détruit :

« C'est notre pays. Mais l'État n'est pas le nôtre, mes frères. Ni ce régime, ni le kémalisme. Ces derniers appartiennent aux autres. Messieurs, la Turquie sera détruite. On se demande si la Turquie deviendra ou non l'Algérie. Nous ne nous contenterons pas d'un 20 % aux élections, nous atteindrons 81 %, comme en Algérie. Je m'adresse à ceux

---

[14]*Ibid.*, p.185.

qui ne font qu'imiter l'Occident : vos efforts seront vains. Vous *crèverez* par la main des habitants de Kırıkkale. »[15]

Tayyip Erdoğan, qui est issu du Mouvement Vision Nationale et qui a longtemps travaillé au service d'Erbakan, a plusieurs fois affirmé devant l'opinion publique que le régime politique qu'il défendait était basé sur l'islam et qu'il était pour la charia.

Il a notamment déclaré que sa référence politique était l'islam et que le système ne pouvait contredire les règles et les lois de Dieu : « le système que nous souhaitons mettre en œuvre ne peut pas s'opposer aux dispositions de Dieu. Car notre référence est l'islam. Pour ce faire, le système que nous apporterons ne sera pas contraire à cette référence. »[16]

Erdoğan, lors d'un autre discours, affirme que : « Grâce à Dieu, 99 % de ceux qui vivent en Turquie affirment être musulmans. Alors ces 99 % doivent également affirmer qu'ils sont, grâce à Dieu, pour la charia. »[17]

Tel est objectif stratégique politique du Premier ministre d'un pays qui souhaite intégrer l'UE, c'est très net. La démocratie est une étape intermédiaire pour atteindre le régime de charia. Sa référence est l'islam. Il n'est pas possible qu'un individu, qu'un parti politique qui souhaite instaurer le régime de charia dont la référence est basée sur le Coran exprime ses idées plus clairement.

Erdoğan avait déclaré qu'il était prêt, si nécessaire, à revêtir une soutane de prêtre dans sa lutte pour atteindre son objectif politique, avait indiqué alors qu'il était maire d'Istanbul :

« La justice à laquelle nous croyons, c'est-à-dire Vision Nationale, est celle de la vérité qui est immuable quels que soient le temps et l'espace. Moi, personnellement, je suis prêt à porter une soutane de prêtre pour faire régner dans la vie cette vérité. »[18]

Il est clair que par le terme « faire régner la justice dans la vie », Erdoğan sous-entend « le système de charia ». En indiquant qu'il pourrait porter le cas échéant une soutane dans la lutte de guerre religieuse menée pour l'islamisation, il avait déjà montré des années auparavant les signes

---

[15] Cité par SAVAŞ Vural, *İrtica ve bölücülüğe karşı militan demokrasi*, Ankara, Ed. Bilgi, 2001, p.413.
[16] *Yeni Yüzyıl gazetesi*, 23 septembre 1996.
[17] *Milliyet*, 21 novembre 1994.
[18] Cité par POYRAZ Ergün, *Hilafet Ordusundan Arap-Kürt Partisine*, Istanbul, Ed. Toplumsal dönüşüm, 2003, p.45.

de la politique qu'il exerce aujourd'hui. On peut se demander si pour ce leader islamiste, y a une relation entre l'idée de « porter un costume de prêtre » pour atteindre ses objectifs stratégiques et les politiques qu'il avait déterminés au sujet du processus d'intégration à l'Union Européenne.

Gülen, le leader des Fethullahistes, dont les membres sont essentiellement issus de la confrérie Nurcu, ayant des relations discrètes sur le plan international et un effet considérable sur la politique interne de la Turquie nous donne également une idée concrète de sa définition du djihad :

« Le djihad est une porte de vie, celui qui rentre par cette porte accédera immédiatement à l'un des deux bienfaits. Oui, où vous deviendrez des martyres et accéderez à la vie éternelle ou bien vous serrez victorieux et accéderez aux mérites de ce monde et de l'au-delà. Le sens du mot *djihad* varie selon les besoins de l'époque et les circonstances. Parfois, il faut l'accomplir en sacrifiant tout ce qu'on possède, parfois, il faut mourir et tuer pour l'effectuer. Le djihad est l'idéal suprême que peut atteindre un croyant. En effet, le croyant ne peut atteindre le droit sacré de faire ses ablutions avec son sang ou se noyer dans sa transpiration, qu'avec le djihad. »[19]

Le musulman est clairement encouragé ici, à faire le djihad en mourant et en tuant pour l'islam. Gülen attire l'attention sur l'importance des modes d'organisation et de lutte politiques pour le djihad, en continuant ainsi son discours :

« Les soldats de Mohammed sont l'armée de Dieu… Le Hizbullah, la communauté de Dieu, c'est-à-dire le parti de Dieu… Le Parti de Dieu est contre les combats politiques, contre les partis politiques… Il est dans vos rêves. Il vous attrape quand vous entrez dans la vie imaginaire. Il vous poursuit partout avec ses signaux d'avertissement… Il vous accueille partout. De temps en temps, vous vous voyez exactement dans eux [les soldats de Mohammed], vous battre avec eux. Lors que vous accédez à l'union des sentiments et d'idées, vous devenez les soldats cette même union. Et c'est ce que j'essaie de vous. Une fois devenus soldats de Dieu, une fois devenus créatures de Dieu, ni temps et, ni la distance ne peuvent les séparer. »[20]

---

[19] GÜLEN, *Asrın getirdiği tereddütler-4*, İzmir, Ed. Nil, 1998, p. 186-188.
[20] Cité par POYRAZ, *Fethullah'ın gerçek yüzü*, Istanbul, Ed. Otopsi, 2000, p. 81-82.

Les analyses politiques et les perspectives relatives à la guerre sainte de Gülen, qui a des relations économiques et sociales très influentes, sont très nettes. Gülen et son ordre religieux projettent de changer le régime politique existant en Turquie pour le remplacer par un système conforme aux principes islamiques et appellent les croyants et les soldats de Dieu au djihad.

Il s'agit d'une relation directe entre l'organisation des forces politiques islamistes défendant le régime de charia contre la laïcité auprès des institutions stratégiques de l'État et la lutte pour le djihad. En effet, les forces islamistes insistent particulièrement sur la nécessité de mener le djihad en utilisant plusieurs procédés différents. Ainsi le nom de la stratégie d'organisation et de conquête de l'intérieur du mouvement islamiste dans l'État est le *djihad*. Il est indiqué que, pour assurer le passage au régime de la charia en tant que mode de gouvernement de l'islam politique, il faut tout d'abord accomplir l'organisation à l'intérieur de l'État. Par ailleurs, il est souvent souligné que sans avoir accompli cette phase du djihad, il est dangereux de faire appel à la lutte armée qui aurait comme effet de nuire à la lutte islamiste.

2- LE PLACE DE LA DÉMOCRATIE DANS LA STRATÉGIE POLITIQUE DE L'İSLAM

Procéder à l'analyse de la relation entre la religion et la démocratie nécessite une recherche complète. Il y a plusieurs différences entre l'évolution historique des religions et le développement de la démocratie. Mais, en ce qui concerne notre sujet, il est nécessaire d'insister sur la relation existant entre la religion islamique et la démocratie. En effet, si nous considérons l'islam politisé en tant que modèle d'organisation qui régit la vie sociale des gens, comment concevoir sa relation avec la démocratie ? Quelle est l'approche des forces politiques islamistes par rapport à la question de la démocratie et de quelle manière la considèrent-ils dans le contexte actuel de la Turquie ?

Le point commun sur lequel s'accordent toutes les tendances et forces islamistes est qu'en aucun cas le Coran ne peut être modifié. Dans une sourate du Coran, on peut lire :

« Et vers toi, nous avons fait descendre le Livre avec vérité, en tant que confirmateur du Livre qui était devant lui et tant que son protecteur. Juge donc parmi eux d'après ce que Dieu a fait descendre ; et ne suis pas leurs passions, loin de la vérité qui t'est venue. À chacun de vous Nous avons assigné une voie et un chemin. »[21]

Et, au verset 2 de la sourate 7 les Limbes :

« Suivez ce qui, de votre Seigneur, a été descendu vers vous ; et ne suivez pas de patron hors de Lui. Pour peu que vous vous rappeliez ! »[22]

Ces versets du Coran qui sont souvent cités par les organes de publication des organisations islamistes, constituent la principale interprétation du mouvement politique islamiste en général. Pour la plupart des organisations islamistes, le Coran est la loi. De lui, découle tout le droit, y compris politique, ce qui fait que la démocratie qui implique l'élaboration des lois par des représentants politiques élus à la majorité des voix, est perçue comme contradictoire avec les lois de Dieu qui sont immuables.

L'islam comprend également un modèle d'organisation de l'État. Alors quel sera le mode de gouvernement ? Comme la source principale du pouvoir islamiste est le Coran, la forme de l'État est un modèle basé sur la charia. Bien qu'il y ait certaines différences de point de vue entre les islamistes, le mode de gouvernement de tous les états islamistes fondés dans l'Histoire a été basé sur la charia. Comme la démocratie et la charia représentent deux principes contradictoires, leur coexistence est impossible. Les intellectuels et les chercheurs islamistes admettent en général que « la démocratie et l'islam ne s'accordent pas ».

La manière dont les leaders des ordres religieux, les universitaires et les personnalités politiques islamistes connus en Turquie, considèrent la démocratie est généralement identique, puisque leur référence est le Coran. Par exemple, le point de vue sur la démocratie de Gülen qui a pour objectif de fonder un régime de charia est le suivant.

« En profitant des offres du système démocratique, nous devons accomplir nos devoirs que nous avons négligés pendant des années. Le changement de système ne nous intéresse pas. Plusieurs personnes qui considéraient auparavant la république comme un tabou avec des principes immuables parlent maintenant de *deuxième république*, de *nouvelle démocratie*. Donc cette génération changera le système actuel en fonction de ses opinions, de son expérience et de leurs croyances, et le remplacera par un autre système… Si le système appelé la démocratie est

---

[21] Op., cité, HAMDULLAH, sourate 5 le Plateau Servi –Verset 52, p.237.
[22] Op., cité, HAMDULLAH, p.267.

le système suprême sur terre comme certains l'admettent, alors l'islam avait déjà atteint ce stade des siècles auparavant. Mais nous, nous sommes contre l'idée que l'islam soit un système démocratique. »[23]

Cette approche reflète les opinions de toutes les tendances islamistes. Car en règle générale, c'est le Coran qui sert de base. Comme nous pouvons le constater dans ces exemples, le Coran est immuable quels que soient la période et le contexte. Tous ceux qui prennent comme référence le mode de vie et de gouvernements islamiques doivent être contre la démocratie comme l'indique Gülen. Il dit encore « Arrêtons de nous occuper de la démocratie : cela ne nous intéresse pas ». En effet, les principales préoccupations des islamistes sont l'islamisation de l'ensemble de la société et en même temps l'utilisation de la démocratie comme un moyen pour établir l'ordre de charia.

Coşan, leader de l'ordre religieux Nakşibendi et député du RP, qui a exercé une influence considérable dans le mouvement politique islamiste et qui a trouvé la mort à la suite d'un accident en Australie où il était parti en tant que « missionnaire islamique », avait déclaré qu'il était contre la démocratie :

« La démocratie signifie la volonté du peuple, l'opinion du peuple, le vote du peuple : mais comment pense le peuple ? Bien s'il pense à la bienveillance, mal s'il pense à la méchanceté. Retrouvera-t-il l'ordre de Dieu, créera-t-il quelques choses ? Ceci n'est pas juste. Dans l'islam la domination des paroles d'un groupe composé des savants est primordiale »[24]

En ce qui concerne la relation entre l'islam et la démocratie, les islamistes apportent la réponse suivante :

« La religion musulmane est-elle compatible avec la démocratie et le système laïque basé sur elle ? Il n'y a qu'une seule réponse à cette question : c'est non. »

Ce point de vue met en évidence la relation ainsi que les différences qui existent entre la démocratie et l'islam. D'après cet auteur, l'organisation de l'ordre social doit se faire en fonction des règles islamiques. En effet, pour lui, tout ce qui est relatif au passé et à l'avenir

---

[23] Cité par KALELİ Lütfi, *İrtica ve ABD kıskacında Türkiye*, Istanbul, Ed. Alev, 2003, p. 77-78.
[24] COŞAN Esat, *Güncel meseleler,* Istanbul, Ed. Kulliyat, 1995, p. 265.

de l'homme est indiqué dans le Coran. Il faut donc prendre l'islam comme référence pour organiser les relations sociales de l'Homme.

Les opinions sur la démocratie de l'intellectuel, Abdurrahman Dilipak, qui est célèbre à travers toute la Turquie pour ses idées islamistes, complètent les opinions des autres islamistes :

« Quelle différence y a-t-il entre un mode de gouvernement islamiste et un gouvernement démocratique ? Dans les démocraties, les gens des différentes tendances politiques (de droite, de gauche, libéraux, nationalistes, verts) ont la possibilité de fonder un parti. Y a-t-il une cette même possibilité dans un gouvernement islamiste ?

Dans les démocraties, le gouvernement et le pouvoir peuvent changer de main par le vote de la majorité. Est-ce que dans un gouvernement islamiste, un laïque de gauche ou un libéral de droite ayant le soutien de la majorité peut accéder au pouvoir ?

La démocratie est réputée être un régime de majorité, c'est-à-dire qu'elle se constitue sur la demande de la majorité. Comment sera accueillie par les musulmans une demande anti-islamique venant de la majorité, comme par exemple faire la guerre contre un autre pays musulman pour des raisons politiques ou encore faire la publicité des produits illicites ? […]

Je dois tout de suite indiquer ce que je pense sur la différence principale entre la démocratie et l'islam : l'un est le produit de la religion et l'autre le produit d'une idéologie. La première promet le paradis avec le bonheur dans ce monde. L'autre ne promet qu'un paradis dans ce monde. C'est-à-dire que les sources de la démocratie ne sont pas divines, les procédés ne sont pas islamiques et l'objectif n'est pas pour Dieu... L'islam promet beaucoup plus que la démocratie... Leur démocratie est à eux et ma religion est à moi... »[25]

Le Professeur Hayrettin Kahraman, connu pour faire parti des islamistes modérés de Turquie déclare que l'islam et la démocratie ne sont pas compatibles, que l'islam refuse la démocratie et n'admet pas le pluralisme. Il affirme particulièrement qu'il faut voir la base du système islamiste comme étant contraire à la démocratie :

---

[25] DİLİPAK Abdurrahman, *Sorunlar, sorular ve cevaplar*, Istanbul, Ed. Beyan, 1995, p. 84-83.

« Il est possible d'adapter la démocratie et la république à l'islam (et non pas d'adapter l'islam à la démocratie et à la république) tel que je le comprends et j'essaie de le pratiquer… »[26]

« Quant à la démocratie, certains ne disent pas, par la peur que l'islam soit écarté, que l'islam et la démocratie sont incompatibles. Pire, ils essaient d'uniformiser l'islam et la démocratie, en prétendant qu'ils se rejoignent. Pour cette raison ils considèrent la démocratie comme un moyen d'obtenir le pouvoir et l'autorité politique… Dans l'esprit de la démocratie, l'être humain est supérieur au créateur. Ici l'homme est indépendant de Dieu. C'est le principe de la démocratie et je pense que cela ne peut pas s'accorder indéfiniment avec l'islam. Si nous sommes d'accord sur ce point, la démocratie ne peut pas être dans son intégralité le système politique des musulmans… »[27]

Cette longue démonstration montre une approche concrète de cette question par des penseurs islamistes modérés de Turquie, ainsi que le point de vue du mouvement islamiste sur la démocratie.

Par ailleurs, d'après certains islamistes, la démocratie est « un ordre d'impiété. La démocratie commercialisée par l'Occident infidèle dans les régions musulmanes est un système impie qui n'a aucune relation de près ou de loin avec l'islam… »[28]

Il s'agit de l'opinion principale des intellectuels de Turquie sur ce sujet. Selon ce point de vue islamiste, ils affirment être contre la démocratie et ils ne se voient pas démocrates. En général, ils considèrent que la démocratie est un produit de la culture occidentale imposée au monde musulman. Ils indiquent que cette situation est valable dans les relations entre la Turquie et l'Union européenne.

Turan Dursun, qui a longtemps été un imam et qui a été tué par des islamistes pour avoir fortement critiqué l'islam en indiquant que cette religion était incompatible avec la démocratie, affirmait

« Non seulement la charia islamique ne s'accorde pas avec la démocratie, mais elle y est tout à fait opposée. C'est-à-dire que là où il y a la charia, la démocratie ne peut pas survivre. Seul le djihad est suffisant pour qu'elle

---

[26] Cité par ALKAN Türker, *Radikal*, 23 novembre 2004.
[27] KAHRAMAN Hayreddin, *Her şeye rağme,* Istanbul, Ed. İz, 2001, p.166-167.
[28] ZELUM Abdulkadim, *Demokrasi küfür nizamıdır*, Istanbul, Ed.Hizb-u Tahir, 1999, p. 47-48.

ne survive pas. Est-ce qu'on peut imaginer un islam sans le djihad et une démocratie avec le djihad ? »[29]

Ces appréciations de Dursun à propos des islamistes sont encore reprises par certains organes de publication islamistes. Il est souvent souligné que chaque musulman doit activement participer à l'islamisation du monde. La conversion à l'islam d'une personne issue d'une autre religion est considérée comme un des plus grands bienfaits, alors qu'un changement la religion de la part d'un musulman est passible de la mort. Dans le journal *Zaman*, qui est le quotidien islamiste le plus lu en Turquie, nous pouvons lire :

« Celui qui abandonne l'islam et choisit une autre religion, est un mécréant et le mécréant n'a pas le droit de vivre dans l'islam… »[30]

L'islam est une forme de pouvoir politique théocratique. Ce régime est organisé par la charia. Le seul pouvoir est Dieu. Mais le pouvoir est régi au nom de Dieu par une minorité d'élites. Les autres doivent lui obéir. Celui qui n'obéit pas est réputé se révolter contre Dieu, ce qui fait qu'il devient infidèle et mérite la mort. D'après les islamistes, la démocratie est synonyme d'une révolte contre Dieu. Pour eux, vivre dans les systèmes démocratiques actuels est avant tout une nécessité. En effet, les islamistes considèrent la démocratie comme une étape intermédiaire pour fonder le régime de charia. Erdoğan indique au sujet de la démocratie et la charia :

« La démocratie est-elle un objectif ou un moyen ? nous faisons là une distinction. Nous affirmons que la démocratie n'est pas une fin mais un moyen. La Prospérité n'est pas une religion. Ce n'est pas l'islam non plus. Mais notre référence est l'islam. Nous ne pouvons ni accomplir ni subir quelque chose qui soit contraire à notre valeur. Ce n'est pas nous qui avons écrit la démocratie en Turquie. Ce sont ceux qui s'opposent à nous qui l'ont écrit. Pour nous la démocratie n'est pas une fin mais un moyen comme un tramway. Nous y montons et partons vers l'objectif. »[31]

Ce point de vue nous apporte une idée concrète sur la manière dont les islamistes des différentes couches de la société perçoivent la démocratie.

---

[29] www.turandursun.com
[30] Le quotidien *Zaman*, 16 janvier 1988.
[31] *Milliyet*, 14 juillet 1996, Le reportage que Nilgun Cerrahoğlu a fait avec Tayyip ERDOGAN

3- LA BASE IDÉOLOGIQUE DES MOUVEMENTS RELIGIEUX : L'ANTICOMMUNISME

L'un des points sur lequel tous les ordres religieux s'accordent est le rejet du communisme tant au niveau philosophique, qu'idéologique et politique. Il est vrai que, la religion et le matérialisme s'opposent sur des questions historiques et philosophiques. Comme les évolutions sociales et historiques sont analysées sous l'angle de différentes visions politiques et philosophiques, il est plutôt naturel de se situer proche soit des philosophies matérialistes, soit des pensées idéalistes. Le mode de pensée philosophique l'oblige. Mais lorsqu'on se sert directement de la religion comme un moyen de lutte idéologique et politique, ce qui est a souvent été le cas, le problème devient différent. L'un des objectifs principaux de la lutte idéologique menée sur une base islamique est de combattre le communisme. En effet, la lutte contre le communisme est prépondérante dans les différentes activités menées par les ordres religieux telles que l'agitation, la propagande et l'organisation. Si nous prenons en compte la spécificité de la Turquie, cela s'explique par plusieurs raisons historiques et politiques.

Ruşen Çakır indique que l'un des objectifs politiques les plus significatifs de Mehmet Zait Kotku, le leader de l'ordre religieux Nakşibendi qui a une influence très importante en Turquie, est la lutte contre le communisme :

« En privilégiant une dimension que toutes les tendances modernes en Turquie avaient jusqu'alors négligée, Zahit Kotku, a su s'attacher les jeunes de Turquie qui hésitaient devant le communisme dont l'influence en Turquie augmentait de jour en jour, mais qui n'avaient pas le courage d'y adhérer à cause de leur mode d'éducation. »[32]

Zahit Kotku qui est à la tête d'une organisation dont est issue une grande partie des cadres supérieurs de l'État, exerce ses activités avec l'autorisation des institutions de l'État avec lesquelles il est en accord sur la ligne idéologique et politique, en considérant la lutte contre le communisme comme un de ses principaux objectifs.

Le Professeur Mahmut Esat Coşan, le gendre de Kotku qui lui a succédé après sa mort, a continué la même politique tout en la portant à un niveau plus avancé. Dans la revue *Islam* qu'il commença à publier en 1983 avec l'autorisation des généraux, Coşan qui est connu pour ses idées

---

[32] ÇAKIR Ruşen, *Ayet ve slogan*, Istanbul, Ed. Metis, 1994, p.26.

anticommunistes, a attribué une grande importance à la propagande anticommuniste sur l'axe de la synthèse turco-islamique.[33]

La religion étant considérée comme un antidote contre le communisme, le soutien apporté aux activités politiques et à l'organisation des ordres religieux a été l'une des principales politiques du coup d'État militaire du 12 septembre 1980.

İlhan Işık, quant à lui, énumère les objectifs du Nurisme : « renforcer la foi, qui est l'objectif principal de Risale-i Nur, éviter les dangers de l'athéisme et du communisme qui menace notre pays et notre nation ». En expliquant la référence de base de Saidi Nursi, il indique que « coopérer avec toute personne dans le monde, ainsi que lutter contre l'athéisme et le communisme en Turquie et dans le monde… »[34] Son point de vue est très net : il s'agit de coopérer avec tout le monde contre le communisme. En effet, ce qui était stratégiquement dangereux pour l'islam politique n'était pas le kémalisme mais le socialisme.

Son gendre, Enver Ören, qui est propriétaire d'Ihlas Holding et dirigeant du mouvement religieux Işıkçılar (« lumineux ») avait expliqué la raison de la publication du quotidien *Türkiye* en disant qu'il s'agissait d'ouvrir un nouveau front d'attaque et de se situer auprès de l'État ;

« Les années 1970, étaient pleines d'anarchie, de terreur et d'inquiétudes. Des années où on tentait d'affaiblir l'État. La barque de l'État était en train de couler. Ainsi je décidai de quitter les travaux académiques et l'université. Avec quelques amis idéalistes d'ihlas [Dévotion], nous avons décidé de publier un quotidien et de nous placer auprès des organes officiels de l'État. Pour partager cette mission avec notre honorable nation et nous intégrer à elle, nous avons fondé le quotidien *Türkiye*… »[35]

Ören est un homme conservateur partisan de la charia, à l'instar de son beau-père, mais en se situant en même temps auprès de l'État, il publie un quotidien dans le but d'intensifier la lutte idéologique et politique contre les mouvements socialistes. Ainsi en tant que leader d'un ordre religieux qui réclame un régime de charia, il développe une ligne compatible avec la politique principale de l'état laïque.

Le quotidien *Yeni Asya* du groupe Nurcu se situait également sur une ligne anticommuniste. Le 21 février 1970, ils affirmaient ainsi :

---

[33] *Ibid.*, p.18-19.
[34] *Ibid.*, p. 101-103.
[35] *Ibid.*, p. 89.

« … nous nous confronterons aux mouvements dégénérant la démocratie. Nous procéderons aux publications qui mettront en évidence le contenu de l'athéisme et du communisme. »[36]

Gülen participa de son côté :

« La majorité des gens de cette génération est devenue cosmopolite, elle s'est dirigée vers l'athéisme, elle a été entraînée dans chaque vallée avec les vents du communisme et du socialisme... Par exemple, Karl Marx était un juif, le communisme qu'il a inventé paraît de prime abord être une bonne alternative au capitalisme, mais il s'agit en fait d'un poison meurtrier mêlé au miel... »[37]

Toute la stratégie du mouvement islamiste qui est l'ennemi principal du communisme, tant au point de vue idéologique que politique, consiste à empêcher la progression du mouvement socialiste, au sens le plus large possible. Gülen considère la lutte contre le communisme comme étant une de ses principales missions et pour ce faire, il se place dans les Associations de lutte contre le communisme. Gülen déclare :

« Une autre tentative de notre part à cette époque était d'ouvrir l'Association de lutte contre le communisme à Erzurum... Notre but était de nous organiser contre le communisme. J'avais un membre de ma famille qui connaissait les procédures pour l'association et la mosquée. Il est venu nous aider… »[38]

Gülen qui a transformé la lutte contre le communisme en lutte organisée dans les associations fondées sous le contrôle de la CIA et de Rabıta, affirme souvent qu'il est nationaliste et conservateur. En 1980, il avait fait plusieurs discours dans ce sens, affirmant qu'on était en train de perdre l'État, appelle toutes les instances de l'État à intervenir dans le processus politique :

« Que les renseignements, la police, l'armée, le Premier ministre et le Président de la République, m'entendent. Si ces traîtres ne sont pas condamnés par les tribunaux, il y aura plus d'État, ni de nation… »[39]

---

[36]TOMBULOĞLU Fatih, "İhlas Holding İktidara Ortak", *Aydınlık gazetesi*, 06 avril 1994. p. 21-28.
[37]GÜLEN, Fasildan *fasıla-1*, İzmir, Ed. Nil, 1996, p.15.
[38]ERDOĞAN Latif, *Fethullah hocaefendi; küçük dünyam*, Istanbul, Ed. AD, 1995, p. 78-79.
[39]BULUT, K*im bu Fetuhllah Gülen*, Istanbul, Ed. Ozan, 1999, p. 167.

Un écrivain islamiste explique l'identité anticommuniste d'un état islamique de la manière suivante : « nos plus grands ennemis sont les communistes. Bien sûr que la liberté de s'associer et de s'organiser ne peut pas être attribuée aux communistes… Les ennemis de l'islam et les communistes continueront à exploiter leur méchanceté sous l'apparence de l'islam auquel ils ne s'opposent pas évidemment… » En plus de reconnaître que l'islam est en réalité le refus de toute démocratie, la force qu'il considère comme étant les principaux ennemis sont les communistes. À partir de ces données, les idéologies anticommunistes des ordres religieux et de l'État se rejoignent.

Les généraux qui prétendent être « laïques » et les islamistes politiques qui défendent « la charia » ont un point commun sur le plan idéologique et politique essentiel : l'hostilité au communisme. Pour cette raison, Erbakan, qui était parti en Suisse après le coup d'État du 12 mars 1971, a été convaincu par les Généraux de revenir fonder un parti politique. De même, en 1982, Kotku, le chef de l'ordre religieux Nakşibendi, avait été enterré à la Mosquée de Sultan Ahmed (la Mosquée Bleue) grâce à l'approbation des généraux et sur décision du Conseil des ministres. Ceci montre que les islamistes et l'armée se sont réunis sur la ligne de lutte anticommuniste.

Pour endiguer la progression du mouvement socialiste et pour animer les politiques anticommunistes en Turquie, la progression du mouvement islamiste a sciemment été autorisée. L'une des forces les plus importantes qui pouvaient arrêter le mouvement politique de gauche qui avait progressé, particulièrement à partir de 1970, était les islamistes. De par sa position géostratégique, la Turquie était un des pays désignés par les États-Unis pour empêcher la progression du danger, ce qui impliquait une base politique commune, afin d'intégrer directement les mouvements religieux anticommunistes dans ce processus. Ce point de rencontre stratégique important est dû au fait qu'ils sont tous deux contre le communisme.

4- LA LIGNE DE PROGRESSION DE L'İSLAM POLITIQUE : LA SYNTHÈSE TURCO-ISLAMIQUE

La caractéristique la plus significative du mouvement islamiste en Turquie qu'il est réputé être fondamentaliste. L'islam n'est pas basé sur des appartenances nationales ou ethniques, mais sur la foi religieuse. L'important n'est donc pas la nation ou l'appartenance ethnique des individus mais le fait qu'ils soient musulmans. Pourtant, dans de nombreux pays à majorité musulmane, y compris dans le monde arabe, ce principe n'est pas respecté. Dans chaque pays, est apparue une volonté d'harmoniser l'identité nationale et l'islam.

Les Turcs qui ont eu par le passé des relations très proches avec la société arabe mais qui ont eu de grands problèmes pour mettre en application l'islam classique, se sont orientés vers un rapprochement entre le nationalisme turc et l'islam. C'est la raison pour laquelle, sur le plan politique et idéologique, dans les partis politiques ayant un discours islamiste, dans les ordres, les organisations et les communautés religieuses, les partisans d'un "islam à la turque" ont toujours été majoritaires. L'idée qui a servi de base pour la fondation de la République de Turquie a été essentiellement le panturquisme, à commencer par le turanisme d'Enver Pacha, qui a été suivi par la tentative de Ziya Gökalp, d'unir le nationalisme turc et l'islamisme. La synthèse Turco-Islamique idéalisée par le Foyer des Intellectuels (Aydinlar Ocagı) a eu directement et indirectement une grande influence sur les partis politiques, les communautés islamistes et les politiques étatiques.

A l'exception de quelques petits groupuscules marginaux d'islamistes « radicaux », en Turquie, le poids du nationalisme a toujours été dominant. Tous les ordres religieux qui disposent d'un certain potentiel social sont racistes et chauvins. Leur système actuel, ainsi que leurs organisations dans leurs partis sont le résultat de cette idéologie. Le soutien donné à un parti clairement fasciste ne peut être expliqué autrement.

Dans un de ses articles, qu'il publie dans la revue *Islam* sous le pseudonyme de H. Necatioğlu, E. Coşan écrit :

« Tout le monde a les yeux sur nos terres. Nos terres s'étendaient jusqu'à Vienne et jusqu'au Yémen. Bassora et Bagdad faisaient partie de nos provinces. C'est nous qui y nommions des préfets. L'Égypte, la Libye nous appartenaient. La Tunisie, l'Algérie, et le Maroc étaient à nous. Nous les avons tous perdus... »[40]

Exprimant ainsi sa nostalgie, Coşan poussé par ses idées racistes et turanistes, réclame les terres de « ses frères musulmans. » Il ressent de la nostalgie pour le caractère violent de l'Empire ottoman. Dans le même état d'esprit, Gülen cite les sultans ottomans comme modèle. Voyons par exemple ce qu'il dit au sujet de Mehmet le Conquérant, un général ottoman ayant vécu au 16ème siècle, qui était cruel au point de massacrer tous ses frères afin de s'emparer du pouvoir :

---

[40] Cité par ÇAKIR, op. cit., p.32.

« Le Conquérant n'avait pas un esprit étroit. Autrement dit, c'était un chef qui était parvenu à faire une synthèse entre le monde matériel et spirituel autour de sa personne. »[41]

Le propos qu'il tient sur le sultan Yavuz Selim qui a fait massacrer 40 000 personnes appartenant à la minorité religieuse des alévis avant la campagne de Çaldıran en 1514, est très intéressant :

« Yavuz était quelqu'un d'exceptionnel. Regardez cet homme qui a su effrayer tout le monde. C'est quelqu'un qui a su réaliser son idéal... »[42]

En effet, le plus grand objectif de Yavuz était de massacrer les Alevis et il a été inscrit dans l'histoire comme le sultan qui l'a le plus réalisé. Il considère le cheikh islamique Ebus'sud Efendi de l'époque de Soliman le Magnifique qui avait émis une fatwa demandant de massacrer les Alevis comme un grand « homme de religion »[43]

Non seulement Gülen, mais tous les groupes islamistes prennent Yavuz et Ebus'sud Efendi comme modèles, comme par exemple, Fevzi Çakmak, le chef d'État Major kémaliste proche des partisans de la synthèse turco-islamique, Akif Ersoy, islamiste et auteur de l'hymne national turc, Ziya Gökalp qui est à la fois turaniste et panturquiste, ainsi que Necip Fazıl Kısa Kürek, un des auteurs en vue de la littérature Turque.

Gülen tient les propos suivants : « Quant au monde musulman, l'énorme vide laissé par l'Empire turc sera remplacé par l'islam. Sur ce point, il semble que la Turquie sera, dans son ensemble, un centre attractif. S'unir avec l'Asie est le chemin du développement. Ce pont doit être traversé. Je pense que l'islam à la turque dans ces conditions sera une nouvelle voie, un nouvel élan pour le monde entier... »[44]

Gülen souhaite donc assurer établir la synthèse turco-islamique en Asie Centrale. Il déploie des efforts particuliers, avec l'appui de la CIA, pour faire régner le turco islamisme dans les républiques turcophones d'Asie Centrale.

---

[41] GÜLEN, *Fasildan Fasıla-2*, Ed. AD, İzmir, 1996, p. 297.
[42] *İbid.*, p. 102,103.
[43] *İbid.*, p. 229.
[44] CAN Eyüp et ŞAHİN Alpay, « Fethullah Gülen Hocaefendi ile ufuk turu », *Milliyet*, 1 Novembre 1996.

La proximité des chefs de tous les ordres religieux avec le parti ultranationaliste MHP est connue dans toute la Turquie, Mustafa Bağışlayıcı, le chef des Nakşibendi de Samsun, en est un exemple. Ce chef « Nakşi », intervient dans les affaires intérieures du parti en soutenant Türkeş, le fondateur et ancien président du MHP :

« Que Dieu garde Türkeş et qu'il vive longtemps! Ne prêtez pas attention aux disputes provenant de partout. Que nos camarades se tiennent tranquilles. Si aujourd'hui cet homme -Türkeş – dans la mesure où il fait des efforts dans cette direction, nous devons l'aider. Je parle à ceux qui hier étaient avec les nationalistes et qui s'en écartent aujourd'hui : il n'est pas juste de critiquer en parlant de l'extérieur, car c'est faire le jeu de l'ennemi. Venez parler dans cette communauté... »[45]

Si on examine de près les rapports des ordres religieux avec les partis politiques, on s'aperçoit que non seulement chaque ordre ou communauté religieuse soutient un de ses partis mais entre également en osmose, en fonction de ses besoins conjoncturels.

Ceux qui non seulement ont approuvé mais ont appliqué la synthèse turco-islamique comme politique d'État, étaient les généraux prétendant être laïques. Le Conseil Supérieur Atatürk, crée au lendemain du coup d'État de 1980, s'est réuni le 20 Juin 1986 sous la présidence du Président de Turquie Kenan Evren, et a approuvé un rapport destiné à faire accepter au peuple la synthèse turco-islamique. Süleyman Yalçın, le Président du Foyer des Intellectuels, qui a de tout temps assisté à l'élaboration de l'État affirme :

« Il est vrai que notre thèse turco-islamique a été admise par l'État après 1980. D'ailleurs, l'admission de la synthèse turco islamique par le Conseil Supérieur Atatürk nous a bien satisfaits.» [46]

Ce n'est pas par hasard que les politiques éducatives des mouvements islamistes se basent sur l'idéologie turco-islamique.

« Ceux qui ont reçu une éducation républicaine sont devenus réfractaires à la religion et refroidis par rapport à la culture turco islamiste. Il n'y a aucun point commun entre les attentes d'une famille qui essaie de rester fidèle à la culture turco islamiste et celles d'une famille occidentalisée. Si ces familles ne parviennent pas à revenir aux principes de l'islam, elles

---

[45]Cité par ÇAKIR, op. cit., p. 69-71.
[46]GÜVENÇ Bozkurt-TEKELİ İhlan- TURAN Şerefetin-ŞAYLAN Gencay, *Türk-islam sentezi*, Istabul, Ed. Sarmal, 1994, p.35.

resteront aliénées. La plupart de ceux qui sombrent dans la dépression, de ceux qui adoptent des comportements antisociaux, et ceux qui rejettent la société turque sont généralement issus de ce type de famille […] L'éducation des élèves doit être développée dans le sens de la formation d'une personnalité conforme à l'identité turco islamique… »[47]

À la page 517 du rapport de la Commission Spécialisée concernant le plan de développement quinquennal organisé par les généraux, certains des principaux points de l'idéologie turco islamique sont repris:

« Atatürk, s'est efforcé de sauver le peuple de l'ignorance, mais il ne s'est pas éloigné de sa religion et de sa morale. La nation turque doit être religieuse. La nation turque doit apprendre sa religion. Elle a besoin d'un seul lieu pour l'apprendre : l'école. Pour ce faire, il a mis en vigueur la loi sur l'éducation avec comme objectif que tout le monde bénéficie du même enseignement. Pour cette raison, le Conseil de Sécurité a rendu obligatoires les cours de religion et de morale. »[48]

Le caractère obligatoire des cours de religion et de morale est l'un des facteurs les plus significatifs de l'islamisation de la société.

Ainsi, l'idée de mener une politique et des actions en direction de l'islamisation de la société ne vient pas uniquement des partis ou des mouvements islamistes. En effet, cette idée est très bien perçue par l'État qui défend et applique cette politique.

À l'époque du coup d'État du 12 septembre 1980, Muharrem Ergin, qui assurait la présidence du Foyer des Intellectuels et qui était en même temps porte-parole du Conseil National de Sécurité, affirmait à propos de l'islam politique : « la religion, en tant qu'institution de paix sociale, a une grande influence sur la vie communautaire, et l'islam est une arme spirituelle qui est gardienne de la nation turque. » Par ailleurs, dans le séminaire intitulé *Éducation nationale et éducation religieuse*, organisé par le Foyer des Intellectuels les 9 et 10 mai 1981, il soutient l'idée que : « les cours de religion dispensés par l'État ne sont pas en contradiction avec la laïcité ». Il a exercé une grande influence pour que la religion devienne une politique d'État.

---

[47]GÜLEN, Asrın *getirdiği teredütler*, Izmir, Ed. Nil, 1999, p. 122.
[48]PARLAR Suat, *Silahlı bürokrasının ekonomi politiği*, Istanbul, Ed. Bibliothèque, 1996, p.184.

En 1981, Suat İlhan, un général à la retraite Président de l'Institut Supérieur Atatürk, de Culture, de Langue et d'Histoire écrivait sur le turco islamisme devenu doctrine officielle de l'État :

« La nation turque est issue d'une noblesse qui s'est imposée dans le monde quatre cents ans auparavant. Elle est la représentante de la civilisation d'Asie. Elle a joué un grand rôle dans le développement de la civilisation islamique. Elle a réalisé la synthèse entre la civilisation turque et l'islam. La supériorité du régime et de la structure d'État de cet empire apparaît plus clairement à chaque recherche. La nation turque a fondé près de deux cents États. La Guerre d'Indépendance, est le moment où cette civilisation de synthèse turco islamiste a perdu de sa force dans l'Empire Ottoman. La Guerre d'Indépendance et les révolutions ont pour but de porter la synthèse turco islamique à une nouvelle synthèse avec la civilisation occidentale... »[49]

En règle générale, les facteurs ethniques et religieux se trouvent mélangés dans la synthèse turco islamique. Dans les ordres religieux turcs ou dans les communautés islamistes, c'est la politique de synthèse turco islamique qui règne. Naturellement, la base du point de vue de la synthèse turco islamique est le nationalisme. Donc, comme l'État, les ordres religieux et les communautés islamistes sont nationalistes.

5- LES MOUVANCES ISLAMISTES ET LA QUESTION DE LA LAÏCITE

Dans la constitution turque, on évoque souvent des notions telles que « l'État laïque, démocratique, de droit social ». En particulier, la notion de laïcité est formellement soulignée. Elle est considérée comme un des principes irrévocables de l'État et de la constitution. Alors que faut-il comprendre de la notion de laïcité et de sa fonction politique ? La réponse de cette question est très importante en ce qui concerne les perspectives politiques de base, à la fois du système et des islamistes politiques. Les islamistes indiquent clairement qu'ils sont contre la laïcité. L'État, de son côté, procède à une définition de cette notion, en fonction de ses besoins.

La notion de laïcité est très sciemment mal définie en Turquie et on tente de former une notion de « laïcité » conforme à la structure politique de l'État. Pour cette raison, il convient de s'arrêter un instant sur la notion de laïcité.

---

[49]« Resmi İstikamet Türk-İslam Sentezi » *2000'e Doğru*, 25 janvier 1987.

La laïcité consiste à séparer les affaires religieuses de celles de l'État. Qu'est-ce que ceci signifie dans le mode de vie sociale et dans les relations d'État ? Le contenu principal de cette notion "est de retirer la religion ou de la rendre inactive dans tous les domaines de la vie sociale. Dans un pays laïque, non seulement l'État n'a pas de religion, mais il ne soutient aucune institution religieuse. En excluant la religion de toutes les relations sociales, la laïcité la réduit à un problème entre l'individu et Dieu. L'État ne peut en aucun cas être au service de la religion et se situe en dehors de leurs activités.

Or, en Turquie, les intellectuels et les hommes politiques ne définissent pas la laïcité comme une séparation des sphères religieuses et étatiques, qui n'est selon eux, qu'une définition abstraite de la laïcité. Dans leur définition, l'État prend directement en charge les affaires religieuses et soutient son développement en tant que force sociale. C'est la raison de la fondation de la Présidence des Affaires Religieuses en tant qu'institution sociale, qui organise et met en œuvre les activités religieuses sous le contrôle de l'État, par exemple les cours de religion à l'école. Ces actions religieuses sont menées exclusivement autour de l'islam sunnite, qui est donc dans les faits, la religion d'État de la Turquie. Cette politique est en contradiction avec la notion de laïcité.

L'Empire ottoman était un État théocratique, c'est à dire à la fois une entité religieuse et politique. En effet, le calife, son souverain politique, était également le « commandeur des croyants. » Le nouvel État turc fondé au début du 20ème siècle a changé cette situation en renonçant à être un État théocratique. Les raisons historiques et politiques de ces changements constituant un autre thème de recherche, nous nous contenterons de souligner que les cadres de la jeune république se sont servis de l'idéologie de « turquisation » consistant à recréer la nation turque. Ainsi il a été rendu obligatoire de faire certaines séparations dans les relations entre la religion et l'État. Malgré cela, dans la philosophie fondatrice de la jeune République de Turquie, la religion islamique a toujours gardé une place importante et il n'a jamais été envisagé de l'isoler des relations sociales.

Toutes les actions relatives à la religion islamique sont tout d'abord planifiées par l'État, qui a fondé une institution, la Présidence des Affaires Religieuses, qui organise une partie des activités religieuses. Si des activités religieuses sont organisées sous le contrôle de l'état, si l'État bâtit plus de mosquées que d'écoles, forme plus d'imams que d'enseignants, met à disposition des moyens pour le développement des ordres religieux, si, des cours coraniques sont dispensés sous le contrôle de l'État, si on ouvre près de 700 écoles d'Iman-Hatip sous prétexte de

« former des religieux éclairés », si les organisations et l'encadrement d'ordres religieux sont réalisés dans la bureaucratie de l'État, si on consulte l'opinion des chefs des ordres religieux pour fonder des partis politiques, si le Président de la République, le Premier ministre et les ministres déclarent qu'ils sont islamistes et membres d'ordres religieux, peut-on prétendre que ce pays est laïque ? Telle est la réalité politique de la Turquie.

Le Professeur Hayrettin Kahraman, « Or la laïcité et la sécularité ne peuvent pas se concilier avec l'islam. Le pluralisme qui consiste en l'égalité des différentes valeurs, non plus, n'est pas compatible avec l'islam. L'homme musulman n'est pas, sur tous les points, de valeur équivalente avec les autres. Nous avons une civilisation différente, vivante et supérieure, ce que cette civilisation peut donner à la civilisation occidentale est beaucoup plus que ce qu'elle peut lui prendre... »[50]

Turgut Özal, le 8ème Président de la République pourtant, qui est un pur produit du coup d'État de 12 septembre, affirme :

« Jusqu'à présent tout le monde souhaitait répandre l'islam dans la société, alors que la vraie question est d'islamiser l'État... »[51].

De même, S. Demirel, qui a été lui aussi Président de la République, avait déclaré que :

« Le but de la politique est de servir à la religion. La vérité religieuse est immuable... La religion ne peut pas être considérée comme un instrument politique, la politique doit protéger le religieux, servir la religion fait partie des missions de la politique, il s'agit d'une des fonctions de la politique. »[52]

Nous avons indiqué précédemment ce qu'Erdoğan, affirmant être islamiste et partisan de la charia, a dit sur la laïcité et la démocratie.

Un leader d'ordre religieux a la capacité d'exercer une autorité morale sur le Président de la République, le Premier ministre et les ministres, les cadres supérieurs de l'État obéissent aux centres des ordres religieux. L'État apporte toutes sortes de soutiens économiques et politiques pour le développement du capital de fondations religieuses, et les leaders d'ordre religieux ont une certaine influence pour la

---

[50]KAHRAMAN Hayreddin, *Her şeye rağme,* Istanbul, Ed. İz, 2001, p.166-167.
[51]KONGAR Emre, *21. Yüzyılda Türkiye,* Istanbul, Ed. Remzi. 1998, p. 620-621.
[52]*Ibid.,* p. 622.

détermination des politiques économiques et politiques de l'État. La Turquie est un pays où les mouvements politiques islamistes ont atteint une force apte à les faire intervenir à la vie quotidienne. Telle est la réalité concrète de l'État turc. Peut-on imaginer que ce pays soit laïque ?

L'article de la Constitution qui stipule que la République de Turquie est laïque et qu'aucune proposition en vue de la changer ne saurait être admise n'a, dans la pratique, aucune valeur. Prétendre qu'un pays en synergie avec les ordres religieux est laïque, consiste à cacher la situation réelle.

On sait que la notion de laïcité est au sens général paradoxale avec les religions et en particulier avec l'islam. Ils ne peuvent coexister. Les lois religieuses sont contre la laïcité et la démocratie. Ces deux notions ne sont d'ailleurs pas utilisées dans l'islam. Les ordres religieux affirment qu'ils ne sont pas laïques à cause de leur réalité idéologique et politique, et que la laïcité est incompatible avec l'islam. C'est le sujet de base qu'ils abordent dans tous leurs discours. Les entourages des ordres religieux ou des hommes politiques islamistes qui partagent les mêmes idées ne se distinguent pas d'Özal, qui prétendait que l'État devait s'islamiser.

Il est important d'examiner les propos tenus d'Erdoğan sur la laïcité car ils reflètent l'opinion générale des courants islamiques :

« Ils s'inquiètent sans arrêt pour la laïcité. Si cette nation le souhaite, bien sûr qu'elle sera perdue. On ne peut pas l'éviter… 99% de ce pays sont musulmans. On ne peut pas être à la fois laïque et musulman. On est musulman ou on ne l'est pas. Si l'islam et la laïcité ne peuvent pas coexister, ils se repoussent. Il n'est pas possible que celui qui affirme *je suis musulman* dise également *je suis laïque*. Pourquoi ? Parce que c'est Dieu qui est le créateur de l'islam, Il est le seul souverain. Dire que la souveraineté appartient sans condition à la nation est un grand mensonge… Lorsque les scrutins ont lieu, la souveraineté est à la nation. Mais la souveraineté appartient à Dieu au sens matériel et spirituel. Ceci, nous devons bien le comprendre. »[53]

Les ordres religieux et les intellectuels islamistes disent ouvertement ne pas être laïques. Erdoğan, affirme : « je ne suis pas laïque », mais gouverne un État qui prétend l'être. Tout ceci est une réalité qui met en évidence le fait que l'État turc n'est pas laïque.

---

[53] Cité par SAVAŞ, op. cit., p. 433.

6- UN SYMBOLE POUR LE MOUVEMENT ISLAMISTE : LE VOILE

Le problème du voile actualisé ces dernières années par le mouvement islamiste et qui a entraîné une sérieuse crise politique interne en Turquie, gagne chaque jour de l'importance. Tout progrès concernant le voile prépare le terrain pour le renforcement de l'islam politique. Si on prend en compte la structure sociale et religieuse de la Turquie, on constate qu'il existe une infrastructure suffisamment importante pour transformer le voile en un moyen de lutte politique.

Une étude menée par le professeur Binnaz Toprak et par Ali Çarakoğlu, tous deux enseignants auprès du Département des Relations internationales des Sciences politiques de l'Université de Boğaziçi, sous le soutien de la Fondation des Études économiques et sociales de Turquie, met en évidence l'approche de la religion et de la question du voile par la société turque. Par exemple, 42,6 % de la population pense que les religieux sont victimes d'oppression en Turquie. Parmi eux, 64,8 % cite le problème du voile, si on leur demande de donner un exemple d'oppression. 66,6 % de la population pense qu'il faut autoriser les femmes à se voiler. Ceux qui sont favorables à l'existence de la Présidence des Affaires religieuses représentent une majorité écrasante de 86,7 %. 69,2 % pensent que l'État devrait être plus flexible sur des questions telles que le voile ou encore les prières du vendredi, et demande qu'aucune pression ne soit exercée sur les gens concernés. La troisième constatation la plus importante de la recherche est que 21,2 % souhaitent la fondation d'un État basé sur la charia en Turquie. C'est un chiffre bien élevé.[54] Ces données sont essentielles pour réfléchir sur la structure sociale de la Turquie. Elles nous apportent une idée sur une question aussi sensible que celle du voile, mais aussi sur l'impact politique du mouvement islamiste. En particulier, le but de la lutte menée pour légaliser le port du voile dans les institutions de l'État est d'assurer la domination de la vie islamiste dans l'État et dans les relations sociales.

Il est bien évident qu'il ne faut pas confondre le foulard utilisé traditionnellement en Anatolie avec le "voile", qui est utilisé comme un symbole idéologique et politique.

En ce qui concerne la différence politique et traditionnelle entre le foulard et le voile, le professeur Necla Arat précise :

---

[54] www.milliyet.com.tr.

« Porter le foulard et porter le voile ne sont pas la même chose. Des millions de femmes originaires des villages ou de la campagne portent le foulard traditionnel. Ces femmes ne le portent pas en tant que moyen religieux et politique. Il faut distinguer les deux vêtements et les deux fonctions l'une de l'autre. » [55]

La transformation du voile en partie intégrante de la vie politique, sa légalisation dans les établissements de l'État, notamment dans les écoles sont le résultat d'une politique menée par l'État, à une certaine période. Aujourd'hui, la question du voile est l'un des principaux enjeux du conflit politique interne. En particulier, à la suite au coup d'État de 1980 et de l'admission de la synthèse turco islamique en tant que politique d'État, le voile utilisé comme symbole musulman a été « libéralisé » dans les établissements de l'État.

Memhmet Özgüneş, le ministre d'État délégué aux affaires religieuses du gouvernement de Bülent Ulusu nommé Premier ministre lors du coup d'État du 12 septembre 1980, avait procédé à une modification des costumes du personnel de la fonction publique et avait décidé que dans l'exercice de leur fonction, les hommes pouvaient porter la barbe et que les femmes pouvaient être voilées.[56] Par cet amendement législatif, le voile a été légalisé dans les établissements de l'État. Cette disposition légale était le résultat d'un accord entre les organisations des ordres religieux et les généraux. Cette politique basée sur la synthèse turco islamique, s'est encore développée dans les années suivantes.

Le professeur Tahir Hatipoğlu de l'Université de Gazi avait indiqué lors d'une conférence : « …bien sûr que le voile est très important dans les universités en Turquie, puisqu'elle est le symbole de la réaction ». C'est aussi une idée de Doğramacı, qui est à l'origine du Conseil des Établissements supérieurs (YÖK), crée après le 12 septembre 1980 pour assurer la direction pédagogique et disciplinaire des universités. Doğramacı avait en effet déclaré en 1987 que : « la liberté est accordée à celles qui souhaitent recouvrir leurs cheveux. Pour le reste, les tenues vestimentaires ne sont pas libres : elles doivent obligatoirement être contemporaines. Je sais qu'il existe une interdiction du fez, mais pas du voile. Les tenues non interdites par la loi peuvent être librement portées. » Ainsi ont été mis en place les moyens légaux nécessaires à l'autorisation de se rendre voilée dans les universités qui sont considérées comme les principales garanties du système laïque de la Turquie.

---

[55] Cité par VELİDEDEOĞLU Meriç, « Yaratılan Türban Fırtınası » *Cumhuriy*et, 05 juin 2003.
[56] Cité par TUŞALP, op. cit., p. 237.

Après cette déclaration, Suleyman Demirel indiquait ceci :

« Si une personne souhaite recouvrir sa tête, qu'elle la recouvre. Pourquoi devrait-on intervenir ? Cela n'a rien à avoir avec la laïcité. C'est un habit non interdit par les lois, il est libre. »[57]

Evren, le leader du coup d'État du 12 septembre 1980, de son côté a tenu des propos similaires à ceux de l'ancien président du YÖK Doğramacı et de l'ancien Président de la République Demirel :

« Les étudiantes portant le voile ne disent pas vouloir remettre l'État en cause. Mais les étudiants de gauche lèvent leur poing gauche et disent "nous voulons un État indépendant. »[58]

Evren avait prononcé ces paroles non dans les années 1990, mais dans les années 1980, c'est-à-dire à l'époque où le mouvement islamiste avait connu une importante progression en Turquie. Ce général qui avait occupé le gouvernement au nom de l'armée laïque, apporte un soutien évident aux étudiantes portant le voile. Mais contre qui? Contre les étudiants de gauche. D'après Evren, les étudiants de gauche veulent fonder un nouvel État tandis que les étudiantes voilées ne le souhaitent pas. Ce discours reflète une certaine tolérance de la part de l'État turc à l'égard des mouvements islamistes à partir du moment où ils ne remettent pas en cause l'État en place.

En plus le professeur T. Hatiboğlu indique le 4 décembre 1988 que sur la même page que le YÖK sous la présidence de Doğramacı avait ajouté un « nouvel » article 17 au règlement disciplinaire. Avec ce petit article, le voile est légalisé dans les universités. Il est stipulé que « le cou et les cheveux peuvent être recouverts pour des raisons religieuses ». Ces quelques exemples montrent que le voile est ou « libéralisé » ou « interdit » en fonction de la tendance politique et des besoins conjoncturels de l'État. Le système n'est pas donc pas opposé au voile, puisqu'en fonction du contexte politique et des besoins du système, il est autorisé dans les établissements appartenant à l'État.

Dans la situation actuelle de la Turquie, la question du voile constitue l'un des débats les plus importants, tant dans les relations sociales, que dans la vie politique et entre les institutions de l'État. En particulier, si on tient compte des effets de la religion sur la société turque, on peut mieux mesurer l'importance de ce problème.

---

[57] Cité par HATİBOĞLU, *Batı ve irtica,* Istanbul, Ed. Kaynak, 1999, p.332.
[58] *İbid.,* p. 333.

Faisant parti des autres activités politiques du mouvement islamiste, la « question du voile » signifie l'extension du mode de vie islamiste traditionnelle.

À la suite d'une décision du Tribunal constitutionnel en 1995, le voile a été interdit dans établissements publics. Le YÖK a donc appliqué cette décision et a interdit l'accès des étudiantes voilées aux universités. Il s'agissait ainsi de la première intervention active sur le champ d'action des islamistes.

La question du voile a été placée par les forces islamistes aux premiers rangs de l'ordre du jour politique. Ayant confiance en l'effet politique général du mouvement islamiste, les islamistes ont pensé que le voile créerait une importante réaction sociale et qu'ils arriveraient ainsi à donner au mode de vie islamiste une base légale. Mais ce qui était espéré ne s'est finalement pas réalisé, puisque le mouvement islamiste n'a pas su assurer de cohésion interne.

Mais il y a un point sur lequel toutes les tendances islamistes s'accordent : les décisions relatives au voile sont des attaques directes contre le mouvement islamiste. En effet, pour les islamistes, le voile est un symbole politique. C'est pour cette raison que le voile doit toujours rester à l'ordre du jour, par le biais de diverses actions organisées contre son interdiction. Les premières personnes concernées étaient les étudiantes non autorisées à pénétrer dans les universités et dans les lycées.

Les points de vue des étudiantes qui participant activement aux manifestations pro voile mettent en évidence la relation directe existant entre la question du voile et la stratégie politique des islamistes. Par exemple, Madame Ayşe Gül Çetin affirme que :

« Ceux qui résistent malgré leur nombre qui baisse de jour en jour, les coups de la police, la répression, les menaces ont en eux le cri qui illuminera les temps à venir. Celles qui portent le voile comme un étendard confié par le Prophète Mohammed et qui résistent, sont des exemples montrant l'importance de la place de la femme dans la lutte islamiste. »[59]

En indiquant que les étudiantes portant le voile subissent les attaques des forces de police de l'État, mais qu'elles portent le voile comme un

---

[59] Sous direction Mazlum Der, *Dökülenler ve Kalanlar Üzerine/Şahitlik*, Istanbul, Ed. Mazlum Der., 1998, p. 223-224.

drapeau confié par Mohammed et résistent, Gül Çetin identifie cette attitude à la cause de l'islam.

Madame Ayşe Doğan, une des étudiantes portant le voile affirme que la question du voile est en même temps une participation au djihad.

« Les idées des milieux islamistes, notamment parmi les étudiants ayant une vision islamiste étaient très attirantes. Eux aussi, ils croyaient à la qualité indispensable du voile mais ils trouvaient absurde que nous insistions pour faire des études. Leur première raison de nous soutenir était leur volonté de résistance, de lutte, de djihad contre les ennemies de notre cause qui manifestaient leur hostilité à la religion et au peuple en visant ses symboles (voile, foulard, drap, pantalons larges, barbe, etc.)... »[60]

Elle souligne également que la question du voile était une partie des revendications du djihad à mener contre le système par le mouvement islamiste.

Recai Kutan, désigné comme ancien Président du Parti FP, fondé à la suite de l'interdiction du RP qui s'identifiait dans la question du voile avait déclaré que le FP continuait sur la même ligne politique sur la question du voile :

« Certaines universités prétendent que le voile et le foulard sont portés par certaines étudiantes non pour leur croyance mais en tant que symbole d'une vision politique. Plus encore, le Recteur de l'Université d'Istanbul dit que les filles portant le voile ont comme objectif de détruire l'ordre constitutionnel. D'autres milieux affirment : "si le voile porté dans les universités est le symbole d'une vision politique, comment peut-il devenir alors innocent s'il est porté dans les rues ?" D'après votre logique ne faut-il pas enlever le voile de celles qui sont dans les rues ? Le Président des Affaires religieuses, qui est une institution de l'État, déclare que recouvrir les têtes avec le voile est une prescription stricte de la religion...»[61]

Les déclarations du FP islamiste, fondé en tant que parti légal, ont presque toujours inclus des messages indirects. Mais le RP et le FP ont toujours préféré garder la question du voile à l'ordre du jour du pays. Car, ainsi ils s'assuraient d'une part de l'activation des milieux islamistes et

---

[60] Sous directions Mazlum Der., *Ayşe doğan'ın tanıklığı- bütün yönleriyle* başörtüsü sorunu, Istanbul, Ed. Mazlum-Der., 1998, p. 277.
[61] Cité par AKSOY Ergun, 28 *Şubat'tan Balgat'a Mücahit!!!*, Istanbul, Ed. Ümit, 2000, p. 29-30.

d'autre part divertissaient leurs électeurs. Le FP a longtemps utilisé la question du voile pour ses intérêts politiques. Cependant, ce parti a empêché ses militants de base de manifester pour le voile, tout en envoyant ses députés rendre visite aux manifestations des femmes pour le voile et en leur donnant des messages de soutien.

Malgré ce double jeu, la « politique du voile » suivie par le FP a constitué l'une des raisons principales de son interdiction. Erbakan avait déclaré que : « les recteurs des universités se lèveront pour saluer les étudiantes voilées » et mis en évidence le point de vue du mouvement islamiste sur ce sujet. Ces propos d'Erbakan ont également constitué l'une des raisons de l'interdiction de son parti.

Les manifestations pro voile dans les universités ont reculé à la suite de nombreux aspects politiques de l'État, parfois caractérisés par de la violence. Dans le mouvement islamiste qui n'a pas bénéficié de la réaction sociale souhaitée et attendue, a connu une grande déception. Les sympathisants islamistes ont perdu la confiance qu'ils portaient au parti islamiste légal. Plusieurs facteurs importants ont joué un grand rôle dans la régression du FP, et sur les politiques suivies sur la question du voile.

Mais le mouvement islamiste a commencé à appliquer une nouvelle tactique pour légaliser le voile dans les établissements de l'État. Erbakan qui a intensifié le combat politique interne a fait en sorte que Madame Merve Kavakçı, une militante du FP portant le voile, soit élue députée d'Istanbul lors des élections législatives du 18 avril 1999. Cette orientation pratique était plutôt un rapport de forces entre le mouvement islamiste et la politique traditionnelle de l'État. La présence d'une députée voilée dans la Grande Assemblée nationale turque contre l'interdiction du voile dans les lieux et les institutions publiques de l'État, aurait détruit toutes les politiques de l'État permettant ainsi aux forces islamistes politiques de détenir un avantage considérable.

La réussite ainsi obtenue signifierait également la légalisation du voile dans tous les domaines, ce qui constituerait une étape importante dans la lutte pour la charia. Les personnalités politiques traditionnelles de l'État ainsi que les forces politiques islamistes l'avaient compris. Erbakan a accepté de prendre tous les risques politiques et a secoué toutes des administrations du parti pour s'assurer que Kavakçı puisse prêter son serment de députée. Pour ce faire, il a affirmé :

« C'est notre point d'honneur. Ici, vous êtes 110 personnes. Vous vous battrez le cas échéant et vous vous assurerez qu'elle puisse prêter serment… »[62]

"Demain tu entreras dans l'Assemblée avec ton voile, tu prêteras serment et tu iras t'asseoir à ta place. C'est ton droit, personne ne peut t'en empêcher"[63]

Le serment qu'a prêté Kavakçı avec son voile et que les islamistes considéraient simplement comme une démonstration politique est à l'origine de graves problèmes avec les principales institutions de l'État. Le FP a dû, notamment à la suite de pressions politiques provenant de l'armée, reculer et renoncer au serment de Kavakçı. Ainsi l'élection de Kavakçı dont entre-temps la "citoyenneté américaine" incompatible avec sa fonction avait été reconnue, a-t-elle été annulée.

Comme le nouveau parti islamiste, l'AKP, a obtenu la majorité des voix lors des scrutins du 3 novembre 2002, obtenant presque les 2/3 des sièges au Parlement, la question du voile a de nouveau été portée à l'ordre du jour par les islamistes. Aussi, l'AKP a fait certains pas concrets dans ce domaine, et souhaite à la fois acquérir la confiance à l'électorat islamiste et obtenir une réussite politique.

Nous savons qu'Erdoğan s'est efforcé de trouver une solution à la question du voile et de répondre aux demandes politiques du mouvement islamiste. Erdoğan qui avait répondu aux questions de Fahti Altaylı lors d'une émission télévisée diffusée sur la chaîne Kanal D, indiquait :

« Que ceci reste au moins au privé. Ils insistent sur le domaine public… Ce concept n'existe dans aucun pays du monde. Ils attribuent qualificatif de *public* quand ils le veulent. Si tu ne permets pas qu'elles fassent des études dans l'État, alors il existe les universités privées, les fondations. Mais malheureusement cette attitude est très forte. Comment la dépasser ? C'est ce que j'entends par unanimité sociale. Cela ne fonctionne pas dans l'État mais libérons-le au moins dans les universités privées, et les fondations. N'attribue pas des tâches dans les établissements publics mais permet au moins à l'éducation de nos jeunes filles diplômées des universités… »[64]

---

[62]*Ibid.*, p. 96.
[63]*Ibid.*, p. 119.
[64]*Milliyet*, 10 juillet 2004.

Si l'orientation idéologique et politique qui est derrière cette proposition parait de prime abord anodine, le véritable objectif ne peut être perçu ainsi. Il est très évident que de nouvelles dispositions relatives au voile auront lieu dans le processus d'intégration de la Turquie à l'Union européenne.

Le 17 décembre 2004, à la suite de la détermination d'une date d'ouverture des négociations avec l'Union européenne, les milieux islamistes ont connu un profond émoi qui est notamment lié à la mise en œuvre de nouvelles dispositions relatives au voile. La déclaration que Gül, alors du Ministre des Affaires étrangères, faite le lendemain du 17 décembre 2004, affirmant que cette fois-ci, la question du voile était résolue, n'est pas un hasard. Le gouvernement islamiste se servira du commencement des négociations d'adhésion avec l'UE comme un moyen effectif dans la politique interne. Il s'agira de pressions pour la résolution du problème de voile qui est particulièrement une valeur idéologique et spirituelle pour les islamistes.

Mais le port du voile qui est de plus en plus interdit dans les pays de l'UE mais qui est de moins en moins réprimé en Turquie deviendra rapidement un sérieux problème politique. Une partie importante des forces islamistes a de grandes réserves concernant l'UE. Plusieurs personnalités politiques, chercheurs et écrivains islamiques affirment que l'UE est opposée aux valeurs islamiques. Par exemple, Ibrahim Karagül, un écrivain islamiste, considère l'interdiction des symboles religieux, dont le voile, dans les pays de l'UE en particulier en France, comme une action contre l'islam :

« Chirac qui a demandé l'élaboration d'une loi pour interdire le foulard sera dans l'avant-garde de ce monde. La France se situe dans le même front que l'Ouzbékistan et la Tunisie dans la lutte contre le voile. La France qui tente de déterminer la politique extérieure de l'UE se voit candidat pour orienter l'Europe dans la lutte contre le voile.

L'Allemagne renforce également sa lutte contre le voile islamique. Un ministre dans un pays tel que la Norvège dit qu'il faut rappeler aux musulmans qu'ils vivent en Europe et exprime clairement que l'Europe peut admettre qu'un islam transformé. »

Le Conseil Supérieur du Tribunal qui avait examiné la saisine déposée par Madame Leyla Şahin, étudiante de faculté de médecine exclue de l'université pour avoir porté le voile, auprès de la Cour européenne de Droit de l'Homme (CEDH) a rendu le 11 novembre 2005 un jugement dans lequel elle approuvait la décision d'interdiction du voile prise par l'Université et a rejeté la demande de Şahin. À la suite de la décision de la CEDH, la reconnaissance de l'utilisation du voile comme un symbole politique et le refus de considérer l'exclusion d'une étudiante voilée comme une violation des droits de l'homme, ont entraîné une vive polémique dans la politique intérieure de la Turquie. Ainsi, la décision négative curieusement espérée dans le mouvement islamiste, n'a pas seulement influencé les équilibres politiques intérieurs mais a également entraîné la constitution de nouveaux fronts. Celle-ci a coincé l'AKP islamiste modéré qui se trouve engagé au processus de l'EU. Les déclarations du Premier ministre, qui est connu pour ses idées islamistes, ont en même temps mis en évidence les opinions du mouvement islamiste politique sur la question. En effet, Erdoğan a affirmé que « le Tribunal n'a pas le droit de statuer sur cette question. Ce droit revient aux Oulémas [autorités religieuses]. »[65] C'est-à-dire que le voile est un problème religieux, ce qui signifie que ce type de décision peut être prise par les Oulémas. Autrement dit, les religieux sont « habilités » à statuer sur la vie générale et sociale de la société. D'après le Premier ministre turc, la décision du CEDH sur la question du voile est illégitime. Celle-ci doit être abordée dans les règles de l'islam. La décision doit être prise non par un tribunal mais par les Oulémas.

En raison des discussions sur le voile menées par certaines instances officielles de l'UE et de certaines décisions prises par la CEDH, une grande partie des islamistes politiques pensent que l'UE est opposée aux musulmans. Du fait du commencement des négociations relatives l'intégration de la Turquie à l'UE, le problème du voile qui constitue l'un des principaux points à l'ordre du jour de la Turquie en créant périodiquement des tensions politiques internes, deviendra par ailleurs l'un des problèmes principaux de l'Union européenne.

---

[65] *Milliyet,* 15 novembre 2005.

DEUXIÈME PARTIE :
LES CONFRÉRIES : DES FORCES SOCIALES DU DEVELOPPEMENT DE L'İSLAM POLITIQUE

Les racines historiques des ordres religieux islamistes remontent au début du XIXème siècle, quand l'Empire ottoman a commencé être en proie à de profondes divisions internes. À cette époque, ils représentaient tout d'abord, une interprétation de la philosophie mystique mais ils étaient également liés aux conditions politiques de l'époque. En observant plus en détail les conditions politiques des régions où chaque confrérie a émergé, on retrouve des facteurs sociaux et politiques bien précis, De nombreux ordres religieux issus de ces confréries ont contribué à l'établissement de règles strictes basées sur l'islam.

Cependant, parallèlement au développement économique, social et politique des sociétés, les fonctions des confréries ont fortement évolué. Les confréries, qui cherchaient les origines des problèmes plutôt dans le Tasavvuf (soufisme), se sont alors placées au premier plan comme des centres actifs d'organisation. Le modèle d'organisation des ordres religieux, leurs structures hiérarchiques, leurs relations entre les disciples, la communauté et le maître spirituel, leur point de vue à l'égard des problèmes sociaux, l'interprétation des sujets de nature religieuse ont évolué avec le temps. Au commencement, les confréries s'occupaient essentiellement des sujets de nature religieuse, comme le définissait leur existence. Ils ne s'intéressaient qu'indirectement aux problèmes de l'État. La plupart des ordres religieux avaient d'ailleurs le soutien de l'État.

Robert Nispet affirme ainsi pour définir ces concepts :

> « La redécouverte des communautés a été l'idée sociale la plus précieuse du XIXème siècle. Durant ce siècle, de grands changements, encore plus abstraits que les vérités théologiques, sociologiques, philosophiques ou historiques, se sont produits. En disant communauté, je veux vous

évoquer une communauté beaucoup plus grande que les communautés locales traditionnelles. Ce concept, qui a été pensé pendant le XIXème et XXème siècle intègre, à un très haut niveau, tous les moyens relationnels qui représentent l'intimité, la profondeur sentimentale, l'engagement moral, la fidélité sociale et co-fraternelle.»[66]

Les communautés peuvent ainsi être considérées comme la continuité des confréries ou de versions différentes des ordres religieux qui se sont adaptées aux conditions de l'époque. En d'autres termes, les communautés sont la conséquence indiscutable de la modernisation. Contrairement à la tradition des confréries, on peut dire que les communautés se sont plus préoccupées des problèmes quotidiens du pays et du monde, voire même, ont adapté des solutions et leurs politiques par rapport à ces problèmes. Même si les communautés ont su accentuer leur représentation philosophique mystique, leurs tendances politiques se sont alors placées au premier plan. Leur relation avec l'État et le pouvoir a toujours une priorité dans l'évaluation des sujets économiques, politiques, sociaux, de leurs valeurs éthiques et même dans les sujets de nature religieuse. La relation entre les communautés et l'État s'est alors accrue et s'est actualisée.

La Turquie est l'un des pays où il y a toujours de nombreuses discussions sur les confréries et les communautés, ainsi que sur les relations entre elles. Ainsi, les communautés religieuses qui sont apparues à la suite d'évènements historiques sont alors devenues réalité sociale, économique et politique du pays. Leur pouvoir est alors devenu très influent, etc. dès l'Empire ottoman. Dans cette réalité sociologique, elles ont influencé les relations sociales, ainsi que la relation de l'État et du pouvoir.

Les communautés qui ont été la conséquence d'une association des conditions économiques et des conditions sociales de la Turquie, ont eu un impact remarquable sur la modernité. Alors qu'elles étaient contre l'idée positiviste et occidentale du Kémalisme, elles ont cependant fortement influencé le principe de la modernité.

Les ordres religieux n'ont pas seulement été influencés par la modernisation mais ils ont également su s'adapter aux conditions économiques et sociales souvent changeantes du monde. Par exemple, les communautés qui sont le symbole d'un pouvoir social très important se

---

[66]Transmis par MARDİN Şerif, La Religion et La Politique en Turquie- Toutes les œuvres/8, Edition İletişim, İstanbul, 2005, page 195.

sont facilement adaptées au processus de mondialisation. Elles ont fonctionné comme des organisations communautaires de l'islam mondialisé pour influencer et diriger le système social.

La politique d'Islam et les communautés possèdent des concepts qui corrèlent pleinement entre eux. Les objectifs des communautés, à savoir le pouvoir social et politique de l'islam, sont communs : l'islamisation de la société dans un premier temps et la modification de l'État ensuite. Même s'il existe quelques différences importantes entre elles, leurs stratégies sont identiques.

Il existe plusieurs communautés islamistes en Turquie. Par exemple, Azcmendiler, Hizb-u Tahir, Halvetilik, İşkenderpaşa Cemaati, Kadiriler, Mahmut Efendi Cemaati, Menzilciler, Nurculuk, Süleymancılık, Yesevilik quelques-unes d'entre elles. Compte tenu de la complexité du sujet, l'examen de quelques communautés importantes qui ont su se faire remarquer dans la structure sociale de Turquie, qui ont acquis un pouvoir considérable dans les relations sociales et politiques, et qui ont influencé les nouvelles balances politiques de la relation entre l'État et le pouvoir, sera suffisant.

1 - ISKENDERPASA : LA DERGAH D'OÙ SONT ISSUS LE PRÉSIDENT ET LE PREMIER MINISTRE

La fondation de la communauté İskenderpaşa remonte à l'année 1925. Elle est considérée comme une branche de la tradition Ahmet Yesevi de la confrérie de Nakşibendi. Après la fermeture des couvents des Dervishes et des Zaviyes, l'organisation Dergah (couvent islamiste) Gümüşhanevi a dû formellement cesser ses activités. Le Couvent Islamiste a eu quelques difficultés pour survivre mais y est parvenu. Après la mort de Şeyh Mustafa Feyzi Beyefendi qui était le leader du Dergah, ils ont choisi leur leader en fonction de leur âge et ont réussi à faire perdurer le Dergah. Apres la mort de Abdülaziz Bekini Efendi, Mehmet Zahid Kotku a pris la place de leader. Avec Kotku, la communauté a pris des orientations différentes.

Les nouvelles ouvertures de Kotku ont attiré l'attention des nouveaux visages de la haute bureaucratie de l'État. Durant cette période de changement, la communauté a alors pris le nom İskenderpaşa, qui était le nom de la mosquée où Kotku était Imam. Même s'il subsistait quelques réticences à ce changement, la communauté s'est rapidement développée.

L'efficacité de Kotku n'était pas que superficielle. Il a sorti la communauté du système d'éducation classique et a utilisé un système moderne pour développer la communauté. Des bureaucrates de l'État, qui provenaient d'une éducation moderne, sont alors devenus ses disciples. Ce type d'organisation a permis de développer un nouveau processus d'évolution de la relation entre l'État et la communauté İskenderpaşa. Étape par étape, Kotku a commencé à s'intéresser plus particulièrement aux problèmes de l'État, voire à mettre en œuvre ses nouveaux plans pour sa transformation.

Son plan était double : premièrement, développer un réseau d'organisations dans la haute bureaucratie de l'État, et deuxièmement, fonder un parti politique qui pourrait intervenir dans la vie politique. Il s'est principalement concentré sur les domaines de l'Organisation stratégique de l'État (DPT)' et du Ministère de l'Éducation nationale (MEB). Dans un même temps, après avoir préparé les disciples qu'il avait rassemblés autour de l'idée que « le temps était venu d'intervenir dans le processus de développement politique de la Turquie», il a proposé à son disciple Necmettin Erbakan de fonder un parti politique. Erbakan a alors obéi et fondé le Parti de l'Ordre national (MNP: Milli Nizam Partisi).

Les confréries qui sont issues de la tradition de Nakşibendi ont toujours été très proches du pouvoir politique. D'une manière positive ou négative, les relations entre les politiques et les Nakşi ont toujours occupé une place importante. Alors que la politique avait des effets négatifs sur les confréries, ces dernières n'étaient jamais éloignées de la politique. De cette manière, ils ont réussi à établir une balance entre « être au pouvoir dans le système politique » et « être dans le cœur des croyants ». Ce levier d'action est alors devenu une politique stratégique de l'islamisation.

Cette manière d'agir de Kotku, de rester en relation directe avec la politique, a donné une nouvelle dimension à Nakşibendi qui s'est alors concentré sur ce seul objectif. Il a donc commencé à s'organiser dans les domaines de la politique, de l'éducation et de la publication, et créer ainsi des fondations et une société.

Il est vrai que ces domaines sont d'une importance fondamentale. Tout d'abord, fonder un parti a permis d'intervenir directement dans les relations étatiques et a permis d'apporter une alternative à l'islamisation des relations de l'État. Ensuite, les fondations sont devenues des moyens d'action importants pour que les communautés puissent se diversifier. Le contrôle de l'État, sur les fondations était faible et la police ne pouvait pas y effectuer de surveillances régulières. Ce concept de fondations religieuses a apporté à la communauté İskenderpaşa, de grandes facilités pour pouvoir se développer dans tout le pays.

Kotku croyait que « l'argent est le père de l'immoralité » mais il a fait tout son possible pour gagner de l'argent et le réinvestir dans un seul objectif : l'islamisation de la société.

Après le remplacement du régime a parti unique par un régime pluripartite, le mouvement islamiste a commencé à sortir de sa coquille et à se tourner vers l'extérieur. Alors que de multiples partis islamistes étaient fondés, les communautés religieuses qui représentaient la classe moyenne et basse d'Anatolie, ont, pour la plupart d'entre elles, choisi le Parti Démocrate (DP) qui provenait de la tradition Kémaliste. La confrérie Gümüşhanevi a tout d'abord soutenu le Parti démocrate et puis son successeur, le Parti de la Justice (AP). Le mouvement islamiste a commencé à se définir comme un pouvoir indépendant après 1965.

Le Parti de la Justice, qui était alors sous la direction de Süleyman Demirel, a commencé à s'attirer l'antipathie des sympathisants des communautés islamistes qui venaient de la classe moyenne, des académiciens et des capitalistes des petites et moyennes entreprises, en soutenant une politique supportant la grande bourgeoisie. La confrérie İskenderpaşa, qui suivait ces évènements de très près, a décidé de fonder un nouveau parti. Malgré la connaissance des effets pervers que pouvait avoir la création d'un parti, la communauté İskenderpaşa, a eu un rôle important dans la fondation du MNP - MSP qui représentait la tradition islamiste. Ce processus a donné un nouveau coup de force à la relation entre l'État/le pouvoir et la communauté.[67] Le programme du premier parti islamiste MSP, intégrait donc certaines idées de Kotku ou de la communauté İskenderpaşa.[68]

Quand le MSP a pris le pouvoir, il y eut quelques changements dans leur politique. Par exemple, la coalition qui a eu lieu avec le parti laïque qui avait été créé par Atatürk, a été à l'origine d'une véritable crise au sein de la communauté İskenderpaşa. Kotku a donné implicitement son vote à la coalition du CHP-MSP. Dans son approche, il a su faire preuve, en premier plan, d'un véritable pragmatisme. Tout d'abord, ce rapprochement était le tout premier pas pour la réunification

---

[67] SARIBAY, Ali Yaşar, *La Modernité en Turquie, La politique de Religion et du Parti, Cas Exemplaire du Parti Milli Selamet MSP*, Ed. Alan, İstanbul, 1985, p. 89-128.
[68] YASAR M. Emin, "Dergah'tan Partiye. Vakıf'tan Şirkete Bir Kimliğin Oluşumu ve Dönüşümü; İskenderpaşa Cemaati", *Modern Türkiye'de Siyasal Düşünce/İslamcılık*, volume 6, Ed. İletişim, İstanbul, 2004, p. 330-331.

de l'État. Ensuite, la création d'une coalition avec le CHP, qui avait fondé la République laïque, était un message fort à l'intention des Kémalistes. Enfin, ce rapprochement était l'opportunité de placer ses cadres au sein des institutions de l'État. Malgré tous les avantages que pouvait présenter cette coalition, le MSP a reçu de vifs avertissements de la part des électeurs islamistes, et cette réaction s'est fortement ressentie lors des élections législatives. À la suite de ces évènements, le MSP a repris une ligne plus directrice et a alors utilisé un langage plus « islamiste » et « conservateur ». Après 1976, la ligne politique du MSP est devenue plus radicale. Ses discours islamistes sont devenus plus extrémistes. Sa coalition de « Front Nationaliste » (MC), avec la droite du Parti de la Justice (AP) et les nationalistes du Parti du Mouvement National (MHP), a permis de montrer leurs vraies tendances politiques.

Le coup d'État militaire du 12 septembre 1980 a été le tournant pour la communauté İskenderpaşa. Le MSP, qui était proche de la communauté, a été fermé, mais dans un même temps, l'un des plus importants politiciens, Turgut Özal, qui était connu comme l'un des plus fidèles disciples de l'İskenderpaşa, avait été désigné comme le Vice Premier ministre en charge de l'économie.

Pour pouvoir profiter plus largement de la situation conjoncturelle, Kotku a décidé de créer la fondation Hakyol et a ainsi élargi son champ d'action. À ce moment, la communauté İskenderpaşa était désormais loin d'être une Dergah classique. Il se situait alors au cœur du système et commençait donc à adapter sa politique en fonction des problèmes quotidiens de la société. À travers l'utilisation du parti et de ses fondations, il s'intéressait particulièrement au processus politique et, dans un même temps aux valeurs socioculturelles qu'il mettait au premier plan.

Kotku est mort le 13 novembre 1981 et a été enterré, suite à une décision du Conseil de Sécurité National (à l'origine du coup d'État), au côté des Seyhs de la communauté Gümüşhaneevi près de la Mosquée Süleymaniye à İstanbul. Ce fut un geste symbolique de la part des généraux à l'égard de la communauté İskenderpaşa. Le disciple de Kotku, Turgut Özal (qui allait ensuite devenir président), avait joué un rôle important dans cette décision. Après la mort de Kotku, Esat Coşan, un de ses disciples, académicien à l'Université d'Ankara, a quitté son poste pour devenir le nouveau leader de la communauté.

Quand Esat Coşan a pris la place de Kotku, le MSP a été interdit par les généraux et les principaux dirigeants ont été mis en prison. Coşan était le beau-frère de Kotku, et cette relation familiale l'a beaucoup aidé à établir son autorité au sein de la communauté. De plus, le fait que les principaux dirigeants furent emprisonnés fut un très grand avantage pour lui. Il put ainsi diriger calmement la communauté sans aucune autre alternative.

Lors des élections de 1983, le parti politique Anavatan Partisi (ANAP), qui avait été fondé par Turgut Özal est arrivé seul au pouvoir. Ce fut un autre tournant remarquable pour la communauté İskenderpaşa. Özal a soutenu de tous les côtés la fondation Hakyol et a accordé beaucoup d'avantages économiques et institutionnels de l'État à la fondation. Esat Coşan a fondé la Fondation « Science, Culture et Art » (IKSV) et la fondation de la «santé» en parallèlement de la Fondation Hakyol. Il s'est ainsi créé un véritable réseau d'organisations autour de ces fondations.

Coşan a su très bien utiliser son identité intellectuelle. Il a commencé à appliquer une politique d'ouverture autour de la communauté. Il a donné de l'importance aux domaines de la publication. Durant une période où les journaux et magazines étaient fortement contrôlés par les généraux, il a fondé les magazines « l'islam » en septembre 1983, ainsi que « Science et Art » et « Femme et Famille » en avril 1985. Le magazine «l'islam» qui avait atteint un tirage de 150 000 exemplaires, était un mélange de philosophie plutôt mystique et traditionnel, avec un peu de radicalisme islamiste. Avec la publication de ces magazines, il s'est construit de nouvelles opportunités pour toucher un public plus large. L'accord pour la publication de ces magazines fut le résultat d'un accord secret entre les généraux et la communauté.

Coşan a essayé de prendre dignement la place de Kotku, en mettant en place tous ces stratagèmes. On peut dire que ce fut une réussite remarquable. La redéfinition de Coşan sur la relation entre les sciences sociales et la tradition de la philosophie mystique, a permis de changer son regard sur la politique. La communauté İskenderpaşa a alors commencé à s'intéresser plus particulièrement à la politique et à laisser à l'écart le côté mystique. Cette politique lui a attiré de nombreuses critiques et a fait naître de nombreuses distorsions au sein de la communauté. Malgré ces péripéties, la communauté a toujours souhaité jouer un rôle important dans la vie politique.

Coşan a alors réinterprété sa vision de la politique. Il a essayé de rétablir la balance entre ouverture à l'extérieur et l'intérieur de la communauté. Il a souligné qu'il fallait véritablement faire la balance entre «être au pouvoir » et « être une force civile ». Autrement dit, il ne fallait, ni se retrouver seul au pouvoir, ni rester seule comme une organisation civile qui ne ferait preuve d'aucune efficacité. Selon lui, il était nécessaire d'avancer en restant fidèle à son authenticité pour atteindre, étape par étape, les objectifs fixés. Il a tenté de rétablir la balance entre la culture mystique traditionnelle et la politique.

En tant qu'académicien, Coşan connaissait parfaitement l'importance du pouvoir économique. Il donnait une importance particulière à la création de sociétés économiques pour devenir un acteur économique efficace du système. Il avait conscience qu'il pourrait diriger plus facilement les relations politiques et sociales avec l'aide du pouvoir économique. Il n'a eu aucune difficulté à s'adapter au système capitaliste mondial. Il a dirigé les relations commerciales dans un style très professionnel. Il a séparé complètement les fondations des sociétés commerciales. Il a rassemblé toutes ses sociétés sous le nom de «Server Holding» et il est entré en bourse selon les règles de la commission de la concurrence. Il a mis en place ses activités économiques pour s'adapter totalement au capitalisme.

Dans ce but, il a soutenu la sortie du cercle vicieux de la politique quotidienne et de garder des distances raisonnables avec les partis islamistes ou nationalistes du système et pour acquérir ainsi un rôle plus efficace dans l'islamisation de la société. Cette tactique politique a eu des effets négatifs à court terme mais lui a donné de grandes opportunités à long terme. Les partis de droite attachaient une grande importance à la communauté İskenderpaşa.

En effet, cette communauté avait un rôle important pour que les mouvements islamistes réussissent à influencer les relations au sein du système turc. Par exemple, ils ont soutenu Gül et Erdogan contre Erbakan, lors de la scission qui a eu lieu au sein du Milli Görüş. Tayyip Erdoğan, actuel Premier ministre de la Turquie, était proche de la ligne radicale islamiste mais il était notablement influencé par Koktu. Pendant la course au leadership du parti Fazilet Partisi (FP), Coşan a soutenu Abdullah Gül, contre le candidat d'Erbakan, Recai Kutan. Il a ensuite orienté sa communauté vers l'AKP.

Coşan voulait toujours développer les relations internationales de sa communauté. Il a donné une grande importance à ses relations avec les États Unis, le Canada et l'Australie. Il a commencé à passer la majorité de son temps à l'étranger. Il a ensuite appliqué en Turquie, les différentes idées qu'il a pu trouver à l'étranger. Il est décédé en Australie pendant qu'il y organisait les mouvements islamistes. Son fils Nurettin Coşan a pris sa place. Il existe aujourd'hui de nombreux doutes quant à l'efficacité de Coşan qui est très jeune et inexpérimenté. Il est cependant certain que la période du deuxième Coşan sera considérablement différente.

Comme à chaque changement de leader, des problèmes et conflits intérieurs vont faire surface. Il est trop tôt pour savoir quelle sera l'efficacité des jeunes générations sur les éléphants de la communauté. Il est nécessaire d'avoir du temps pour rompre avec la «vieille et ancienne» génération et pour créer une nouvelle école établie par la nouvelle génération. Il est évident que la communauté d'İskenderpaşa, qui est très efficace dans la vie sociale de la Turquie, ne voudra pas rompre avec le pouvoir politique. Il faut s'attendre à cette rupture dans la région du Proche-Orient et en Turquie, où l'islam est très répandu. Coşan II a déjà montré qu'il serait plus proche des relations politiques que des influences mystiques.

L'İskenderpaşa a pris des positions très claires sur deux évènements qui se sont produits. La première prise de position fut contre les États-Unis pendant la Première Guerre du Golfe. Esat Coşan a écrit dans un éditorial de son magazine : «Ne financez pas la dette budgétaire et l'inflation des États-Unis. Échangez vos dollars avec de l'or ». La seconde prise de position fut celle prise par Nurretin Coşan: à la suite de l'invasion des forces armées en Irak, ils ont publié des annonces dans leurs journaux pour faire pression sur le parlement pour qu'il n'accepte pas le passage de l'armée américaine sur le territoire turc. Ils ont invité tous les membres de l'AKP à les rejoindre à l'Assemblée Nationale Turque (TBMM). Au final, les membres de l'assemblée ont voté contre en obéissant aux appels des communautés. Au final, le projet qui avait été préparé par le gouvernement AKP a été rejeté par l'assemblée.[69] Cependant, il n'est pas possible de savoir si cette situation risque de perdurer.

Esat Coşan, le leader de la Communauté İskenderpaşa, qui a eu un pouvoir sur des millions de personnes a défini une ligne politique très claire. Leur principe est de créer une politique de synthèse qui est similaire à la synthèse turco-islamiste de l'Empire ottoman. Ils ont appliqué ce projet de changement pendant des années sans que jamais n'apparaisse de conflit avec le système.

---

[69] www.iskenderpasa.com.

Par conséquent, la communauté İskenderpaşa a joué un rôle important dans le processus de transformation pour que le mouvement politique islamiste parvienne au pouvoir en Turquie.

2- LA COMMUNAUTE SÜLEYMANCILIK: DES CENTRES DE COURS CORANIQUES POUR L'İSLAMISATION

Parmi les mouvements religieux qui sont apparus dans des conditions particulières en Turquie, la confrérie Süleymancılık, la plus proche des confréries traditionnelles, est devenue très influente. Son nom vient de Süleyman Hilmi Tunahan, qui a commencé ses activités en enseignant le Coran mais qui a ensuite considérablement changé son mouvement pour qu'il se socialise. L'apparition de la confrérie Süleymancılık est le résultat d'un phénomène social. Elle correspondait à une confrérie classique mais elle a su, en même temps, s'adapter aux conditions du monde moderne.

Süleymancılık peut également être considéré comme un centre d'éducation religieuse. Durant l'époque kémaliste, où l'éducation du Coran et la religion ont été fortement limité, les cours coraniques organisés par Süleyman Hilmi Tunahan, ont joué un rôle important dans le processus d'islamisation de la société. Ainsi, Süleymancılık s'est organisé comme une communauté islamiste en utilisant les sentiments religieux et les opportunités de solidarité de la société dont les traditions culturelles et historiques étaient très fortes. Autrement dit, cette communauté est apparue comme « un retour à la religion » contre la corruption culturelle et morale, et contre un changement radical des relations sociales. Les Süleymancılık, sont longtemps restés enfermés dans leur intérieur mais ils ont ainsi développé une organisation très profonde et très profondément ancrée dans la société. La raison la plus évidente, pour que les peuples acceptent très vite cette communauté, fut la défense de l'islam traditionnel.

La communauté Süleymancılık peut être considérée comme un mouvement de ville. Ils ont d'abord fait preuve d'efficacité parmi les intellectuels d'Istanbul avant de se disperser dans tout le reste des villes d'Anatolie. Le fondateur de la communauté, Süleyman Hilmi Tunahan, vivait à İstanbul, ce qui fut un facteur important pour le développement et l'expansion de la communauté dans cette métropole. Ils se sont ensuite développés et ont ouvert des cours de coraniques dans les pays étrangers où vivaient massivement les immigrés turcs. Ils ont créé un réseau d'organisation très solide dans ces pays, et plus particulièrement en Allemagne. Leur caractère international, à travers leurs cours coraniques, sont également très répandus aux États-Unis, au Canada et en Australie. Cette particularité leur a permis de se développer économiquement et de renforcer leurs positions politiques.

Comme toutes les autres communautés, Süleymancılık peut être analysé en deux parties : l'époque du fondateur de la communauté, Süleyman Hilmi Tunahan, et l'après-fondateur. Entre ces deux périodes, on peut noter de très grandes particularités.

Tunahan, a dirigé personnellement les cours coraniques entre 1941, date à laquelle ses cours ont été établis, et 1950. Dans un premier temps, il fut très difficile de trouver des élèves pour ses cours mais parmi aux il y eut des étudiants de la haute société. Il souhaitait s'entourer d'étudiants de la haute société car il voulait instruire des cadres qui lui permettraient de faire vivre sa communauté. Les disciples, qu'il avait formés se sont alors dispersés dans les petites villes et villages d'Anatolie, en tant que missionnaires volontaires, pour y enseigner clandestinement le Coran.[70]

Les limitations relatives à l'éducation religieuse ont tout d'abord été établies par le parti laïque, le Parti Républicain du Peuple (Cumhuriyet Halk Partisi CHP) en 1945, et par la suite, grâce aux lois promulguées par le parti de droite, le Parti Démocrate (Demokrat Parti, DP) après les années 1950. Durant ce temps, les Süleymancılık ne se sont plus limités à un mouvement de cadres, et ont commencé à se préparer une base pour devenir un mouvement de masse grâce à leurs cours coraniques en Anatolie. Ceci se produisait sous les yeux de l'État. Ces cours étaient, d'une certaine manière, tolérés bien qu'il exista une loi qui les interdisait. Le premier cours coranique organisé par les Süleymancılık, a été ouvert en 1952 à l'office des Müfti de l'Üsküdar à İstanbul. Ce fut un pas important pour les Süleymancılık, en vue de l'amélioration de ses relations avec l'État, car ces cours appartenaient au Ministère du Culte Musulman (Diyanet).

Jusqu'en 1953, ils ont ouvert 5 cours coraniques affiliés à l'office des Muftis d'Istanbul, et presque 300 étudiants ont pu ainsi y assister. Süleyman Hilmi Tunahan était intervenant dans les cours coraniques

---

[70] AYDIN Mustafa, "Sülemyancılık", *Modern Türkiye'de Siyasal Düşünce/İslamcılık*, *Volume: 6*, Ed. Iletişim, İstanbul, 2004, p.310-311.

d'Eyüp. Les étudiants qui ont suivi ces cours furent 400 en 1956, 1000 en 1959 et 3000 en 1966. Ces cours étaient devenus des centres de l'islamisation de la société, surtout après leur expansion dans toute l'Anatolie. Les élèves n'apprenaient pas uniquement le Coran mais également que l'islam était une manière de vivre et un modèle d'organisation.

Alors que les élites républicaines négligeaient les valeurs économiques, sociales et religieuses de la société et essayaient d'imposer le modèle de l'idée positiviste occidentale, les Cours coraniques des Süleymancılar ont organisé une réaction venant de la base et par ce type d'organisation, ils ont pu ainsi contre balancer les activités de l'État, qui a alors pris conscience du fonctionnement de ces communautés, les a utilisés pour atteindre leurs objectifs régionaux et conjoncturels. En contrepartie, ceci a permis aux communautés de se développer largement dans toute l'Anatolie.

Comme plusieurs autres communautés, il existe deux groupes de bases : le premier est constitué des membres de la famille du fondateur et le deuxième, ceux qui ont contribué activement à la fondation de la communauté. Ces deux groupes occupent toujours une place privilégiée dans la communauté. Être proche du leader est toujours un facteur prédominant dans l'établissement du pouvoir de la communauté. Comme le cite Weber, dans les organisations religieuses, le rôle du leader charismatique est prépondérant. Quand le leader est vivant, il n'y a aucune chance qu'un autre leader alternatif et charismatique puisse apparaître. Mais cette réalité est à l'origine de nombreux conflits après la mort du leader. En général, les membres de la famille proche prennent la place du leader après sa mort. Ceci crée un malaise envers les personnes qui avaient fortement contribué au développement de la communauté et qui auraient les compétences requises pour occuper la place de leader. Ce paradoxe est très souvent à l'origine de conflit au sein des communautés.

Dans la hiérarchie des couches hautes/basses et par rapport à cette hiérarchie, l'obéissance absolue était une des plus importantes règles des Süleymancılık. La communauté n'a eu jamais de règle écrite mais toutes les responsabilités sont basées sur la spiritualité. L'homme qui est considéré comme le leader a l'autorité spirituelle et naturelle. Dans la communauté Süleymancılık, ce modèle d'organisation est appliqué de la personne la plus haute à tous les peuples de la classe basse, et ceci dans les organisations des villages même. Obéissance, fidélité, confidentialité et acceptation sans critiques sont des principes très forts. Les autorités dirigeantes ont une arme très puissante dans la main : c'est le pouvoir spirituel. Les membres de la communauté agissent sous la force du pouvoir spirituel car le but des communautés est d'établir un système spirituel islamiste. Ils mettent au premier plan le pouvoir religieux spirituel et autocratique au lieu de la démocratie qui est pour eux inacceptable. Ce concept, où les membres de la communauté se dévouent de manière volontaire, est un concept très intéressant. Ainsi, malgré les problèmes qui ont ressurgi après la mort de Süleyman Hilmi Tunahan, son beau-fils Kaçar est devenu aisément le « Grand Frère » de la communauté en établissant son autorité absolue sur la communauté.

Les lois sur les centres d'éducation coranique qui sont entrées en vigueur en 1965, ont marqué le début d'un processus essentiel pour la communauté Süleymancılık. Avec les lois du Culte Musulman, le droit à l'éducation du Coran a été donné aux facultés de théologie, aux lycées d'Imams et Hatips et à l'Institut Supérieur de l'islam. Cette décision a eu des effets négatifs sur les Süleymancılık. Jusqu'à cette loi, seuls les étudiants qui prenaient des cours coraniques pouvaient être imams dans les mosquées des villages. C'était un outil avantageux pour les Süleymancılık pour s'établir en force dans la société. Mais la loi 633 a brisé ces avantages.

Les Süleymancılık ont essayé de surmonter cette situation négative après 1966 et ils ont fondé la «Fédération Fonder, Sauver et Vivre les cours coraniques». Après le Coup d'État de 1971, les généraux voulaient de nouveau confier les cours de Coran au Ministère du Culte. Les Süleymancılık ont alors rapidement changé leur fédération comme : «la Fédération des Associations de Cours de Coran et d'Aide aux autres Etudiants». Ils ont ainsi élargi leur champ d'action. À la suite de ce changement, ils ont ainsi pris des opportunités importantes pour communiquer et attirer de nouveaux étudiants des lycées et des universités. Cette évolution leur a donné la chance de s'organiser avec les enfants pauvres de l'Anatolie. Le fait que les cours coraniques soient sous la direction du Ministère du Culte ou du Ministère de l'Éducation nationale, a permis aux Süleymancılık de s'ouvrir un chemin pour pouvoir s'organiser dans les institutions stratégiques de l'État. Les relations avec la politique des Süleymancılık se sont très vite organisées après qu'ils se soient infiltrés dans les institutions étatiques. Alors que le contrôle de l'État sur les cours de Coran semblait être un obstacle pour la communauté, dans le long terme, cela a permis de mettre en place des cadres au sein des institutions de l'État. Les dirigeants des deux institutions, le Ministère du Culte et le Ministère de l'Éducation nationale faisaient donc partie de la communauté.

Après l'année 1971, Kemal Kaçar a utilisé l'avantage d'être le beau-fils de Süleyman Hilmi Tunahan et a accentué sa représentativité au sein de la communauté. Cependant, cette position de Kaçar a malgré tout été à l'origine de quelques conflits, voire de scissions.

Kaçar a tenté de s'organiser parmi les immigrés turcs et musulmans dans les pays étrangers, surtout en Allemagne et ainsi augmenter son efficacité internationale. Par cette stratégie, il est parvenu à dissimuler ses problèmes internes et a acquis un statut plus solide. Dans les années 1970, il a ouvert les Centres Culturels de l'islam (IKM) à Cologne en Allemagne où les immigrés turcs vivaient massivement. En 1981, on comptait 220 IKM qui s'étaient développés autour du centre situé à Cologne. La plupart de ces centres étaient basés en Allemagne.[71] Ils ne sont pas restés de simples centres d'éducation religieuse mais ont également développé leur activité commerciale. Tous ces IKM sont devenus des centres où s'organisait une forte activité commerciale.

Le Süleymancılık est un mouvement religieux, mais il a à également joué un rôle social dans le changement de la société. Ils ont mis en place des cadres provenant de la classe des élites, mais ont également intégré les classes pauvre et moyenne au centre de leur organisation.

La Communauté Süleymancılık possédait aussi un pouvoir économique considérable. Elle a joué un double jeu dans ses relations économiques. D'un côté, elle a aidé à se développer les sociétés qu'elle soutenait. De l'autre côté, ils ont créé leurs propres sociétés leur appartenant et ont ainsi accru leur pouvoir en les regroupant dans des holdings. Les raisons pour lesquelles l'organisation s'intéressait fortement aux immigrés étaient principalement économiques. Ils voulaient ainsi intégrer les actions des immigrés dans leurs capitaux islamistes.

Süleymancılık est enfin le résultat de la réalité sociale de la Turquie. Ce n'est ni conjoncturel, ni temporaire. Il a été d'une constance qui laissera des traces dans les réalités sociales du pays.

---

[71]PEKÖZ Mustafa, *Avrupa Birliğinde Göçmenler Almanya'da Türkler-Kürtler*, Ed. Gün, Istanbul, 2002, p. 199.

3- LA COMMUNAUTÉ NURCULUK: UN MODÈLE D'ORGANISATION HORS DES TRADITIONS

Le Premier maître de la confrérie, Said-i Nursi, est né dans le village de Nursi à Biltis en 1976 et était le frère aîné de Molla Abdullah. Il a beaucoup été influencé par les Imams Rabbani Ahmet Sihrindi et Abdülkadir Geylani durant ses études classiques. Il s'est créé des relations proches avec les confréries Naktşibendi et Kadiri sous l'influence desquelles il a vécu. Il n'avait cependant pas la relation classique qui existe entre un Şeyh et son disciple.

La vie politique de Said-i Nursi se décompose en deux étapes. La différence entre ces deux étapes se retrouve en théorie dans un processus de changement, dans les idées mais également en pratique et dans les actions. Ayant trouvé que les travaux dans la région de l'Est n'étaient pas assez ambitieux pour lui, il a décidé d'aller à Istanbul pour y trouver des intellectuels et des scientifiques religieux pour répandre ses idées à plus grande échelle. En tant qu'homme ayant vécu l'effondrement de l'Empire ottoman, il a considérablement contribué aux discussions parmi les intellectuels religieux et politiques sur le processus de dissolution économique et politique de l'Empire ottoman.

Jusqu'à l'époque de la mise en place de la République, il était très attaché à la politique. Il a même élaboré ses propres projets politiques, a proposé ses solutions et a travaillé activement auprès de différents intellectuels. Ce processus fut un tournant la vie de Said-i Nursi. Il s'est développé de nouvelles relations et a commencé à écrire des chroniques dans le journal Vatan à Istanbul. Il a développé sa relation avec l'association İttihad Muhammedi et est devenu membre actif du Dar'ul Hikmet-ül İslamiye.[72] Il a particulièrement défendu l'islam traditionnel contre les idées des intellectuels qui avaient reçu une éducation et a ainsi été force de proposition dans ce sens. Par exemple, le projet de "Medresetü'z-Zehra" qu'il a proposé à l'empereur Abdulhamid II était un travail qu'il avait élaboré à cette époque.[73]

Nursi a proposé à l'empereur d'ouvrir une université, prodiguant des cours en Arabe, en kurde et en turc, dans la région de l'Est Anatolie où il était né et où il avait grandi. Cependant, l'empereur n'a

---

[72] MÜRSEL Safa, *Bediüzzam Said Nursi ve Devlet Felsefesi*, Ed. .Yeni Asya, İstanbul, 1995, p.273.
[73] NURSİ, ibid, p. 213.

pas soutenu son projet. Cette attitude de l'empereur qui était le représentant du Calife, lui a attiré une mauvaise opinion le concernant. A la suite de ces évènements, Nursi a soutenu les opposants appartenant aux clans des Jeunes-Turcs qui se battaient contre le régime de pression d'Abdulhamit II. Alors qu'il n'était pas d'accord avec toutes les idées de ces Jeunes-Turcs, il a agi avec l'organisation İttihat et Terakki constituée de jeunes turcs. Il a été jugé par le tribunal dans le cadre de ses relations avec l'association d'İttihad-ı Muhammediye qui était à l'origine du massacre du 31 mars 1909 (massacre très marquant dans l'histoire républicaine au cours duquel, un jeune sergent laïque fut assassiné par des islamistes.)[74]

À la suite du soulèvement du 31 mars, Said-i Nursi est retourné dans le Sud-Est Anatolien. Il a commencé à discuter avec tous les leaders des clans Kurdes de la région concernant les sujets de 'Constitution, légitimité, libéralisme et l'islam'.

Il a pris une part active dans les Brigades Hamidiye qui avaient été fondées par l'empereur Abdulhamid II pour combattre les Arméniens pendant la Première Guerre mondiale. « Il a personnellement constitué des brigades volontaires et a combattu contre les Russes et les Arméniens. »[75] Il a été fait prisonnier par les Russes. Après être resté 2 ans en Russie, il s'est échappé et est revenu à Istanbul.[76]

Il a écrit un essai qui s'appelle *Hutuvat-ı Sitte* qui critiquait les forces d'intervention anglaises pendant la Première Guerre mondiale. Il a soutenu le mouvement qui commençait à Ankara contre la soumission dans l'empire à Istanbul. Quand il fut invité par Mustafa Kemal, il a effectué un discours à l'Assemblée nationale qui avait été fondée à Ankara en 1922. Mustafa Kemal a vu que Said-i Nursi avait beaucoup d'influence sur les parlementaires et il l'a vivement critiqué. Il a proposé à Said-i Nursi d'être le Vaiz (responsable religieux) des villes de l'Est mais Said-i Nursi a refusé la proposition. Il pensait que le paysage politique d'Ankara n'était pas différent de celui d'Istanbul.

« Il a cru que servir l'islam en utilisant la politique n'était plus possible et il s'est convaincu de la nécessité d'établir, tout d'abord, une conscience de l'islam au sein des individus. »[77]

---

[74] YAVUZ M. Hakan, "Bediczzaman Said Nursi", *Modern Türkiye'de Siyasal Düşünce/İslamcılı,*, Volume : 6, Ed. İletişim, Istanbul, p. 265.
[75] Ibid, p. 266.
[76] BADİLLİ Abdülkadir, *Bediezzaman Said Nursi Mufassal Tarihçe-i Hayat,* Ed. Timaş, Istanbul, 1990, p.427.
[77] YAVUZ, ibid, p.267.

Il s'est éloigné de la politique active. Il soutenait que les idées positivistes des combattants d'Ankara, qui venaient de la tradition İttihat et Terakki, étaient dangereuses pour l'avenir de l'islam. Il a commencé à construire un mouvement et une identité permettant le développement de la conscience de l'islam. En d'autres termes, contre les efforts de Mustafa Kemal à créer une société sous une forme occidentale, Said-i Nursi a préparé un plan basé sur des idées alternatives pour les gens qui hésitaient encore entre modernité et traditionalisme.

Le régime Kémaliste s'est attaqué aux Kurdes pour renforcer son pouvoir qui était basé sur son indépendance «raciste» et ayant pour concept l'idée d'une seule nation. Il y eut un soulèvement kurde contre ce régime qui était écrit comme «le soulèvement de Said» mais Said-i Nursi n'a ni participé à ce soulèvement, ni soutenu ce soulèvement. Cependant, il est devenu la cible des cadres républicains. Il a commencé une vie d'exil forcé dans les villes de Burdur, Isparta, Kastamonu, Emirdağ et Afyon. Il est resté sous surveillance permanente. Ses espaces d'activités et ont été limites et on a tenté de l'isoler de la société. Pendant cette période, Said-i Nursi a pu achever 90 % de son oeuvre la plus connue "Risale-i Nur Külliyatı" (RNK). Il a établi un réseau de distribution appelé 'les Postiers de Nur' pour distribuer ses essais RNK et qui ont joué un rôle prépondérant dans la transformation du mouvement de Nursi en un courant massif au sein du public. Ils ont créé un lien entre les Nurcus, tout en permettant de créer le squelette organisationnel du mouvement.

Bien qu'il ait souvent soutenu qu'il était loin de la politique, il n'a jamais quitté cet espace. Il a rassemblé ses idées alternatives aux idées kémaliste dans son oeuvre *Risale-i Nur*. Il a défendu qu'il fût possible de se moderniser et de créer un lien entre Islam et Rationalisme sans devenir comme les Occidentaux. Il est resté à distance du centre d'Ankara mais a développé des relations avec les dirigeants d'État d'Anatolie et les a convaincus de participer à son mouvement.

Pendant le passage d'un système a parti unique à un système pluripartite dans la vie politique, il a soutenu le Parti Démocrate (DP) contre le Parti Républicain du Peuple (parti Kémaliste). Il a ainsi montré qu'il n'avait pas rompu les liens avec la politique depuis l'époque de l'Empire ottoman. Il avait bien compris que la relation État – société – pouvoir avait toujours réussi à se créer une balance entre eux. Pour Nursi, les avantages de son soutien au DP étaient les facilités qu'il avait pour la publication et la distribution de ses oeuvres 'Riasleler' dans toutes les parties de la société. Alors qu'il était resté contre la politique autour d'un axe religieux, il a réussi à rester proche de la classe pauvre de l'État pour atteindre son but d'islamisation de la société.

Dans ces conditions historiques, l'islamisme de Nursi prend 'la ré interprétation' des traditions comme la base de son développement des idées. À la fin XIXème siècle, il a travaillé pour donner la force et le prestige à l'islam qui avait perdu sa force et son efficacité. Il a également oeuvré pour reconstruire un pont entre l'islam et la société turque. Les thèses qu'il a soutenues après 1940 ont eu un impact fort dans le monde de l'islam. Il a apporté un nouveau souffle de l'islam contre les dysfonctionnements de l'autorité classique de la religion. Il a soutenu que les Ulémas (théologiens), qui ont reçu une éducation classique, qui ne pouvaient pas apporter de réponses aux besoins de l'époque. Il a également défendu que l'islam devait prendre une place dans la société sans avoir besoin de relations communautaires classiques. Contrairement aux idées républicaines, selon lesquelles il fallait laisser la religion au second plan pour atteindre le niveau des pays développés, il a défendu que la philosophie de l'islam pouvait également permettre de se développer en accord avec les réalités de ce siècle et des sciences positivistes.[78]

Son insistance sur la conscience de l'islam était, à l'époque, en phase avec la politique de l'État et des États-Unis. Nursi a envoyé un de ses plus proches disciples dans la guerre de Corée. Cette décision a été très remarquée et a permis d'améliorer l'harmonie de son mouvement avec la politique de l'État.

Se rendant compte de l'efficacité de la religion dans la vie humaine, il évoque que la source des problèmes sociaux est l'opposition que l'on peut apporter à la religion. Il faut réintégrer l'idée de croyance et de moral au sens religieux, dans la vie sociale et individuelle. De plus, il faut faire évoluer les réflexions pour que le mode de vie islamiste soit dominant dans la société.[79]

Le véritable but de Nursi pour se tourner vers ces groupes de la société qui sont dotés d'une bonne éducation, était de se créer un prototype religieux et moderne des musulmans. Les trois principes de l'islamisation de la société selon Nursi, sont 'la croyance, la vie et la Charia'. La croyance consiste à accepter les règles de l'islam et de les appliquer personnellement au quotidien. La vie est un

---

[78] Ibid, p.132.
[79] Ibid, p.146.

modèle de vie Islamiste pour les gens qui ont accepté ces règles. La Charia est un modèle social où la justice et la doctrine islamiste sont dominantes.

Il défend également que l'État, qui est sous le contrôle d'un pouvoir politique, devait se réformer par rapport aux valeurs et demandes de l'islam. L'identité politique de l'État devait être dominée par la Nation car l'État est en charge de créer une société islamiste. Pour Nursi, il fallait d'abord se renforcer et devenir un acteur principal de la Nation avant l'État. La résultante naturelle de cette approche est que si la société domine l'État et si la société est musulmane, alors, l'identité de l'État sera dominée par les principes fondamentaux de l'islam.

Ce qui est très intéressant dans cette idée, c'est que l'idée moderniste et occidentale du kémalisme a eu un rôle positif en vue du développement du mouvement Nurcu. Les réformes du pouvoir kémaliste, surtout dans le domaine de l'éducation, ont permis beaucoup de progrès dans le pays. Le mouvement Nurcu a donc décidé d'œuvrer pour créer une société moderne mais islamiste dans les régions les plus développées, dans le domaine de l'éducation. Alors que le mouvement Nurcu naissait dans la région kurde, dans l'Est et le Sud-Est de l'Anatolie où les relations féodales régissaient la société, le mouvement s'est considérablement développé dans l'Ouest de l'Anatolie où les populations étaient plus éduquées. Ce fut également le résultat de l'action des cadres islamistes modérés du mouvement Nurcu.

Le mouvement Nurcu a mis en place de nouveaux instruments durant sa période de développement. L'un des plus importants mis en oeuvres par Nursi et qu'il a mis en place juste avant sa mort, concernait la création d'écoles privées. Les étudiants et disciples de Nursi, des éléments actifs du mouvement Nurcu, ont continué à faire vivre le système des écoles privées et ainsi diffusées massivement leurs idées au peuple. Il était enseigné dans ces cours privés que le meilleur moyen de comprendre les idées de Nursi était de lire et d'apprendre les Risale-i Nur Külliyatı (RNK).

« Ce n'était pas des lieux où les RNK étaient lus, cela correspondait à des lieux où l'identité de l'islam se formait et s'appliquait à la vie quotidienne. Les écoles privées de Nursi sont devenues des lieux où était créée une forme de langage et une manière d'agir commune. Elles ont aussi pris le rôle de rassembler les différentes couches sociales, de développer les réseaux politiques et culturels et ont été une opportunité pour l'augmentation du niveau social. »[80]

La tradition, qui a été à l'origine du mouvement Nurcu, a eu un rôle important dans l'organisation du mouvement islamiste global. L'éducation a pris la place des discours traditionnels des communautés et la communication personnelle s'est transformée en relations collectives. Ces écoles ont également été les lieux où les modes de vie se sont nettement appliqués dans la pratique. La structure de ces écoles était précisément basée sur les principes des Nurculuk : "La croyance, la vie et la Charia"

La base sociale du Nurcular s'est développée grâce aux rencontres de gens qui venaient de différentes couches sociales. Cependant, ce développement a été le commencement d'une période de séparation multiculturelle.

Le rapprochement avec l'État a permis d'augmenter l'influence des Nurcular sur les pouvoirs politiques mais a aussi été à l'origine d'une séparation dans le mouvement. Le mouvement Nurcu s'est alors divisé en trois parties : Yeni Asya, Yeni Nesil et Fetullah Gülen. Cette division est également définie comme un conflit social et politique entre les générations provenant de la tradition Nurcu. Par exemple, la première génération, qui a connu Nursi et qui a contribué personnellement à ses discours, a réussi à rester unie grâce à leur relation intime avec la source et du fait de la reconnaissance de la pression exercée par l'État

La deuxième génération était plutôt constituée de journalistes et est passée sous le contrôle de la première génération. Ils ont pris leur message de la jeunesse de Nursi. Ils ont donné une importance considérable aux sciences et à la technique et ont, en même temps, utilisé les médias comme l'appareil de diffusion de leurs idées destinées au peuple.

Ensuite, la troisième génération, qui était constituée de cadres ayant fini des études supérieures, avait le contrôle sur les médias et sur les publications religieuses. Ils ont plutôt été les successeurs de Fetullah Gülen. Ils ont commencé par défendre l'idée que la société est une composition d'idéaux islamistes, ils étaient plus actifs que les autres groupes islamistes sur les sujets sociaux et politiques.

---

[80] Transmis par YAVUZ, ibid, p. 296-297.

Le développement économique a été à l'origine du changement de la base sociale où les Nurcus s'étaient formés. Ce changement a aussi donné une nouvelle forme à l'idéologie islamiste des couvents de la tradition des Nurcus. Une nouvelle classe sociale a alors commencé à apparaître parallèlement au développement des Nurcus dans les domaines économiques, sociaux et politiques. Ce développement a beaucoup influencé la position idéologique et politique des Nurcus vis-à-vis de l'État. Les plus importants acteurs du mouvement Nurcu se sont attribué la politique de synthèse turco-islamique. C'est dans ce même temps que le principe de « la croyance, la vie et la Charia » a été reconnu et appliqué comme politique de l'État. Ainsi, les importants principes des Nurcus se sont associés aux profits stratégiques de l'État.

Les différentes tendances du mouvement Nurcu qui sont alors perceptibles dans le système, ont commencé à s'organiser différemment. Elles ont élargi leur espace d'intervention sur le système politique grâce à leur publication et leurs journaux quotidiens. Dans un même temps, elles ont élargi leur pouvoir sur le peuple en ouvrant des écoles privées dans tout le pays. Le modèle d'organisation, qu'ils ont développé et qui est était basé sur le principe « Écoles privées - associations - fondations », a permis de créer de nouveaux courants dont les racines des Nurcus.

Comme Said-i Nursi n'a pas désigné de successeur « légitime », des représentants des différents groupes de la communauté se sont mis au premier plan et ont alors fondé leur propre groupe. En observant de manière plus générale cet évènement, le mouvement Nurcu, qui prend les RNK comme base idéologique, s'est créé un réseau très vaste, constitué d'un nombre important de membres, avec un potentiel économique considérable et a regroupé de nombreux groupes d'intellectuels culturels. Ce qui est le plus important est qu'ils se sont créé une relation particulière avec le système. Ils ont fait se rapprocher, voire se compléter la politique islamiste et la politique d'une relation particulière avec le système. Ce rapprochement avec l'État leur a permis de clarifier leur ligne politique. « La nouvelle ligne nationaliste et religieuse a adouci leurs relations avec l'État. Par exemple, il existe un mouvement Nurcu et Nationaliste à Kastamonu autour de Mehmet Feyzi Efendi. »[81] Particulièrement pour les branches Gulen et Kırkıncı, qui défendent la synthèse nationaliste-religieuse, ce qui a donné une certaine légitimité aux nationalistes turques.

---

[81] Ibid, p.292.

Alors que Nursi était d'origine kurde, il a soutenu la politique de l'État qui niait l'existence des Kurdes et a défendu son idée de synthèse nationaliste-religieuse comme l'idée pour la réunion de tous les musulmans du monde. Cette idée est en fait toujours défendue par les intellectuels islamistes actuels. Les objections lancées par quelques intellectuels islamistes, comme Ali Bulaç ou Mehmet Metiner, n'ont pas eu d'impact ils ont alors fini par adhérer à cette idée.

Le mouvement Nurcu a continué à soutenir le Parti de la Justice (AP), qui a succède Parti Démocrate (DP) après sa fermeture. Cependant, certaines personnalités appartenant au mouvement Nurcu comme A. Tevfik Paksu, Hüsamettin Akmumcu, Sudi Relat Saruhan et Gündüz Sevilgen, ont préféré soutenir le Parti MSP d'Erbakan. Cette divergence dans leur soutien a créé une rupture économique et une séparation des classes au sein du mouvement. D'un côté, le parti AP était soutenu par les grands groupes de capitalistes et de l'autre, le parti MSP qui était soutenu par les petites et moyennes entreprises d'Anatolie. Pour la première fois, les Nurcus, qui étaient regroupés du RNK, se sont divisés concernant les relations avec leurs capitaux.

4- LA COMMUNAUTÉ GÜLEN : LES NÉO-NURCUS DU TURCO-ISLAMISME SE MONDIALISENT

Fetullah Gülen, qui est, soi-disant, le successeur de Said-i Nursi a su interpréter les idées de Nursu à sa manière.

Gülen a imité le modèle d'organisation de Nursi en l'adaptant aux nouvelles contraintes. Le rôle des «Postiers Nur» de Nursi est devenu «le Mouvement des Volontaires» dans le modèle de Gülen. Les écoles privées de Nursi sont devenues les « Maisons de Lumière » pour former des étudiants issus de la « génération d'or » islamiste. L'objectif prioritaire de Gülen était de former des cadres, qui se seraient développés intellectuellement et culturellement pour devenir des candidats à la direction de l'État sur la base d'un État Nation. L'utilisation de l'éducation et de la connaissance permet de répondre aux besoins de la société et constitue un des éléments pour stopper l'effondrement social de la société.

Les Maisons de Lumière, les foyers d'étudiants, les collèges, les cours privés, les universités et les organisations non gouvernementales constituent la structure du mouvement Gülen.

Le mouvement Gülen voulait faire sortir l'islam de l'espace privé et le faire devenir dominant dans l'espace public pour qu'il devienne une force centrale du système. En se servant des opportunités socio-économiques et pour faire accepter l'islamisme comme un projet de transformation sociale, il faut s'intégrer à un niveau mondial et se créer une véritable force dominante. Dans ce but, il n'a pas hésité à utiliser des moyens plus pragmatiques, contrairement à Nursi, au profit de l'islam. Il a ainsi donné une importance particulière à l'Union de la connaissance intellectuelle et des pratiques, et s'est constitué une motivation de masse autour de la synthèse turco-islamique. Les différences, qui sont apparues pendant la recherche d'identité des musulmans entre une identité turque ou islamiste, ont été la mise en avant de l'identité turque. Gülen dit comme Nursi, mais, il a aussi été fortement influencé par les intellectuels nationalistes/islamistes comme Necip Fazıl Kısakürek, Nurettin Topçu et Sezai Karakoç. Consciemment, il a mis la tradition turco-islamique au premier plan de sa vie quotidienne. Il est possible de considérer ce choix comme une nouvelle version de la politique turco-islamique.[82]

L'interprétation de la «modernité» de Gülen est aussi technique que philosophique ou sociologique. Son objectif est de rendre l'islam actif dans un contexte de mondialisation, de former des individus au sein de la communauté et aussi de créer des «réseaux modernes organisationnels» qui contrôlent et défendent ces individus. Pour ces raisons, bien que le mouvement Gülen se définisse comme extrêmement conservateur sur le sujet de la créativité et du libéralisme individuel, il est également possible de se montrer comme musulman et moderne (au sens de consommation.) [83]

Le mouvement Gülen présente beaucoup de différences par rapport aux autres courants islamo-turcs. Même s'il y a des similitudes avec les idées des Kısakürek, qui prennent l'Empire ottoman comme exemple, il existe des différences dans le contenu. Gülen voulait fonder son système sur les bases de celui de l'Empire ottoman, mais il voulait également développer la «modernité de l'islam» qui le différencie beaucoup des autres. Par exemple, il ne défend pas le statu quo, il défend l'économie libérale de marché, il développe des relations avec les capitaux économiques mondiaux. Il porte l'accent sur le nationalisme turc tout en soutenant des marchés libres et une éducation moderne.[84] La synthèse turco-islamique, qui devient l'objectif du mouvement Gülen, soutient la politique de l'État sur l'OTAN, contre le terrorisme et le communisme. Pour défendre son idée de nationalisme, Gülen soutient que « qui vit en

---

[82]ERDOĞAN Latif, *Fethullah Efendi: Küçük Dünyam* , Ed. Ad, Istanbul, 1995, p. 67.
[83]YAVUZ. "Neo-Nurcular: Gülen Hareketi", *Modern Türkiye'de Siyasal Düşünce/İslamcılık, Volume : 6,* Istanbul, 2004, p. 296.
[84]ESPOSİTO John, *İslam Tehdit Efsanesi* , Ed. Ufuk, İstanbul, 2002, p. 167.

Turquie, qui accepte son passé d'Ottoman comme son propre passé, qui accepte et se qualifie de Turc, doit accepter le turc. » D'après lui, « pour être Turc, il faut avoir l'expérience ottomane et il faut se voir comme un Turc ». Selon son approche, il n'y a pas de différence entre les Kazakhs et les Bosniaques. Mais il est plus facile faire devenir Turcs des Bosniaques. Cependant, cette idée de nationalisme a de très larges limites. Il ne prend pas en compte les Arabes ou les Perses. Il n'est pas partisan des idées sur l'islam des Arabes et de l'Iran. Il utilise souvent le concept d'« islam à la turque» pour se différencier d'eux." [85] Il utilise également la synthèse turco-islamique comme un instrument d'indépendance des Turcs. Gülen a changé la perspective de l'islam Général' de Nursi et l'a transformé en une synthèse Turco-Ottomane. Il soutient donc sans aucun problème la structure générale de l'État turc. «L'État Divin» est donc devenu une politique prioritaire pour Gülen, alors qu'il n'était pas mis au premier plan par Nursi. Il voit l'État turc comme un des instruments les plus puissants qui va créer un lien entre la religion et la nation et qui va aussi permettre de créer la société idéale islamo-turque. Selon lui, l'objectif d'une société idéale de l'islam ou «l'époque du bonheur» ne peut être atteint que grâce à une philosophie islamo-turque.

Dans la politique qui a été suivie par le mouvement Gülen, l'obtention du pouvoir de l'État a été très importante. Dans ce but et dans toutes les conditions, il préfère rester proche de l'État et garder des relations indirectes avec les politiciens. Pour entrer dans l'État ils ont choisi de rester loin des préoccupations politiques actuelles, voire de toujours obéir aux décisions de l'État.

Gülen, qui ne voit pas l'islam comme un sujet de l'espace politique, a toujours essayé d'associer les problèmes quotidiens de la politique et l'islam. Il affirme que : «l'islam n'est pas la démocratie et la démocratie n'est pas l'islam.» Pour lui, la démocratie n'est qu'un détail. Il s'agit d'un système que tout le monde doit atteindre mais ne peut jamais se substituer aux règles d'Allah.[86] Il n'y a pas de démocratie dans la stratégie de Gülen, il n'y a que l'islamisation de l'État. Il n'accentue jamais les libertés sociales. Il défend toujours un pouvoir politique qui se base sur les règles islamistes.

« Vis-à-vis de changements politiques particuliers, le mouvement Gülen a préféré rester silencieux ou prendre place au côté de l'État. Par exemple, il a été critiqué d'un point de vue libéral du fait de son silence sur les «droits sociaux et culturels des Kurdes ». Ils sont restés silencieux, voire

---

[85] YAVUZ, ibid p.297.
[86] AKMAN Nuriye, « Fethullah Gülen'le Röportaj » Sabah, 25-30 Janvier 1995.

se sont mis au côté de l'État contre les intellectuels de gauche et les militants des droits de l'Homme qui avaient perdu leur liberté d'expression. On peut conclure que le mouvement a utilisé les principes de démocratie et de laïcité uniquement quand ils sont en phase avec leur point de vue. »[87]

Gülen indique que la mondialisation a eu de réels effets sur toutes les relations sociales et a mis en scène l'idée du besoin de la mondialisation de l'islam. Malgré l'acceptation par le mouvement de la réalité qu'un changement qui est apparu dans la vie économique ou sociale peut diriger le monde de l'islam, ils sont restés fermés aux réformes. Ils ont essayé de rassembler des concepts nouveaux et modernes dans les relations mondialistes avec la situation politique et sociale mais ils n'ont pas voulu de changement dans la fonction sociale de l'islam. Par exemple, ils affirment que le voile est un détail dans le monde de l'islam mais ils ne veulent pas parler de la place des femmes dans la société. Les principes de mondialisation doivent être pris comme «une liberté de croyance, une liberté de pensée et d'expression, une liberté d'achat, le droit à la propriété, une liberté de se marier et d'avoir des enfants, une liberté d'éducation, de communication et de voyage; mais aussi un système de droite moderne mais qui reste basé sur les idées de l'islam, qui défend la vie, la religion, les propriétés, les générations, sans effectuer de discrimination des croyances, couleur ou langue et pour l'égalité de tous les êtres humains quel qu'ils soient. Ces principes sont indispensables. »[88] Ces arguments politiques et libéraux de la mondialisation ne sont pas en contradiction avec l'islamisme.

Pendant que l'identité idéologique et politique du mouvement Gülen devenait plus claire, la base sociale ne cessait de grandir. La formation politique qui a dominé les relations économiques a également dominé ses relations avec l'État. Créer une classe dirigeante islamiste était très important pour Gülen qui a développé une vaste organisation dans ce but. Il s'est rendu compte que le pouvoir économique est dominant dans la direction de l'État. Pour acquérir ce pouvoir, il a apporté son soutien à de nombreux capitaux islamistes dans le but de créer une classe dominante. Si les groupes de capitaux islamistes acquièrent un pouvoir économique d'un tel niveau, il en découlera d'importants effets sur la politique menée par Gülen.

---

[87]YAVUZ, ibid p. 301-302
[88]GÜLEN, « At the Threshold of a New Millennium » The Foutntain, N° : 29, 2000, p. 24 - 36.

Le système qui a été défendu par le mouvement Gülen est un système économique néo-libéral qui s'adapte au système mondial, et un système politique qui est dirigé par un État de Charia turco-islamique qui met l'identité turque au premier plan mais répond, dans un même temps, aux problèmes de cette époque. Son objectif est de transformer, étape par étape, le pouvoir politique en Turquie et de créer un pouvoir islam-turc dans un axe régional qui couvrira ensuite le reste du monde grâce à l'alliance des pouvoirs globaux internationaux.

Le mouvement Gülen qui se décrit comme « Néo-Nurcu », et a évolué en trois étapes, s'est différencié dans la troisième étape après le Coup d'État de 1980. Alors qu'ils se définissent comme « je m'adapte aux conditions actuelles », il a commencé à s'éloigner des idées de Nursi et son mouvement est devenu un mouvement totalement nouveau et original.

5- LE RÔLE DE DÉFENSE DE L'ÉTAT DE LA COMMUNAUTÉ IŞIKÇILAR

Le Dergah Kaşgari créé par Abdullah Arvasi, est un des successeurs de la confrérie qui avait été fondée par Nakşibendi İmam-ı Rabbani en Inde. Hüseyin Hilmi Işık était connu comme l'un des disciples de Kaşgari Dergahı grâce à sa fidélité à Arvasi.

Işık était issu d'une famille issue de la bureaucratie ottomane. Alors qu'il avait reçu une éducation religieuse dans sa famille et à l'école, il a fait des études militaires. Durant ces études au collège militaire, il a rencontré Arvasi et il s'est alors focalisé sur ses connaissances religieuses. Une différence avec les autres leaders des communautés est qu'il a suivi ensuite des études supérieures et est devenu ingénieur chimiste. Cependant, dans un même temps, il suivait des cours de religion auprès de Hoca Arvasi.

À la suite de la fermeture des couvents de Dervish, le couvent de Hoca Arvasi a également été fermé par le régime Kémaliste. Bien qu'Avrasi ait suivi un travail restant fidèle à la tradition du Tasavvuf, hors de la vie politique quotidienne, ses deux principaux disciples Süleyman Hilmi Işık et Necip Fazıl se sont fortement intéressés à la vie politique. Işık a alors créé son école qu'il a prénommée «Işıkçılar». «Saadet-i Ebediye !, le livre qui a été écrit par Hüseyin Hilmi Işık définit les principes de la mise en place de sa communauté. Dans ses oeuvres « Mısırlı bir Din Adamının Din Düşmanlığ » '[Un homme de foi égyptien ennemie de la religion],

« Muhaverat », « Ehl-i Sünnet Yolu » [le Chemin de la Sunna], « Yüzkarası » [honte] et « Din ve Reformlar » [Religion et Réformes], il raconte son attachement à la religion traditionnelle et y critique les impacts négatifs de la modernité sur la religion.

Il affirme ainsi : « Après la mort de Hz Mohammed (SAV), les oeuvres qui ont été écrites sur les travaux du monde musulman et notamment le Coran et les actes des prophètes, ont permis de résoudre tous les problèmes et ont permis à la religion musulmane d'atteindre son plus haut niveau. S'écarter de ces oeuvres et faire une jurisprudence de certains actes qui sont hors de ces œuvres, équivaudrait à reformer la religion et ceci n'est pas acceptable. Les fausses croyances et les faux discours peuvent exister mais ils ne peuvent pas changer les réalités et vérités qui se trouvent dans les livres de base de l'islam. Ces livres contiennent les paroles de Resulüllah (Mohammed, SAV) et les informations contenues dans ces oeuvres proviennent d'Ashab-ı Kiram. Il n'y a pas eu de changements dans ces oeuvres depuis des siècles. Tenter de faire évoluer ces livres selon les coutumes ou les évènements d'une époque signifieraient créer une nouvelle religion." [89]

Enver Ören, le beau-frère de Hilmi Işık a également reçu une éducation dans un collège militaire. Il a étudié à l'université d'ingénieur en hydrologie. Il a également cette particularité vis-à-vis des autres dirigeants des autres communautés religieuses. En effet, ni Hilmi Işık, le fondateur de la communauté, ni son beau-frère Enver Ören, ne viennent d'écoles religieuses. Il s'agissait d'intellectuels qui étaient parvenus à finir leur étude dans un collège militaire et qui avait même reçu un enseignement supérieur. Cette particularité leur a permis de tisser des liens bien particuliers avec l'État. Ils se sont accommodés plus facilement que les autres communautés.

Après les années 1970, Ören est très rapidement devenu très efficace dans ses agissements. Işık lui a donné tout le soutien possible pour qu'il puisse progresser rapidement. Ören a démissionné de son poste de professeur des universités et a commencé à s'intéresser à la vie politique du pays. Ils ont commencé par publier un nouveau journal qui s'appelait *'Hakikat'* et ensuite *'Turkiye'*. Le véritable objectif à la publication de *Türkiye*, qui est d'ailleurs toujours publié, était de défendre l'État contre le mouvement socialiste qui commençait à se développer. Ören soutient qu'il fait «défendre l'État

---

[89] IŞIK Hüseyin Hilmi, *Dinde Reformlar*, Ed. İhlas, İstanbul, pas de date, p. 134-135.

contre les anarchistes». La ligne politique de la communauté Işıkçı s'est clairement affirmée comme turco-islamique.[90]

Dans leurs relations avec la politique, il existe des différences entre les idées d'Işık et d'Ören. Işık s'intéressait à la politique mais n'est pas entré dans la vie politique. Il a porté une attention particulière à se définir en tant que communauté religieuse sans être le sujet des discussions politiques. Son but était de conserver des valeurs religieuses sans dépasser les limites de la religion et cela contre le développement des valeurs occidentales apportées par le régime kémaliste. Ören a suivi cette ligne pendant quelque temps, mais il a progressivement changé après les années 1970 et a accepté de prendre un rôle politique important. Il pensait que, dans le processus de modernisation de la Turquie, il n'était pas possible de faire preuve d'efficacité sans intervenir dans la politique. Il a ainsi redéfini la relation de l'État et de la politique avec la religion. La transition n'a pas été complexe pour la communauté Işıkçı car elle n'avait aucun conflit avec l'armée et l'idée de synthèse turco-islamique était alors le principe de base de la communauté. La lutte contre le communisme fut un tournant pour l'État et les Işıkçılar qui ont toujours mis une distance entre les mouvements islamistes qui combattent directement l'État. Ils ont soutenu les gouvernements de droite en conservant un équilibre dans leurs relations. Cette politique a été d'un grand avantage pour eux. Ils ont alors apporté leur soutien aux gouvernements de droite sans mettre de barrière entre eux.[91]

La Communauté Işık, qui a donné beaucoup d'importance aux moyens de communication et de propagande, a alors investi les médias. Ören a attiré l'attention sur la nécessité d'avoir des médias dans cette période de mondialisation. Il a alors fondé la chaîne TGRT et a commencé à diffuser des émissions internationales. Il a également fondé une maison d'édition qui a considérablement contribué à l'islamisation de la société. Un des points typiques du mouvement Işık est son caractère turco-islamique. Par exemple sur la chaîne TGRT diffusait une émission qui s'appelait "Huzura Doğru", qui était produite par la communauté et qui défendait l'idée de synthèse turco-islamique. Du fait d'une harmonie complète entre la communauté et les généraux à l'origine du Coup d'État en 1980, ils ont pu continuer à se développer librement

---

[90]TEKİN Mustaf, « Işıkçılık », *Modern Türkiye'de Siyasal Düşünce/İslamcılık*, Volume : 6, Ed. Iletişim, Istanbul 2004, p. 341.
[91] Ibid, p. 342.

après celui-ci. De toutes les communautés, ils ont été les plus rapides à s'adapter au processus de mondialisation.

Dans leurs relations commerciales, ils se sont particulièrement vite adaptés à l'apparition d'un capitalisme mondial. Des relations multidimensionnelles se sont nouées avec les « Tigres d'Asie », la Corée du Sud, la Malaisie, l'Indonésie... Grâce à leurs sociétés de finance, ils sont devenus un des groupes de capitaux islamistes les plus influents.

TROISIÈME PARTIE:
LE CONTEXTE SOCIAL DU MOUVEMENT ISLAMISTE POLITIQUE

Si on examine attentivement le développement socio-économique en Turquie, on peut voir que la base sociale des courants islamistes a changé très rapidement. Les nouveaux centres sociaux et politiques, qui ont émergé suite à une urbanisation accrue, sont devenus les principaux centres organisationnels des mouvements islamistes. Ceci nous montre également que les islamistes ont su aisément s'adapter aux nouvelles conditions sociales. Il est important de comprendre comment est constituée la base sociale des mouvements islamistes en Turquie pour comprendre généralement leurs tendances politiques. A cet égard, il y a deux points qui peuvent être soulignés : le premier est la structure sociale et politique des «gecekondu» qui sont le nouvel espace d'organisation des mouvements islamistes, le second, est la part des femmes et jeunes dans la base sociale des islamistes.

1- LES NOUVEAUX CENTRES ORGANISATIONNELS DES ISLAMISTES : LES GECEKONDU

Les travaux anthropologiques sur la structure sociale de la Turquie nous montrent le net attachement des peuples turcs à leurs valeurs religieuses. Par exemple, en province, le peuple tente d'établir une balance entre les traditions qui ont été élaborées par la religion et la culture occidentale imposée par l'État. La relation entre le peuple et les communautés religieuses qui avaient été interdites par le régime Kémaliste reste très forte. Il est important de noter un point concernant la base sociale de l'islamisme: la puissance de l'autorité religieuse était plus forte que celle de l'État dans les villes participant au développement urbain d'Anatolie.

Dans les années 1950, la majorité de la population vivait dans les régions rurales. Il existait un lien très fort entre la force de la religion et de la culture traditionnelle avec le développement de l'islam dans ces régions. Les représentants de l'État, n'avaient pas suffisamment de force pour transformer la société. La majorité des gens qui vivaient sous l'impact de la religion, n'avait aucune relation avec la politique de l'État. Les communautés des villages et petites villes avaient une influence plus forte sur la société que l'État.

Après les années 1950, la courbe de l'économie capitaliste en Turquie a changé suite à la migration des populations des villages et petites villes vers les grandes métropoles, et les liens dialectiques entre les villages et les villes ont ainsi changé. Avec l'apparition du système pluripartite dans la politique, des dizaines de personnes venant des villages ou de petites villes, qui possédaient du charisme et qui, grâce à leur caractère notable vis-à-vis de la religion, se sont hissés au premier rang de la société et ont intégré la vie politique. À partir des années 1960, les bidonvilles (en turc 'gecekondu', terme désignant les maisons des néo-urbains, qui ont été construites illégalement en une nuit dans les bidonvilles des métropoles et souvent dans des conditions précaires) se sont dramatiquement répandus dans toutes les «gecekondu» industrielles, particulièrement après les années 1970. Cette genèse des bidonvilles et l'urbanisation a ainsi également été à l'origine de l'installation d'organisations religieuses dans ces zones. Les communautés et les mouvements islamistes se sont alors très vite tournés vers les grandes villes. En d'autres termes, les habitants des petites villes d'Anatolie se sont déplacés vers les grandes métropoles et ont donc entraîné l'arrivée de leurs communautés dans leur sillage vers ces centres stratégiques des villes.

Quand Şerif Mardin évoque les raisons économiques, politiques et sociologiques de l'apparition des « gecekondu », il analyse également la présence des communautés dans ces quartiers.

« Depuis 1950, il y avait un fort développement économique où l'augmentation de la population était de 2 à 3 %. Ces conditions, qui avaient permis de créer de l'emploi dans les grandes villes, ont attiré l'attention des personnes du monde rural. L'attraction des villes et l'exode rural ont été à l'origine de la création des quartiers 'Gecekondu' de deuxième et troisième génération. Ils ont été qualifiés de bidonvilles mais si on compare cette situation à la situation dans laquelle ils vivaient précédemment, on remarque que pour les gens qui construisent ces bidonvilles, c'est une progression dans les classes sociales. Les personnes qui s'installent dans ces bidonvilles ont reconstruit leurs ghettos originels avec la religion au centre de leur vie quotidienne. Grâce au soutien local, de nombreuses mosquées ont été construites au centre de ces bidonvilles. Dans ces quartiers, on peut percevoir plus nettement l'organisation du rythme quotidien de la vie islamiste par rapport aux centres des villes. Si on s'arrête à la première génération qui a migré vers les villes, la vie dans ces bidonvilles est un transfert réussi de l'islam modéré vers les villes.

Les causes du développement des villes de province et la création de ces bidonvilles n'étaient pas seulement la politique mais également la situation économique. Un livre publié après 1970 attire l'attention sur la croissance du nombre d'institutions religieuses ou organisations de charité, de soutiens aux cours de Coran entre les années 1946 et 1968. Il y a des institutions dans plusieurs petites et moyennes villes et ils en fondent toujours. Cependant, le besoin d'éducation est apparu dans les années 1960 et est devenu dominant dans certaines grandes villes riches… »[92]

L'existence des « gecekondu » veut également dire existence d'une nouvelle classe sociale intermédiaire. Pendant de nombreuses années, les communautés ont tissé des liens illégaux très forts dans les villages et petites villes malgré l'interdiction du régime Kémaliste Ces liens sont apparus encore plus renforcés dans les 'Gecekondu' qui entouraient les villes.

Après les années 1980 et grâce à l'aide et au soutien de l'État, les «gecekondu» sont devenus les centres organisationnels des islamistes. Les régions des «gecekondu» ont été tirées vers un processus socioculturel d'arabisation du fait d'une politique mené du retour à l'état primaire. L'écroulement des valeurs morales et culturelles a poussé les gens qui hésitaient entre la vie paysanne et la vie dans les villes, à se tourner vers l'islamisme. On peut dire que l'organisation, par les mouvements islamistes, des habitants de ces bidonvilles, qui venaient des villages et qui étaient pauvres, leur a donné une nouvelle identité. Quand l'islamisme s'est développé dans tous les pays et est devenu une force économique et politique, il s'est construit simultanément une base sociale dans ces banlieues qui étaient le centre de vie des pauvres.

L'évolution ou la transformation de ces «gecekondu» fut un phénomène social, qui a été à l'origine d'un travail sociologique approfondi, et permet de nous donner une idée sur les moyens

---

[92] Ibid, p. 222-223.

utilisés par les mouvements islamistes pour influer sur les différentes couches sociales. De nombreux travailleurs habitaient également dans ces régions et de ce fait, leurs travaux ont permis d'avoir impact sur plusieurs couches sociales.

Avec le soutien de l'État, le mouvement islamiste a perpétuellement augmenté le nombre de centres d'éducation religieuse dans ces banlieues. Dans chaque rue de ces banlieues, on peut trouver des centres dispensant des cours coraniques, des *mescit* (salles de prières) ou encore des mosquées qui ont été construites illégalement par les communautés islamistes.

Par conséquent, le mouvement islamiste qui s'était propagé dans toutes les classes de la société a connu un véritable regain de popularité dans les grandes villes. De nouveaux membres de la société ont également acquis une place importante dans le mouvement islamiste : les femmes et les jeunes. Il s'agit de nouveaux acteurs islamistes.

2- UN SOUTIEN DE BASE DU MOUVEMENET ISLAMISTE : "LES FEMMES"

Si on examine la structure sociale de la Turquie, la relation entre la religion, la société et l'État domine l'évolution de tout individu. L'État a pris sous contrôle les modes de vie sociaux et politiques en utilisant la balance très sensible entre les différents acteurs de cette relation. Dans la relation entre l'impact de la religion dans la vie sociale et l'identité existentielle des femmes qui est elle-même un résultat de la relation entre l'État et la religion, et dans les limites que l'État leur a fixées, elles ont tenté de recréer leur propre identité et personnalité en fonction des conditions sociales de la société et avec l'islam. Elles ont commencé à définir leurs problèmes, qui venaient de leur position économique, sociale et politique, par rapport à des faits religieux. Cette tendance s'est regroupée, naturellement avec les relations politiques de l'État. Cette union a trouvé son identité dans l'espace public. Dans une dynamique sociale, culturelle et politique en Turquie et au Proche-Orient, un des facteurs le plus prédominant pour que les femmes interviennent dans le processus d'islamisation, était que l'islam avait acquis un pouvoir considérable dans les relations publiques. L'augmentation de l'influence des femmes dans les relations sociales a permis de renforcer l'islamisme, qui a ainsi consolidé sa relation entre la société et l'État.

Les femmes, qui sont des acteurs du mouvement islamiste, sont la problématique principale des relations politiques. Dans les relations sociales de la Turquie, sous l'influence de l'islamisme en tant que courant politique et pour mettre à l'ordre du jour les sujets d'intégrisme et du voile, la position des femmes est mis au premier plan de la politique. Plus particulièrement, la problématique des femmes s'est retrouvée au centre de la majorité des débats de l'espace public. La plus concrète et forte forme de résistance, contre les paradigmes de la «modernité» kémaliste, étaient les requêtes et les manifestations des femmes islamistes. Les femmes qui représentent la moitié de la population ont apporté un rôle important dans de développement des mouvements islamistes.

Il existe quelques points intéressants à souligner : la volonté des femmes d'obéir aux règles islamistes était un des points essentiels dans la chaîne de l'islamisation de la société. Ensuite, l'opposition des femmes pour la politique islamiste faisait parti du combat des groupes islamistes pour renforcer l'efficacité de leurs traditions dans les institutions du système. Enfin, il y avait différents aspects sur le rôle des femmes dans la vie quotidienne auxquels elles avaient toujours été en retrait par rapport au mode de vie des communautés. Parallèlement, ils ont encouragé une intervention plus active des femmes dans la vie politique et dans la relation politique-pouvoir des islamistes.

De plus, alors que le rôle des femmes dans la société avait pris de l'ampleur, la communauté soulignait que les différences entre le rôle des femmes et celui des hommes étaient toujours le plus sensibles. Consciemment ou inconsciemment, les femmes qui étaient dans l'espace politique des mouvements islamistes ont accepté cet écart. Enfin, l'organisation et les activités des femmes dans les relations politiques quotidiennes, autour de sujets plutôt féministes, étaient en phase avec le souhait stratégique du mouvement islamiste. Il est remarquable de voir que cette tendance stratégique et organisationnelle s'est manifestée autour de femmes qui avaient effectué des études supérieures. Les communautés et les courants islamistes ont donc synchronisé leurs demandes politiques concernant les femmes avec ces mouvements pour les mettre à l'ordre du jour. C'est une politique qu'ils ont suivie précisément et consciemment en s'appuyant sur des valeurs religieuses, historiques et culturelles de la société turque.

Cependant, le mouvement de résistance des femmes islamistes était le produit de quel processus politique et comment s'était-il transformé en une force sociale ? L'élite des fondateurs de la République a choisi une manière pour imposer la modernité pour «créer une nation turque». Elle ne l'a pas laissée se développer naturellement. Ce choix très formel pouvait se voir dans les tenues vestimentaires qui étaient de type occidental. Ce mode de vie formel, qui allait à l'encontre des valeurs traditionnelles de l'Anatolie et «soi-disant révolutionnaire», a fortement été apprécié par l'élite. Ces tenues vestimentaires modernes des femmes se sont vues plutôt dans la capitale Ankara et dans les familles des hauts fonctionnaires.

Les clarifications et les discussions qui ont eu lieu pendant la dernière période de l'Empire ottoman, surtout après la Meşrutiyet (le pouvoir constitutionnel), avaient totalement été négligées par les élites d'Ankara. Par exemple, les problèmes des femmes étaient clairement discutés dans les magazines *Şükufezar*, publié par les femmes en 1886, et *Le Monde des femmes,* publié en 1895. Après l'instauration de la République, au lieu de développer ces mouvements féministes qui étaient plus productifs dans le processus de clarification républicaine, les dirigeants d'Ankara ont préféré nier leur existence. Ils préféraient le rabaisser à un niveau de « coutume » et imposer « un type moderne et occidental de République ». [93] Pour ces raisons, leurs actions sur le problème des femmes ont été des échecs.

Le grand impact spirituel de l'islam sur la société s'est complété du conservatisme sur le sujet de l'éducation des gens, les activités de «modernisation» des femmes sont devenues une arme aux mains des communautés islamistes contre les kémalistes. Grâce à leurs racines et à des liens très forts avec des communautés parmi les peuples d'Anatolie, les mouvements islamistes ont réussi à utiliser la question des femmes, qui est alors devenue un moyen d'organisation dans un but d'islamisation de la société. L'islamisation des femmes était alors un des principaux maillons de l'islamisation de la société. Il est certain qu'ils ont réussi à l'utiliser avec beaucoup de succès.

Les discussions sur le rôle social des femmes autour de la relation entre la modernité, l'occidentalisme, la sécularité et l'islam, ont été à l'ordre du jour à toutes les périodes du régime républicain. Cette situation s'est amplifiée après les années 1960. L'ouverture

---

[93] MERIC Nevin, *Osmanlıda Gündelik Hayatın Değişimi*, Ed. Kaktus, 2000, p.202.

des écoles "İmams et hatips" a été un des tournants dans ces discussions. De nombreuses familles religieuses ont accepté d'envoyer leurs filles dans ces écoles. L'État a soutenu et dirigé cette politique sur tous les fronts. Şerif Mardin souligne ce point et affirme ainsi :

« Les écoles 'İmams et hatips' sont des écoles dont on ajoute des cours de religion au programme standard. Ces écoles permettent aux étudiantes d'avoir un niveau leur permettant de réussir leurs concours d'entrée à l'université (équivalent au Baccalauréat), mais dans un même temps, elles reçoivent, de manière excessive, des cours de religion. Les enfants des leaders charismatiques des provinces qui sont étudiantes dans ces écoles ont été soutenues par l'État pour entrer dans les institutions stratégiques de l'État... »[94]

Ces femmes n'ont pas eu uniquement des réactions contre le système pour vivre leur identité islamiste, elles se sont également révoltées contre les communautés qui voulaient les enfermer dans leurs maisons. Les communautés ont très rapidement pris conscience de cette réalité et se sont adaptées à ce processus. Les femmes ont ensuite commencé à exprimer leurs revendications à un plus haut niveau. Elles sont donc parvenues à conserver une certaine harmonie pour le profit général des communautés. Le symbole de la réaction de ces femmes islamistes et leur envie de travailler dans l'espace public sont une partie de la politique d'islamisation de l'État, c'est à dire, « la transformation de l'État de l'intérieur ». Cette demande politique, qui s'exprime par les femmes religieuses dans la force des obligations de l'islam était également une partie de l'islamisation de la société.

L'augmentation du niveau d'éducation a permis de faire émerger de nouveaux groupes de femmes islamistes mais intellectuelles. Les femmes ont commencé à devenir plus nombreuses dans les domaines tels que la sociologie, la philosophie, la psychologie, la théologie et la science politique. Elles ont même commencé à créer des groupes féministes islamistes différents du fait des divergences qui ont pu apparaître entre elles. Certaines sont devenues une alternative littéraire aux hommes écrivains islamistes. Plus globalement, le mouvement des féministes islamistes a commencé à croire que l'indépendance des femmes peut se faire par l'islam. Elles ont accentué ce fait en défendant qu'elles pourraient ainsi regagner les valeurs morales et spirituelles qu'elles ont perdues sous la pression de la modernité occidentale. De plus, selon elles, « se couvrir » est le meilleur moyen d'avoir leur

---

[94]MARDİN, Ibid, p. 221.

indépendance de femme. À travers ces arguments, les femmes islamistes sont devenues un élément incontournable de l'islamisation de la société.[95] Cependant, un point doit être souligné : les femmes islamistes étaient contre la modernité mais elles se sont beaucoup transformées sous son influence et elles sont devenues un élément de ce processus de changement. Par exemple, les femmes qui ont émigré dans les différents pays d'Europe ou qui ont travaillé en Turquie, ont accepté le fait qu'il n'était pas possible de définir la position de la femme actuelle en fonction des règles anciennes de l'islam.

D'un côté, elles pouvaient rester à l'intérieur de leurs valeurs morales et obéir à la tradition islamiste, de l'autre côté, elles pouvaient être au cœur de la société en devenant médecin, avocat, économiste ou femme politique. Elles ont ainsi défendu pour le droit des femmes, une position hors de l'islam classique qui était plus adaptée aux règles du monde actuel.[96] Par exemple, elles se sont rapprochées des normes des femmes européennes concernant l'égalité des sexes, les droits héréditaires, la monogamie, etc. Même si elles se positionnent sur valeurs islamistes, les valeurs juridiques des femmes ont un impact considérable sur leur mode de vie. La participation des femmes islamistes à la conférence des femmes à Pékin en 1996, nous montre clairement les effets de ce changement.[97] Il reste toujours des discussions parmi les islamistes sur l'indépendance des femmes.

Se couvrir pour les femmes est indispensable par rapport aux règles de l'islam, mais il y a des approches différentes qui accentuent la «difficulté» d'application de cette règle. Comment faut-il alors interpréter l'interdiction du port du voile par le régime Kémaliste ou encore, l'interdiction d'enlever le voile dans les pays sous le régime iranien ou d'Arabie Saoudite ? Dans les deux cas, les gouvernements ont voulu imposer leur décision aux femmes qui ont alors développé des arguments pour s'exprimer librement sur ce sujet. La plupart des écrivains islamistes masculins considèrent que les femmes «doivent» obéir aux règles comme le font les hommes. Cependant, les femmes écrivains islamistes défendent différents aspects.[98]

---

[95] SIDDIKI Necahtullah, "İslami Hareketin Gerçeği", traduit par: Ridvan Kaya, Ed. Haksoz, Istanbul, 2000, p.23-24.
[96] GOKSU M. Emin, "İslamcılık Siyasallık'ın Üzerinde Yükseliyor", Ed. Umran, N°:70, Juin 2000, p.9.
[97] SISMAN Nazif et Fatma Karabiyik Babarosoglu, *Kamusal Alanda Başörtüler*, Ed. Iz, Istanbul, 1996, p.119.
[98] AKTAY Yasin, *Türk Dininin Sosyolojik İmkanı*, Ed. Iletisim, Istanbul, p.83.

Les différentes tendances politiques qui ont commencé à apparaître parmi les islamistes sont en relation avec des mouvements islamistes internationaux. Le développement rapide des moyens de communication a eu un effet très remarquable sur la vie politique. Grâce à ces moyens de communication, les mouvements islamistes internationaux et les mouvements islamistes de Turquie se sont influencés mutuellement. Ainsi, les femmes islamistes de Turquie ont été influencées par Simone de Beauvoir, Fridan, Mitchel et Millet. En restant dans leur espace féministe, elles ont suivi les travaux de femmes telles que Azem Telegani, Faize Rafsancani et Fatma Hameti. Hatemi et Rafsancani ont réussi à devenir des forces alternatives aux relations du pouvoir. Cette force a beaucoup contribué à l'accélération du développement des mouvements de femmes islamistes en Turquie. L'influence des femmes dans la vie sociale et politique s'est accrue et jusqu'à devenir des éléments moteurs dans le processus de transformation sociale. C'est aussi rendre incontournable une organisation qui se concentre sur un objectif.

Les femmes, qui étaient considérées comme le centre du conflit social dans l'interaction État-religion-société-individu, se sont placées au premier plan en tant qu'élément second des stratégies ciblées. Alors que le combat des femmes islamistes a été considéré comme un combat parallèle au combat islamiste, il ne faisait pas réellement parti d'un combat mais était une force alternative au combat politique. Ils les ont considérées comme une force supplémentaire dans l'ensemble du combat islamiste. Dans ce contexte, parmi les relations sociopolitiques de la Turquie, l'existence de «mouvements de femmes islamistes» reste toujours discutée. Le caractère sociologique de combat de ces femmes reste donc en second plan derrière son caractère primaire idéologique. Ce qui signifie que derrière le mouvement des femmes islamistes, l'objectif premier est l'établissement d'un système islamiste. Même s'il existe différentes tendances au sein des groupes de femmes islamistes, elles partagent l'opinion commune qui est que le mode de vie islamiste est le mode de vie idéal.[99]

Cependant les femmes qui sont les leaders de ces mouvements islamistes féministes préfèrent ne pas expliquer leurs mouvements avec des concepts traditionnels. Elles utilisent souvent le concept religieux. Dans le livre de Chinat Aktaş qui

---

[99] YILDIZ Ramazan, Refahlı Kadın Tecrübesi", *Kadının Tarihi Dönüşümü"* Recueillir par YILDIR Ramazan, Ed. Pinar, Istanbul, 2002, p.239.

s'intitule *Se Couvrir et la Société,* il y a des reportages sur des filles voilées qui ont participé à des manifestations dans les universités.

« Leur réponse à la question 'pourquoi sont-elles allées à l'université alors que ce sont des femmes musulmanes? » nous montre qu'elles sont véritablement attachées au combat islamiste. Les femmes qui s'organisent au sein des partis politiques islamistes tels que Refah Partisi (RP) ou Fazilet Partisi (FP) m'ont répondu ainsi : 'pour le consentement d'Allah'. »[100]

Cette définition nous montre que les femmes islamistes restent très attachées à la politique.

Après les années 1960, les femmes religieuses qui préféraient traditionnellement rester à la maison, ont commencé à se tourner progressivement vers l'extérieur pour le «consentement d'Allah». En particulier, les femmes, qui habitaient dans les villes, ont commencé à assister en groupe à des conférences, ce qui a constitué le premier pas vers le changement de leur conscience intellectuelle. Compte tenu de la hausse du niveau d'éducation des familles religieuses et du nombre d'étudiantes voilées dans les universités, elles sont sorties de leur identité individuelle ou de leurs petits groupes. Par ce changement, elles ont pris conscience qu'il était nécessaire de s'organiser et elles se sont donc rassemblées pour former de grands groupes d'actions. Elles évoquent leur organisation comme la nécessité de « transmettre (Teblig) » pour influencer les relations sociales. En conséquence, le mouvement des femmes a atteint un fort potentiel.

La force de base créée par les organisations des mouvements de femmes islamistes a été l'institutionnalisation. Elles sont devenues puissantes dans tout le pays sous le nom de «fondation», «association» ou « plate-forme ». Quelques exemples peuvent être cités : l'AK-Der (Association Des Droits des Femmes Contre la Discrimination), l'Association des Parents d'Elèves créée par Asiye Dilipak en 1987 (La femme du célèbre écrivain islamiste), l'Arc-en-ciel, La Plate-forme des Femmes, qui regroupait 46 sections des femmes, le Bursa Çınar Group des Femmes qui regroupait 14 sections, la Plate-forme des Femmes du Sud-Est (région kurde) fondée par Necla Hattapoğlu, ancienne présidente de la Branche des Femmes du parti RP, le Batıkent Plate-forme des

---

[100] Aktaran ERASLAN Sibel, "İslamcı Kadının Siyasette Zaman Algısı Üzerine", *Modern Türkiye'de Siyasal düşünce/İslamcılık, Volum 6,* Ed. İletişim. İstanbul, 2004, p. 814.

Femmes, Le Capital Plate-forme des Femmes, etc. Les femmes représentaient la plus importante force dans les relations publiques avec plus de 300 associations, clubs, fondations et groupes.[101]

Les activités politiques des femmes islamistes qui se trouvaient alors au centre des relations politiques se sont alors diversifiées. Les activités des femmes étaient primordiales pour l'ascension du parti RP. En 1990, elles ont créé «les Commissions des Femmes» dans toutes les organisations du parti, dans les villes, bourgs et villages. Avant la fermeture du parti RP par la cour constitutionnelle, les organisations de femmes étaient constituées dans 31 villes, 805 quartiers et 1 587 rues de la région d'Istanbul. Entre les années 1994 et 1995, les femmes ont organisé 1 572 conférences, 3 465 séminaires sur l'éducation, 326 réunions de salle, 14 231 discussions dans les maisons des électeurs. Elles ont envoyé 3 740 faire-part de naissance, 4 245 faire-part de condoléances et effectué 12 625 visites à des personnes malades ou âgées. Pendant un an, elles ont contacté 1 262 577 personnes.[102] Toutes ces données nous montrent que les femmes représentaient une force importante dans la dynamique sociale du mouvement islamiste. Par exemple, les femmes ont joué un rôle primordial dans la victoire de l'AKP (parti islamiste actuellement au pouvoir) aux élections. Parmi tous les partis politiques de Turquie, seul l'AKP a organisé des Commissions de Femmes dans tout le pays. Dans la région d'Istanbul, il y a environ 19 000 femmes qui travaillent directement pour l'AKP.

Les femmes représentent seulement 9 % des parlementaires de l'Assemblée Nationale Turque (TBMM). 30 des 50 femmes députées à l'assemblée sont des appartiennent à l'AKP. Si le port du voile n'était pas interdit, le nombre de femmes députées à l'Assemblée pourrait être nettement supérieur à 30. Autre fait remarquable, 226 épouses de députés de l'AKP sur les 235 présents à l'assemblée portent le voile. Cette réalité nous montre donc que l'organisation des femmes occupe une place prépondérante dans le mouvement islamiste.

---

[101] *İbid*, 19.
[102] *Ibid,* p.824.

3- LA JEUNESSE : UN PUBLIC STRATÉGIQUE CONVOITÉ PAR LES ORDRES RELIGIEUX

La jeunesse, une couche importante et dynamique de la société est convoitée par tous les courants politiques et par tous les moyens. Ce sont les islamistes qui ont le mieux compris l'adage « l'avenir appartient à celui qui détient la jeunesse »

Partout dans le monde, les jeunes sont les premiers à se soulever contre toute forme d'injustice. Ainsi, en Corée, en Chine, en Iran et en Indonésie nous avons pu à nouveau observer comment la jeunesse a dynamisé le mouvement social.

Les mouvements islamistes en vogue au Proche-Orient se basent en grande majorité sur la jeunesse. Par exemple, l'organisation « Jeunesse Mouhammedin » de Salih Sirriyye est formée à 90 % par les jeunes issus des quartiers pauvres du Caire, d'Alexandrie, du delta, 80 % des membres d'El Tekfir Vel Hicra sont de jeunes étudiants et commerçants, 70 % des membres de l'organisation égyptienne Djhiade ont entre 21 et 30 ans, 65 % de la base du Front Islamique du Salut algérien est issu de la jeunesse. Il en est de même pour les Palestiniens du Hamas et du Djihad Islamique (dans sa totalité)» [103] Cela démontre bien sur qui les islamistes s'appuient.

En Turquie, dans les manifestations de lutte politique, que ce soit à propos du voile islamique, de la Tchétchénie, de la Bosnie ou de la Palestine, la jeunesse forme la majorité des manifestants.

Les visées des mouvements islamistes sur la jeunesse datent d'une quarantaine d'années. Il est vrai aussi qu'ils profitent actuellement d'une conjoncture favorable. Ils mettent au centre de leur stratégie d'organisation, comme nous aurons l'occasion de le démontrer dans le chapitre intitulé « l'Education et l'Enseignement », le travail sur la jeunesse. Dans un pays dont 70 % de la population est formée de jeunes, comme la Turquie, les islamistes commencent leur important travail de conquête de la jeunesse dès l'école maternelle.

Avec des investissements à long terme sur la jeunesse, l'islam politique espère conquérir l'État de l'intérieur. Gülen dit :

« Réfléchissez : depuis 1950, 40-50 années se sont écoulées. Si ceux qui avaient 10 ans à l'époque, avaient eu l'occasion de faire des études

---

[103] BULUT F., *İslamcı Örgütler*, Ed. tum zamanlar, Istanbul, 1994, p.811-812.

universitaires, ils seraient placés actuellement au sommet ou lutteraient pour y parvenir ; ils avaient 20 ans à l'époque, ils auraient eu 60-65 ans maintenant, ce qui veut dire que c'est l'âge mûr pour occuper des fonctions de Premier ministre, de Président de la République... J'ai confiance en ces jeunes générations parmi lesquelles des esprits révolutionnaires se distingueront dans tous les domaines et mettront fin à cette triste période qui nous hante depuis des siècles » [104]

Cette génération-là, ce n'est pas pour rien que Gülen l'appelle « la génération en or » L'islam politique attribue également un rôle militant à sa jeunesse dans son combat vers le pouvoir. Dans chaque réunion dédiée à la jeunesse, des discours exaltants appellent la jeunesse à la guerre sainte.

Lisons un extrait de l'article intitulé « Je veux une jeunesse à mourir » de la revue *Cuma* de juillet 1993 ;

« Ô jeunes de l'islam, ne mourrons-nous pas tous un jour ? Ne devons-nous pas une vie à Dieu ? Alors reprenez-vous. S'il le faut, choisissez la plus noble des morts..., choisissez la plus noble des morts. Mettez votre passeport dans votre poche, partez pour l'Europe, allez plutôt en Angleterre, car l'Anglais d'aujourd'hui n'est pas seulement responsable de la mort de 250 000 musulmans Bosniaques, mais, depuis trois siècles et demi, d'Afghanistan en Inde, de l'Égypte au Soudan, de la mort de millions de fidèles du monde musulman. Frappez comme le tonnerre les rues de Londres, ses métros. Soyez sans pitié, n'en ayez jamais... tous ces lieux souillés : les villes, les rues, les cars, les trains, les tramways, les avions, les bateaux... tous vous attendent... allez-y par deux, par cinq ou seul, ne dites à personne que vous partez. Confiez-vous à Dieu, cela suffit » [105]

On peut bien sûr discuter dans quelle mesure cet appel est suivi. La question est de comprendre de quelle mission l'islam politique veut charger la jeunesse. La même revue appelle également la jeunesse à un retour aux sources ;

« Il est temps que la jeunesse retourne aux sources. Cette source, c'est l'islam, la foi. L'islam nous sauvera » [106]

---

[104] GULEN F., *Prizma-1* İzmir, édition Nil, 1996, p. 100-101.
[105] Revue Cuma, Juillet 1993.
[106] Revue Gokyuzu, 7 Mai 1997.

Le travail des mouvements islamistes en direction de la jeunesse s'accomplit au sein de MGV (Fondation Nationale pour la Jeunesse) qui est l'organisation la plus active de la jeunesse musulmane. Elle a toujours fonctionné comme une émanation du MSP et du RP. C'est l'organisation la plus répandue, la mieux lotie en comptant la plus grande partie de son public parmi la jeunesse. Selon les chiffres de 1996 ; 3MGV à part Sirnak, Tunceli et Igdir, est présente dans 76 départements, affiche au total 350 000 membres et dispose de 1800 bureaux. Dans ses 125 foyers d'étudiants sont accueillis 20 000 jeunes à qui elle distribue 50 milliards TL de bourses par mois. Rien qu'à Istanbul ; MGV affiche 5 000 membres inscrits, gère 11 foyers d'étudiants qui accueillent 1 000 étudiants. À part l'immeuble de 5 étages dans le quartier de Fatih à Istanbul, elle possède des propriétés foncières d'une valeur totale de 1.5 trillion TL. Chaque année aux mois d'été elle organise des cours d'arabe et des cours coraniques pour les enfants d'école primaire ; en 1996 ; 5 000 enfants y ont participé... » [107]Le président de la MGV a un franc-parler ; « nous sommes en train de former les cadres de l'État pour les années 2000 »[108]

Dans ce panorama ; il n'est pas difficile de voir qui le mieux s'approprie et met en pratique l'adage « l'avenir appartient à celui qui détient la jeunesse » Les dynamiques sociales du passé, de nos jours et de l'avenir sont dans les griffes des mouvements islamistes. Tous les chefs des ordres ou des communautés ont le même mot à la bouche ; la « jeunesse » qu'ils utilisent comme tremplin pour s'emparer du pouvoir dans le premier quart de siècle à venir. Ils y mettent tous leurs moyens et ils ne sont pas peu fiers des résultats.

---

[107] BULUT F., *Tarikat Sermayesinin Yükselişi*, İstanbul, éd. Doruk, 1999, p.338.
[108]TUŞALP Erbil, *İslam Faşizmi*, İstanbul, éd. Doğan, 1999, p. 20.

QUATRIÈME PARTIE:
LES FACTEURS INTERNATIONAUX DU PROGRÈS DE L'ISLAM POLITIQUE EN TURQUIE

Pour qu'une analyse juste et objective du progrès de l'islam politique puisse être effectuée, il faut bien étudier les conditions internes et externes ayant une répercussion sur le progrès de ce mouvement politique, particulièrement dans un pays comme la Turquie. En effet, ce pays a toujours été confronté aux crises, tant dans sa politique locale qu'extérieure, qui sont très importantes du point de vue des équilibres politiques internationaux, traiter les progrès avec un point de vue objectif est presque une obligation. Ce qui est également important dans notre sujet, c'est d'examiner les facteurs internes et externes, ainsi que les rapports entre les progrès qui affectent le fait de l'islam politique qui se place toujours dans l'actualité en tant que problème, et ce, pendant toute l'histoire politique de la Turquie. Car cela nous donnera certaines approches en matière de perception de la matière en cause.

Dans la deuxième partie, nous avons directement déterminé les facteurs politiques internes et externes du développement de l'islam politique en Turquie. En effet, ce qui fait l'objet de cette thèse est l'une des principales matières politiques qui sera déterminante dans les relations internationales du 21ème siècle. Nous devrons montrer que l'islam politique en Turquie n'est pas un fait qui progresse de lui-même, indépendamment des relations intérieures et internationales, mais qu'au contraire il se forme en relation avec les effets croisés de plusieurs facteurs politiques, économiques et sociaux, ainsi que de la situation politique actuelle.

1- LA STRATÉGIE D'ISLAM POLITIQUE SUIVI PAR LES ÉTATS-UNIS EN TURQUIE

Après la Deuxième Guerre mondiale, le souci d'équilibre des forces entre les États-Unis et l'URSS, confère une grande importance à la Turquie, qui est limitrophe de l'Union Soviétique. L'axe des politiques développées pour assurer la domination des États-Unis dans la région, en utilisant les relations économiques, sociales et historiques du Moyen-Orient, est, comme nous l'avons indiqué précédemment, la religion islamique. La Turquie qui était au premier plan de par sa position géopolitique, la structure religieuse de sa société ainsi que ses spécificités historiques et culturelles, constituait un des centres les plus importants de l'espace d'application de la politique américaine menée en Eurasie et au Moyen-Orient.

Les querelles de souveraineté entre les États-Unis et les Soviétiques au Moyen-Orient, le renversement du Chah en Iran en 1979, l'occupation de l'Afghanistan ont augmenté de façon de plus en plus significative l'importance de la position politique de la Turquie. Les spécialistes politiques des États-Unis ont apprécié l'importance de ce pays en tant que « trésor stratégique ». Alexander Haig, secrétaire d'État sous Ronald Reagan, avait déclaré que « la Turquie est un pays irremplaçable et dans le contexte actuel elle mérite d'être soutenue à tout prix »[109], ces paroles soulignaient l'importance de la Turquie dans l'espace régional.

À la suite du démembrement de l'Union soviétique, certains changements sont intervenus dans la politique américaine au Moyen-Orient, notamment certaines "nouvelles" stratégies ont été déterminées par une orientation vers islam politique radical. Les forces islamistes politiques - radicales - dans les pays du Moyen-Orient transformées en force économique et politique quand elles étaient soutenues contre l'Union soviétique, ont été cette fois traitées en tant qu'ennemis et la position stratégique de la Turquie a été à nouveau planifiée en fonction des équilibres de forces internationales qui avaient nettement changé et des besoins de la région. Cette planification s'est concentrée sur deux points : l'augmentation de la position géopolitique de la Turquie en rapport avec le rôle évolutif de l'OTAN et son intégration à l'Union européenne.

C'est-à-dire que même après la guerre froide, le combat de domination des forces a continué sans interruption sur le Moyen-Orient et sur l'Eurasie et que la position géopolitique de la Turquie ne changera pas.

Comme l'avait déjà souligné l'ancien secrétaire d'État américain, M. Halbrooke, "de tous les événements importants pour l'Amérique dans la

---

[109] Cité par GERES Fawaz, op. cit., p. 295.

région d'Eurasie, la Turquie est au point de croisement…"[110] Talbott, lors d'une conférence qu'il avait donnée à l'Université de Bilkent, avait exprimé des opinions similaires en disant "Voici la Turquie, elle a une fois de plus pris sa place au point de rencontre des événements les plus importants au monde comme cela était déjà le cas pendant les années de guerre froide"[111] Il attirait ainsi l'attention sur l'importance de la Turquie.

Conformément à ce que prévoit sa nouvelle politique menée en direction de l'islam qui est imposée à la région, l'État américain a absolument besoin d'un pays comme la Turquie.

Ron Brown, l'un des anciens ministres américains du Commerce – décédé depuis -, avait expliqué l'importance de la Turquie pour les États-Unis en déclarant que :

« Les États-Unis n'ont jamais oublié la grande importance de la Turquie dans les domaines stratégiques et économiques. La Turquie qui est le partenaire principal au sein de l'OTAN, et un pays démocratique, laïque et musulman, ne sera pas moins important dans les prochaines années par rapport à maintenant, dans une telle région qui se révolte si rapidement. »[112]

Cette déclaration de R. Brown expose les plans des États-Unis pour la Turquie. Il souligne notamment l'importance de la Turquie dans le cadre du "Grand Projet de Moyen-Orient".

L'un des principaux objectifs de la nouvelle stratégie politique poursuivie par les États-Unis au Moyen-Orient consiste à mener une double politique de planification de la réforme de l'islam afin de renforcer sa souveraineté régionale en rapport avec sa manœuvre de globalisation capitaliste. Comme pendant le processus de la guerre froide, il s'agit de soutenir la politique d'islam modéré en Turquie et de développer une attitude plus violente face aux mouvements politiques islamistes dans les autres pays du Moyen-Orient.

Pour la réussite de ses politiques régionales, Les États-Unis se réservent toujours la possibilité d'attribuer le gouvernement des États musulmans aux islamistes modérés en tant dans des pays eu les relations

---

[110] *Ibid*, p. 302.
[111] Talobott, Conférence de « Leadership des États-Unis-la Turquie dans le monde après la Guerre Froide », *Université de Bilkent,*, Milliyet, 24 Avril 1995.
[112] Revue E*conomiste*, « La Turquie, l'Etoile de l'Islam », 14 décembre 1991, p. 42.

économiques et politiques avec l'Occident sont bien développées, et notamment en Turquie. Graham Fuller indique ainsi que :

« La Turquie doit être aujourd'hui plus flexible en ce qui concerne les opinions et les tendances islamistes. Je ne dis pas que vous deveniez comme l'Iran mais il est possible d'être flexible sur le rôle de l'islam dans la vie privée et publique et d'accepter que l'islam soit une part intégrante de l'héritage culturel et intellectuel de la Turquie, et de veiller à ce qu'il ne soit pas menacé, et de lui fournir un espace pour s'exprimer afin d'éviter le radicalisme. »[113]

Les États-Unis, du fait de leur stratégie politique, ont toujours eu un point de vue positif sur l'utilisation de l'islam en tant que un modèle, particulièrement en Turquie. Le principe de la politique d'islam modéré est de défendre la charia comme une forme d'État. Toute personne ayant quelques connaissances sur la fonction sociale de la religion musulmane sait que l'accès de l'islam au pouvoir – non pas au gouvernement – entraînera l'application du droit de la charia.

Dans un rapport concernant les possibilités d'attirer les politiques régionales des États dans l'axe de la politique d'islam modéré de la Turquie, il est indiqué que :

« Les intérêts des États-Unis peuvent être préservés par de meilleurs politiques préventives et silencieuses. Toute intervention publique qui aurait un effet sur le résultat des événements concernant le rôle actuel d'Islam, peut entraîner des résultats négatifs sur les intérêts américains. Le gouvernement des États unis, lors de l'élaboration de ses politiques, doit marcher sur un fil très fin, entre soutenir la forme laïque du gouvernement de Turquie et s'abstenir de se confronter avec les forces islamistes. Les options politiques qui protégeront au mieux les intérêts des États-Unis doivent se déterminer. »[114]

Dans ce rapport qui comprend de sérieux avertissements et des propositions concernant les politiques à suivre par les États Unis, la nécessité de préserver l'équilibre entre l'islam politique progressiste et le système laïque en Turquie est soulignée. Pour que les États-Unis puissent mener à bien leurs plans à long terme, il est particulièrement recommandé de toujours considérer et de prendre en compte les forces islamiques en Turquie. Les États-Unis indiquent la nécessité que la Turquie comprenne

---

[113] Cité par KALELİ, *op. cit.*, p. 79.
[114] *Ibid*, p. 78.

les buts et les objectifs des islamistes et détermine ainsi sa politique. Dans le même rapport :

« Dernièrement les États-Unis doivent faire plus d'efforts pour obtenir des renseignements sur les objectifs, l'idéologie et les revendications des islamistes en Turquie. Sans eux, il est difficile de préserver les intérêts des Américains en Turquie. Les hommes politiques américains doivent recevoir des renseignements de la part de spécialistes. En complément, établir des relations officieuses et préventives avec les membres modérés du mouvement islamiste, peut être utile. »[115]

Le Parti de la Justice et du Développement (AKP) fondé par Tayyip Erdoğan, un homme politique islamiste, peut être perçu comme une suite logique de cette politique développée dans ce rapport qui a été rédigé par des experts américains. Il est envisagé que la présence d'un parti appartenant à l'axe de l'islam modéré en Turquie, particulièrement après l'occupation de l'Irak par les forces de coalition sous le contrôle des États-Unis se servira d'un moyen d'avancement très important dans l'application de sa stratégie concernant l'Eurasie. L'effort dont ont fait preuve les gouvernements islamistes de l'AKP pour se battre auprès des États-Unis en Irak est en rapport avec la stratégie politique américaine sur le Moyen-Orient et l'Eurasie. Pourtant, les équilibres politiques internes de la Turquie ont d'une certaine façon évité cette progression.

Dans sa stratégie politique, les États Unis souhaitent conditionner la Turquie pour en faire un modèle de pays gouverné par l'islam modéré gouverné, au cas échéant par la démocratie. Mais ce plan politique est très difficile à transformer en État compatible avec les équilibres politiques internes de ce pays. Malgré cette difficulté, le gouvernement AKP bénéficie d'un grand soutien en suivant une pratique conforme aux politiques régionales des États-Unis et de l'Union européenne. Le gouvernement islamiste essaie de résoudre les problèmes et les conflits actuels, notamment avec les institutions d'État comme l'armée, les universités, en s'appuyant sur les États-Unis et l'Union européenne, tout en procédant en même temps à certaines révisions sur les politiques islamistes.

Bien que les États-Unis intègrent la Turquie au Grand Projet de Moyen-Orient, l'État-Major général turc s'y oppose. Les généraux rappellent à chaque fois qu'ils en ont l'occasion, leur souhait de se placer activement à l'intérieur de ce plan stratégique. Mais dans l'immédiat, ils s'opposent à ce que « la Turquie soit attirée dans cette politique d'islam

---
[115] *Ibid.*, p. 80.

modéré ». Ils affirment toujours qu'ils soutiendront l'exécution de ce plan, à condition que le statut « laïque » existant de l'État soit préservé. Mais les États-Unis poursuivent une politique d'équilibre entre les généraux qui sont une force active dans le système politique et les relations régionales de la Turquie, et le gouvernement islamiste.

Dans un article publié sur le sujet dans le quotidien *Wall Street Journal*, l'importance de la Turquie avait été exprimée de la façon suivante :

« Les dangers venant du Moyen-Orient constituent aujourd'hui la menace la plus significative à laquelle sont confrontés l'Europe et les États-Unis. Nous devons développer une nouvelle grande stratégie qui défendra l'Occident contre cette menace. Ce qui est également important est de transformer la région elle-même en des bases plus démocratiques et de nous diriger vers la disparition des raisons qui sont à l'origine du terrorisme. La Turquie est le juste au-dessus de la faille entre une Europe stable et un Moyen-Orient qui devient chaque jour plus dangereux. Et cette position de la Turquie en fait la pierre principale dans l'édifice stratégique de l'Occident qui envisage de soigner le Moyen-Orient de façon à ne plus élever des gens qui nous détruiront. »[116]

L'objectif politique des États-Unis est très clair. La Turquie constituera d'une part une région tampon contre les attaques des forces islamistes et de l'autre part assumera un rôle important dans la protection des sources énergétiques régionales.

Le fait que la définition du rôle à jouer pour la Turquie dépende des relations entre les États-Unis et l'Union européenne est reconnu par tout le monde.

Dans le rapport de S*tratégie de Sécurité Nationale* publié en 1997, il est indiqué, au sujet la Turquie que :

« Les intérêts stratégiques des États-Unis d'Amérique nécessitent la présence d'un État turc démocratique, laïque et musulman, pour la stabilité de l'Occident. Il n'est pas négligeable que la Turquie soit en pleine solidarité avec nous en matière de ses liens puissants qui l'entrelacent avec l'Occident et de tous nos intérêts stratégiques dans une des régions les plus sensibles du monde. »[117]

---

[116] *Wall Street Journal*, 24 October 2001.
[117] Cité par GERES Fawaz, op. cit., p. 296-297.

D'après cette approche politique, il a été indiqué plusieurs fois que, notamment pour soutenir les ordres religieux islamistes en Turquie et pour la nécessité de développer la ligne islamiste politique « modérée » il serait possible de renoncer au « laïcisme ». À l'époque où le Parti de la Prospérité (RP) et le Parti de la Juste Voie (DYP) formaient une coalition gouvernementale, Burns, le secrétaire d'État Américain à fait une déclaration juste après l'obtention du vote de confiance au parlement par le gouvernement d'Erbakan, en disant que "je ne crois pas que nous avons dit que le laïcisme devait perdurer pour que nos relations avec la Turquie continuent", avait donné un message très clair relatif aux politiques des États-Unis. Il indiquait que pour la Turquie qui suit une politique plutôt occidentaliste, le laïcisme n'était pas une condition sine qua non, et qu'il était possible d'y renoncer au cas échéant. Les États-Unis qui avaient fait plusieurs pas dans cette direction, soutiennent indirectement les mouvements islamistes en Turquie.

Une évaluation d'un spécialiste de la CIA sur ce sujet est très intéressante : « Il n'est pas possible de ne pas remarquer que la vie islamique est si liée à la cause turque. Il est clair que le monde islamique répandu dans le monde entier ne signifiera rien du tout sans la Turquie qui représente l'islam révolutionnaire et moderne. Par exemple, si les nations islamiques réussissent à constituer une union semblable à celle que l'Italie et l'Allemagne avaient réussi à constituer, il faut en rechercher les raisons et les acteurs qu'en Turquie… » [118]

À l'aube du 21ème siècle, cette opinion conserve encore son actualité pour la Turquie en matière de la politique américaine au Moyen-Orient.

L'un des pays prioritaires pour l'application de la politique d'islam modéré développé au niveau régional par les États Unis pour assurer la continuité ou le renforcement de sa souveraineté au Moyen-Orient, sera la Turquie. Pour rendre cette politique efficace à la fois au Moyen-Orient et en Turquie, il s'agirait tout d'abord de constituer une instance représentative de l'islam reconnue par tous les musulmans à l'image du siège pontifical au Vatican, et dont la Turquie serait le centre. Deuxièmement il s'agit de soutenir publiquement les ordres religieux en Turquie et de les renforcer.

Clinton, lors d'une visite en Indonésie avait très clairement exprimé ces opinions en la matière :

---

[118] Cité par OZAKINCI Cengiz, op. cit., p. 156.

« Ce qui empêche d'établir un lien de paix et de dialogue entre le monde occidental et le monde musulman est le manque d'un canal. Le monde musulman n'a pas de leader. Mais les chrétiens eux, possèdent un représentant en la personne du pape. Ce manque du monde islamique nécessite de nommer une organisation quelconque en tant que le représentant, le leader de la religion islamique. Mais si la religion İslam avait un vrai leader, nous l'aurions invité à la Maison blanche et procédé au dialogue" Ici, l'objectif stratégique des États Unis est de contrôler tout le monde islamique via ce type d'institution. »[119]

À la suite du décès du Président Özal, l'intérêt que les États-Unis ont porté au RP qui suivait une ligne islamiste en Turquie provenait de cette politique principale. L'un des facteurs qui explique que le président général du RP, Erbakan, acceptait intégralement les politiques régionales des États-Unis était son rêve de devenir "le leader spirituel" du monde musulman. Mais c'est le Hodja Fethullah Gülen qui a le plus avancé concrètement dans ce domaine. Ce dernier, qui avait appliqué mot à mot les plans stratégiques des États-Unis, avait gagné un avantage en procédant à une négociation avec le pape qualifié de "dialogue entre les religions" et en se chargeant d'une mission islamique avec les écoles qu'il avait ouvertes dans 30 ou 40 pays dans le monde.

Les États-Unis appréciaient d'autant plus ce représentant de l'islam qu'il avait même réussi à persuader l'Arabie Saoudite. Mais à cause des différences historiques, sociales et culturelles dans le monde musulman, il est presque impossible instituer un « représentant de l'islam ».

En considérant la situation des ordres religieux en Turquie, l'ancien chef de la CIA Paul Henz disait:

« Les doctrines puritaines des wahhabites se sont répandues en Ex-Union Soviétique en tant qu'antidote contre l'impureté et le matérialisme. La façon dont ceux-ci se tiendront dans les ordres démocratiques de l'après-guerre froide n'est pas encore clairement établie. Les Nuristes qui sont les disciples de Said-i Nursi affirment que les sciences, la connaissance et l'éducation modernes existent traditionnellement dans l'islam. Les inquiétudes des intellectuels turcs sur Nakchibendi sont artificielles. Les Nakchibendis répandus à l'Orient et dans les villages de la Turquie sont bien puissants dans les anciens pays soviétiques et dans le monde musulman. Ils ne sont pas réactionnaires. Les Nakchibendis se servent d'une fonction de point de contact naturel pour les classes émergentes

---

[119] CLINTON B., « Nous ne tâchons pas les musulmans », *Türkiye Gazetesi*, 31 decembre 1994.

d'entrepreneurs dans les républiques turcophones indépendantes de l'ancienne Union Soviétique... »[120]

Cette opinion qui illustre les principales approches politiques des États-Unis montre également la relation entre ce pays et les ordres religieux. Il est alors plus aisé de comprendre pourquoi les ordres religieux progressent en Turquie à une vitesse si impressionnante. Les États-Unis tentent de faire dominer cette ligne politique depuis 1946. Il est vrai qu'il y a fait des pas importants.

Les États-Unis apprécient beaucoup que la Turquie soit en relation avec les différents pouvoirs politiques dans la région, en se basant sur la « théorie de la ceinture verte », qui consiste à « soutenir l'islam chez les amis, le provoquer chez les ennemis. » Brad Roberts, l'un des ex-spécialistes du Centre des Instituts Stratégiques Internationaux de Washington, précise qu'il s'agit de soutenir l'islam en Turquie contre le communisme :

« Il faut réfléchir à un cadre plus élargi encore que seulement se servir de la voix supérieure de l'islam en tant que barrière contre le communisme, l'islam doit intervenir dans tous les domaines de la vie »... et il ajoute que « l'attraction de la masse religieuse pour la politique, le monde des affaires, la bureaucratie, l'armée, la profession d'enseignant peut constituer un pas important dans le processus de modernisation. » [121]

L'invitation de la Turquie au sommet des G-8 qui a été organisé aux États-Unis en juillet 2004 et la désignation de la Turquie en tant qu'exécutant de cette politique, la première élection d'un candidat turc au Secrétariat Général de l'Organisation de la Conférence Islamique organisée à Istanbul un mois plus tard, mettent en évidence le rôle de la Turquie dans la mise en œuvre du Grand Projet du Moyen-Orient.

Cette décision prise au Congrès des États-Unis, donne une idée concrète des principales politiques américaines relatives au mode d'utilisation des valeurs religieuses, pour ses propres intérêts régionaux. Au 21ème siècle il s'agira notamment du Moyen-Orient, du Caucase, de l'Asie Centrale et les Balkans les régions où les combats ethniques et religieux sont très intenses. Comme par le passé, la Turquie se trouve toujours au centre stratégique du domaine d'application des politiques élaborées par les États-Unis pour à ces régions.

---

[120] GERAY Haluk, « Yeni Dünya Senaryoları ve Türkiye », *Cumhuriyet*, 20 février 1995.
[121] Cité par ÖZAKINCI Cengiz, op. cit., p. 100-101.

2- L'ISLAM POLITIQUE ET LE PROCESSUS DE L'INTÉGRATION DE LA TURQUIE À L'UNION EUROPPEENNE

La Turquie attend depuis les années 1960 pour intégrer l'Union européenne. Alors que plusieurs pays qui le souhaitaient ont pu intégrer l'Union européenne dans des délais plus brefs, la Turquie quant à elle, attend toujours. Cependant à partir de 1999, l'UE a décidé d'accélérer le processus et de commencer les négociations. Quels sont facteurs qui ont déterminé le commencement direct du processus d'intégration de la Turquie, frappait à sa porte depuis longtemps ? Ce sont avant tout les évolutions des équilibres politiques dans le monde qui ont permis d'accélérer le processus d'intégration à l'UE, qui a décidé de débuter concrètement les négociations. La Turquie qui est située au carrefour entre le Moyen-Orient et l'Eurasie se trouve au premier plan au point de vue géopolitique.

Les raisons du démarrage effectif de l'intégration de la Turquie à l'UE peuvent être analysées dans un large cadre, mais de par la spécificité de notre sujet abordé ici, nous insisterons sur le facteur d'islam politique qui est l'un des effets les plus importants de l'intégration de la Turquie au processus de l'UE. L'accélération des négociations pour l'intégration de la Turquie au processus européen, est peut-être l'un des points sur lesquels les États Unis et l'Union européenne sont en accord. Ceci est dû au fait que l'évolution politique dans les pays musulmans et notamment au Moyen-Orient constitue l'un des principaux soucis non seulement des États unis, mais également des États de l'UE. L'évolution en Afghanistan et en Irak continue de se situer parmi les ordres du jour les plus importants de l'UE. « Le Grand Projet du Moyen-Orient » est devenu non plus seulement celui des États-Unis, mais également celui de l'Union européenne. L'extension des actes de violence commis sur l'espace international par des mouvements islamistes radicaux originaires du Moyen-Orient et de la même façon le fait que plusieurs pays dans d'Europe soient directement visés, obligent les États de l'UE à trouver de nouvelles solutions. L'un des autres points sur lequel les États-Unis et l'UE s'entendent, est la nécessité d'obliger le monde musulman qui constitue un vaste espace géographie, à procéder à des modifications politiques en profondeur. En obligeant ces pays à des changements de régime, la Turquie est visée comme pays modèle pour les plans de « réconciliation de l'islam avec la démocratie ». Donc, la réussite du modèle de la Turquie intégrée à l'UE pourra d'une part juguler le progrès de l'islam radical, et d'autre part avoir un effet significatif sur le changement des régimes dans ces pays.

Depuis les années 1940, tous les présidents américains ont souligné le rôle constant de la Turquie située au carrefour du Moyen-Orient, du Caucase, des Balkans et de l'Asie Centrale. Dans les conditions concrètes de la donne actuelle, la même chose est également soulignée par l'UE. Il est fréquemment indiqué que la continuité de la stabilité politique en Turquie dépend de la disparition du radicalisme islamique. Un rapport de 1996 précise que :

« Le meilleur moyen de sauver la Turquie du radicalisme islamique est de l'intégrer à l'Union européenne au lieu de perdre du temps avec les critiques. »[122]

L'attaque des Tours Jumelles et du Pentagone par les opérations réalisées sur le territoire américain, le 11 septembre 2001, l'extension des conflits sur un espace beaucoup plus large à la suite des combats entraînés par l'occupation de l'Afghanistan et de l'Irak, la transformation en une dimension internationale des actes de violence des mouvements islamistes, ont accéléré le processus d'intégration de la Turquie à l'UE. Bien que cette situation ne soit acceptée par aucun des pays européens, plusieurs stratèges, et hommes politiques admettent que ce facteur a un effet significatif. En effet, la thèse selon laquelle la terreur islamique développée sur le plan religieux est dirigée contre le monde occidental, y compris les États-Unis et l'UE, est généralement admise. La Turquie est « obligatoirement » nécessaire à la suppression de ce danger ou du moins à la neutralisation des attaques. Ce pays peut jouer le rôle « du pays tampon et en même temps que d'exemple, entre le monde musulman et l'Occident. La mise à l'écart de la Turquie de ce processus de construction européenne accélèrerait la tendance à la progression de l'islam radical et entraînerait l'orientation directe de la jeune population dans son giron. Ce « scénario-catastrophe » pris en compte comme une possibilité, pourrait sérieusement influer sur les politiques régionales des États-Unis et de l'UE en même temps que constituer une base objective pour un progrès encore plus rapide de l'islam radical vers l'Occident. Ainsi, afin d'éviter toutes ces possibilités, on attire l'attention sur la nécessité et sur l'obligation de l'intégration à l'UE d'un pays tel que la Turquie.

Par exemple, Chris Patten, membre de la Commission européenne, responsable des relations extérieures, affirme que « la Turquie se trouve au point de croisement de l'UE et du monde islamique. La Turquie qui est actuellement située sur le point de coïncidence de régions réputées

---

[122] Rapport élaboré par la Commission des Relations Extérieures des EU d'Amérique, 3 Septembre 1996, www.animai.com

comme étant l'espace de rivalité et de conflit le plus important du monde, parait de manière discrète, mais franche, être d'une importance vitale pour l'UE. Dans son discours intitulé *l'Islam et l'Occident au bout du carrefour*, fait au Centre de Recherches Islamiques d'Oxford, Patten précise ainsi :

> « Le commencement des négociations entraînera une Turquie tout à fait différente en même temps que d'autres relations entre l'Europe et l'islam. Ceci illustrera comment nous nous traitons ou comment nous voulons nous traiter au point de vue culturel et géopolitique... Cet engagement politique peut être difficile et sa mise en œuvre administrative peut être ennuyeuse. Mais en dépit du fait que le résultat obtenu ne soit pas encore déterminé, nous devons discuter sur le commencement des négociations avec la Turquie tout en sachant que ceci nous emmènera à une Turquie et à des relations entre le mode islamique et l'Europe tout à fait différentes. » [123]

Ce point de vue explique le fait que les politiques relatives à l'entrée de la Turquie dans l'UE ont tendance à se centraliser.

De la même manière, Karel de Gucht, le ministre des Affaires extérieures de la Belgique souligne que :

> « Cette attitude peut être expliquée à l'opinion publique, car l'intégration totale est la meilleure méthode pour maintenir la Turquie dans l'orbite de l'Europe. Partant de la stratégie de l'Europe, il est important de posséder un pont en même temps qu'un tampon entre l'Occident et le Moyen-Orient. Déjà la Turquie est notre voisine. Il est très important d'encourager le développement dans ce pays d'un islam compatible avec la société européenne et de faire étendre son effet vers le Moyen-Orient. La Turquie, dont la modernisation et la démocratisation permettent la prospérité sociale et la réussite économique peut constituer un modèle pour le monde musulman. Ceci est la meilleure réponse à apporter au monde islamique. » [124]

Le rapport de 45 pages élaboré par la Commission Indépendante de la Turquie qui est composée de dirigeants, d'hommes politiques et d'experts en sciences politiques parmi les plus connus des pays de l'UE, avait été communiqué à l'opinion publique par Marty Ahurissant, l'ancien président de la Finlande, et actuel président de la commission.

---

[123] Le quotidien *Yeni Şafak*, 08 décembre 2004.
[124] *İbid*.

Ce rapport indique que « l'Europe, de par l'intégration de la Turquie, enverra au monde un message fort en vue de montrer que les querelles de civilisations ne sont pas inéluctables. Cette intégration prouvera que l'islam et la démocratie peuvent s'accorder. La position géopolitique de la Turquie assure l'ouverture de l'UE vers le Caucase et l'Asie Centrale. Comme la Finlande a pris la place du Nord, la Turquie assurera également celle de Sud. La Turquie est une part de l'UE au point de vue historique et géographique… »[125]

Toutes ces déclarations donnent une idée sur le contenu de la politique l'Union Européenne concernant la Turquie. L'UE qui, en tant que force politique, souhaite intervenir de manière plus active dans l'évolution du Moyen-Orient et de l'Asie Centrale, veut présenter un pays modèle au monde musulman: la Turquie.

Le 3 octobre 2004, certains points ont été soulignés dans le cadre du rapport relatif au commencement des négociations de l'UE avec la Turquie. Lors de la détermination des raisons du commencement des négociations relatives à l'intégration de la Turquie, l'accent a été particulièrement mis sur le Moyen-Orient et le Caucase et sur le fait qu'une UE plus effective dans la région serait assurée grâce à l'intégration de la Turquie à l'Union.

« L'intégration de la Turquie sera différente des élargissements précédents par l'effet commun de sa grande population, de sa position géographique, et de son potentiel économique, sécuritaire et militaire. Ces facteurs offrent à la Turquie la capacité de contribuer à la stabilité régionale et internationale. La probabilité de son intégration doit servir de moteur au développement de relations entre la Turquie et ses voisins, tout en conformité avec les principes fondateurs de l'UE.

Les perspectives relatives aux politiques européennes en direction de ces régions s'agrandiront également en rapport avec les liens politiques et économiques existants entre la Turquie et ses voisins. Et ceci dépendra naturellement de l'UE et de sa façon d'accomplir sa mission consistant à devenir à terme moyen un puissant acteur de la politique extérieure dans des régions caractérisées traditionnellement par l'instabilité et les tensions… »[126]

Un des points importants des négociations actuelles relatives au processus d'intégration de la Turquie, souligne que pour que l'UE

---

[125] Internet haber.com, 06 septembre 2004.
[126] www.antimai.com

devienne une force effective dans les relations internationales et puisse élargir ses espaces d'influence, il faut que la Turquie se fasse accepter par le monde islamique en tant que «pays à la fois musulman et démocratique».

Un article concernant le commencement des négociations et publié le 3 octobre 2005, dans la revue anglaise *Economist*, insiste sur l'importance stratégique de l'intégration de la Turquie et en indiquant :

« Depuis le 11 septembre, l'intégration de la Turquie au club européen, ne signifie plus uniquement aider la modernisation d'un pays vaste et titulaire d'une importance stratégique. Celle-ci sera pour l'UE et pour la totalité de l'Occident une d'épreuve de nature à encourager l'islam contemporain démocratique ou non... La Turquie peut ne pas être un modèle de démocratie pour l'ensemble du Moyen-Orient, les Arabes peuvent ne pas la considérer ainsi. Mais le refus de la Turquie serait tout de même considéré par plusieurs pays arabes comme une grande hypocrisie et un racisme de la part de l'Occident. Le refus de la Turquie ralentirait également les autres facteurs de l'élargissement. L'Europe pourrait alors être confrontée à un chaos à sa frontière du sud-est. »[127]

Ce constat souligne ainsi l'importance de la Turquie par rapport aux intérêts politiques de l'Europe, mais indique également aussi le rôle attribué à cet État dans la région du Moyen-Orient.

Bernard Bot, l'ancien Président par intérim de l'UE et le ministre des Affaires extérieures des Pays-Bas, avait indiqué lors d'un entretien qu'il avait accordé au quotidien *The Washington Times* : « avec l'intégration de la Turquie, l'Union européenne sera voisine de la Syrie, de l'Irak, de l'Arménie et du Caucase, l'Europe et le Moyen-Orient se rapprocheront. Elle aura une opportunité historique de construire des ponts politiques, économiques et culturels, la capacité politique et militaire de l'UE sera également renforcée pour la lutte contre le terrorisme, et en vue d'assurer la paix et la stabilité internationales. » Bot, dans la suite de son article précise que :

« Les États-Unis ont le droit de demander le soutien de l'UE en ce qui concerne les problèmes de sécurité globale. Avec l'aide de l'armée puissante de la Turquie, l'UE pourra également les dépasser. Le rôle

---

[127]Cité par *Milliyet*, 16 septembre 2005.

important de la Turquie dans les opérations de l'OTAN en Afghanistan est la preuve de ce potentiel ».[128]

Les données qui nous sont fournies par le biais de ces hommes politiques montrent que l'UE a besoin de la Turquie. En particulier, concernant le sujet qui nous intéresse ici, la Turquie intégrée à l'Europe constituerait un modèle pour le monde musulman. Avec le modèle politique qu'elle donnerait, l'UE serait une force politique dans l'ensemble de la région et contrerait la progression de l'islam radical ainsi que des attaques. Autrement dit, la Turquie, en servant de pont entre l'Occident et le monde musulman détournerait de l'Occident la violence d'origine islamique. En outre, il est également envisagé d'utiliser activement l'armée turque dans certaines opérations contre les mouvements islamistes radicaux.

On ne peut pas encore évaluer le niveau de réussite de ces thèses politiques. Mais il y a un autre point réel. Le mouvement islamiste politique de la Turquie qui a une population de 72 millions d'habitants est très puissant par son fond économique politique et social. En même temps il s'agit de la présence des conditions objectives du mouvement islamiste radical.

Le souhait des forces politiques islamistes d'une infrastructure puissante en vue de la participation au processus de l'UE est directement lié à leur stratégie politique. À partir de ce dernier, la possibilité de créer un effet inverse sur les politiques créées en rapport avec l'intégration de la Turquie à l'UE est très élevée. Les mouvements politiques actuels dans le monde musulman et notamment dans les pays du Moyen-Orient deviendront le principal souci, voire une menace pour les pays de l'Union européenne.

Le nom de ce modèle structurel que l'on tente d'adapter aux structures sociales et économiques de la Turquie qui a été choisie comme pays modèle, et que l'on essaiera à long terme, est « la politique d'islam modéré ». Ce sont l'État politique interne et les relations internationales et notamment entre le Moyen-Orient et la Turquie qui détermineront dans quelle mesure cette politique est compatible avec les structures économiques et la réalité politique de la Turquie, et quelles sont ses chances de réussite.

---

[128]*Yeni Şafak*, 27 décembre 2004.

3- LE RÔLE DES ÉTATS MUSULMANS DU MOYEN-ORIENT DANS LE PROGRÈS DE L'ISLAM POLITIQUE EN TURQUIE

La religion musulmane est située à l'arrière-plan des liens historiques entre les pays du Moyen-Orient et le monde arabe, ainsi que la Turquie. La plus grande partie des territoires de ces pays musulmans avait été occupée par l'Empire ottoman. Comme les sultans ottomans portaient le titre de calife de l'islam, toutes les décisions prises par eux au nom de l'islam étaient réputées obligatoires pour le monde musulman.

La gestion d'un des empires les plus puissants au monde selon les règles musulmanes dans le contexte historique de l'époque était l'un des facteurs les plus influents du monde musulman. Mais la qualité de calife des empereurs ottomans qui aurait dû en fait être attribuée traditionnellement aux Arabes, entretenait la formation d'une réaction discrète contre les Turcs dans le monde musulman. Dans le monde arabe, régnait continuellement une méfiance sérieuse vis-à-vis des empires turcs. Ces méfiances et ces réactions ont caractérisé chaque époque.

La dislocation de l'Empire ottoman a entraîné la fondation de plusieurs « nouveaux » États dans le monde musulman. Celle-ci a entraîné la formation de pays comme l'Égypte, l'Algérie, la Libye, la Syrie qui étaient auparavant sous contrôle ottoman. Le résultat de ce processus historique a été la fondation d'un nouvel État turc à Ankara, suite à la lutte contre l'occupation qui avait débuté en Anatolie.

Après la Première Guerre mondiale, des États artificiels comme le Koweït, les Émirats Arabes Unis ou encore le Bahreïn ont été fondés sous le contrôle de la Grande-Bretagne. Ces États artificiels gouvernés par les traditions islamiques et par la Charia, se sont par la suite chargés de missions essentielles à la sauvegarde des intérêts économiques et politiques des États-Unis lorsque ceux-ci ont supplanté la Grande-Bretagne dans cette région du Moyen-Orient. Pendant la guerre froide, ces États artificiels, ont été les produits de la politique de « ceinture verte » : il ont soutenu économiquement et politiquement tous les mouvements islamistes du monde en entier contre le socialisme.

L'un des objectifs principaux de ces États avait été « l'islamisation » intégrale de la Turquie. Des pays comme l'Arabie Saoudite, le Koweït, l'Iran, la Libye et même le Soudan ont soutenu et continuent à soutenir économiquement et politiquement à grande échelle les pouvoirs islamiques politiques en Turquie.

Rabıta dont le vrai nom est « *L'Union Mondiale de l'islam* "(Rabıtatul Alem-ul İslami) et qui a été fondé à La Mecque en Arabie Saoudite le 18 mai 1962, indique ses objectifs de la façon suivante :

« Des séparations ont commencé parmi les 1,2 milliards de musulmans vivant aux quatre coins du monde et des graines de discordes ont été semées dans leurs cœurs. Il n'existe aucune organisation pouvant lier les musulmans entre eux. Réaliser l'union islamique, lutter contre tout complot ou intrigue dirigée contre les musulmans, lutter notamment contre toute idée hérétique, et contre le développement des tendances idéologiques athées. »[129]

L'objectif principal de l'organisation Rabıta était de construire une barrière idéologique et organisationnelle contre le mouvement socialiste qui avait tendance à se développer dans le monde en général et au Moyen-Orient et dans le Monde arabe en particulier, pendant la période 1960-1980. Ce n'est un hasard si cette tendance politique démontrait une totale comptabilité avec la stratégie menée par les États-Unis dans la région. Bien que la relation entre les forces islamistes de Turquie et les gouvernements de ces pays musulmans existent depuis de longues années, le coup d'État du 12 septembre 1980, a entraîné une grande extension de ces liens. Les généraux qui ont admis la politique de synthèse turco-islamique ont développé des relations spéciales, notamment avec les établissements originaires d'Arabie Saoudite, en particulier avec RABITA.

RABITA, qui sert d'avant garde à l'activité d'islamisation du monde, en organisant de larges activités dans le domaine et ayant des relations directes ou indirectes avec les organisations islamiques dans plusieurs pays du monde, est en même temps membre de l'UNESCO qui est un des établissements principaux des Nations Unies, ainsi que du Fond des Enfants du Monde. Rabıta se définit dans sa déclaration de constitution de la façon suivante :

« C'est un établissement civil indépendant des États. Il travaille pour élever l'idée islamique et faire disparaître les idées anti-islamiques. Il lutte contre les idées anti-islamiques situées dans l'islam. Il travaille pour l'extension de la religion musulmane par le biais de la communication et de l'illumination. Pour ce faire, il invite toutes les institutions et les États islamistes à coopérer avec lui. »[130]

Comme on le comprend déjà à partir de cette déclaration, le but politique de RABITA est de répandre l'islam, de lutter contre les idées

---

[129] Cité par BULUT Faik, *İslamcı Örgütler -1,* Istanbul, Ed. Doruk, 1997, p. 220.
[130] *Ibid.*, p. 221.

qui y sont opposées et d'unir les forces islamiques dans le monde. Pour cela, comme il se voit supérieur aux gouvernements, il peut faire pression sur l'État dans plusieurs pays. Son objectif stratégique est d'assurer l'islamisation du monde. Il l'explique ainsi :

« Faire des efforts pour que le gouvernement des pays musulmans soit effectué en suivant les règles islamistes, former des *missionnaires de l'islam* parmi les hadjis provenant de diverses régions, avant de les renvoyer dans leur propre pays. Apporter du soutien matériel pour la mise en œuvre des organes de publication islamiste. »[131]

Car la Turquie était l'un des pays prioritaires pour la mise en application de la stratégie d'islamisation. Rabita qui organisait les activités islamiques dans le monde entier, comptait en 1976, deux Turcs dans son Conseil d'Administration. L'un d'eux était Ahmet Gürkan, ex-député du Parti Démocrate (DP) et à l'époque député du Parti de la Justice (AP), et l'autre État Salih Özcan, député de la ville d'Urfa du Parti du Salut National (MSP) et Vice - Président du Conseil de Finance Faysal. Hasan Aksay, député de MSP et ministre d'État du 1er Gouvernement de Front National avait participé en tant que représentant de la Turquie au « Congrès Mondial de la Charia » réuni au Pakistan en mars 1976. Lors du congrès une décision avait été prise en vue de « la fondation d'un État et d'un régime islamique »[132]

En 1980, deux Turcs sont réélus au Conseil d'Administration de Rabita. L'un d'eux, Tunagör, est l'ancien président des Affaires Religieuses et l'autre, Mehmet Şevki Eygidir, est écrivain au quotidien *National* et est connu pour avoir été le provocateur et le dirigeant de la manifestation dite du *«Dimanche Sanglant»* Par ailleurs, pendant cette période politique dans laquelle se trouvait la Turquie, plusieurs « associations de lutte contre le communisme, de connaissance et des associations d'échange et d'entraide pour les hommes de foi »[133] ont été crées, par l'intervention commune de Rabita et de CIA. Lors de la création de ces organismes, des tâches très spéciales ont été confiées à Korkut Özal, à Sami Tuğ et à Fethullah Gülen.

Kenan Evren, le leader du coup d'État militaire du 12 septembre 1980, a autorisé Rabita à gérer les salaires des imams des mosquées ce qui fait que les activités politiques de Rabita en Turquie se sont transformées en missions soutenues par l'État.

---

[131] YALÇIN Soner, *Hangi Erbakan?*, Istanbul, Ed. Basak. 1997, p. 277.
[132] YALÇIN, op. cit., p. 277-178.
[133] *Ibid.*, p. 281-282.

L'un des vice-présidents de la Banque de Développement Islamique qui est sous contrôle de Rabıta, est généralement un Turc. Parmi ces vice-présidents, on trouve le frère du 9ème Président de la Turquie, Korkut Özal, ou encore Hüseyin Ates. Dans la totalité des activités islamiques en Turquie, il y a l'empreinte de Rabita. Il est possible de retrouver Rabıta partout où il y a une organisation islamique ou un effort anticommuniste. Rabıta a confiance en elle-même au point d'intervenir dans les affaires intérieures de Turquie.

C'est Rabıta qui, après avoir obtenu le feu vert de la part des généraux du 12 septembre, avait fait construire les mosquées de la Grande Assemblée nationale de la Turquie (TBMM), de l'Université Technique du Moyen-Orient (ODTÜ) ainsi que celles de Kocatepe et du Centre Culturel Islamique. C'est également Rabıta qui invite certains préfets, directeurs de police et sous-préfet à visiter La Mecque qui et les forme en tant que missionnaires islamiques conformément à ce que prévoient ses statuts.

C'est aussi sur la recommandation de Bülent Ulusu, le Premier ministre de la junte militaire de 1980, et amiral en chef retraité, une équipe composée du Dr Nevzat Yalçıntaş et de 60 personnes a été envoyée en Arabie Saoudite afin de recevoir une formation en banques islamiques dirigées par Rabıta.

De la même manière, le coup d'État militaire de 1980, a accepté la proposition des Saoudiens de répandre l'islam par le biais de Rabita en échange de l'envoi de pétrole de la part de l'Arabie Saoudite. Cette condition avait été officialisée par la suite de l'entente conclue à Riad avec İlter Türkmen, le ministre des Affaires extérieures.

« En contrepartie de l'offre de l'Arabie Saoudite de satisfaire les besoins en pétrole de la Turquie à des prix très bas, la Turquie assurerait la possibilité aux activités destinées à répandre la religion islamique sur son sol. En plus la Turquie aurait soutenu les progrès islamiques et permettrait ce qu'ils s'institutionnalisent » [134]

Pendant ce processus qui a débuté le 12 septembre 1980 et qui a atteint un niveau supérieur à l'époque du parti ANAP, le mouvement islamiste en Turquie a été soutenu plus activement par le Koweït et également par la Libye. Rabita a été notamment très actif par le moyen des établissements financiers officiels en Turquie. En particulier, les pétrodollars envoyés en Turquie par ces pays ont eu un effet

---

[134] Transmis par YALÇIN Nilüfer, *Milliyet*.

considérable sur la monopolisation d'une partie des sociétés islamiques qui s'accélère rapidement ces derniers temps.

L'effet de Rabıta sur la Turquie en 1987 peut être illustré de la façon suivante :

« Le gouvernement turc a été obligé de vivre avec les sentiments religieux et d'en satisfaire les exigences. Mais ces pas restent prudents et hésitants. Ce que nous, les Arabes devons faire est d'établir des relations privilégiées en consolidant l'orientation de la Turquie vers la charia. Les politiques arabes à confier à la politique officielle turque, sont suffisantes pour faire tomber les obstacles qui se dressent sur le chemin du retour officiel à la charia dans ce pays. Pour la réalisation de ce retour attendu avec espoir il faut développer des relations politiques, culturelles et économiques entre les pays arabes et la Turquie. Car tous ceux-ci sont à inscrire dans la cause de la charia.»[135]

L'un des facteurs les plus importants du succès de la mise en œuvre de cette stratégie de Rabıta en Turquie est l'armée elle-même qui prétend aujourd'hui lutter contre la réaction.

L'Arabie Saoudite fournit de l'aide de manière plus officielle aux partis islamistes (Parti de la Prospérité (RP) -le Parti de la Vertu (FP)- le parti du Bonheur (SP) et le parti de la justice et du développement (AKP) en comptant sur leur développement. Mieux, elle n'accorde à la Turquie aucun quota supplémentaire pour le pèlerinage à La Mecque, mais elle prévoit un effectif de 5 000 personnes pour le RP et le FP, actuellement pour le SP et l'AKP. Il est utile ici de rappeler que toutes les activités d'origine saoudienne menées en vue de soutenir l'islam politique, se situent sur un axe des États-Unis.

L'Iran agit sur une ligne encore plus radicale. Il soutient d'une part le pouvoir du RP et avait publiquement déclaré qu'il était du côté du RP à l'occasion de l'affaire de Merve Kavakçı en 1999. D'autre part, il apporte toutes sortes de soutiens aux organisations islamistes radicales, de l'instruction militaire et des moyens matériels. Il organise ainsi un double travail. Bien qu'il ne le reconnaisse pas officiellement, le RP ne le nie pas non plus. Par ailleurs, il a déjà été constaté que la plupart des militants du Hizbullah sont formés en Iran.

En tenant compte de la structure politique et religieuse de la géographie du Moyen-Orient, on constate qu'il s'agit toujours d'une base

---

[135] Le Revue *2000 Doğru*, le 15 jénvier 1997.

pour le progrès de l'islam politique en Turquie. Les pays de la région, y compris l'Iran ont des frontières géopolitiques les plus importantes et un pouvoir militaire déterminé. Au lieu de se confronter directement avec la Turquie, ils soutiennent l'islam politique par différents moyens. L'importance de ce soutien est déterminée par les relations politiques internationales. Selon la stratégie régionale suivie dans les conditions historiques actuelles, la protection des équilibres politiques internes est très appréciée.

4- LE RÔLE DES ÉMIGRÉS DE TURQUIE DANS LE PROGRÈS DE L'ISLAM POLITIQUE

Les liens économiques, politiques et historiques entre les pays musulmans et l'Occident existent depuis des siècles. La question de la relation de l'Occident avec l'islam n'est pas un problème dont l'actualité remonte uniquement aux dernières 40-50 années, de même ils s'influencent mutuellement tant d'un point de vue social que culturel, et ce malgré la présence des différences religieuse. Plus encore, les guerres retenues dans l'Histoire comme les « guerres de religions » ont éclaté dans des contextes de luttes de souveraineté entre l'Occident et l'Orient. Des faits historiques comme les guerres menées au nom de l'islam, l'occupation de l'Espagne par des armées islamiques, la volonté d'occuper des terres jusqu'en l'Anatolie et jusqu'à Jérusalem lors de la première et de la deuxième croisade, l'arrivée de l'Empire ottoman gouvernée par la Charia jusqu'à Viennes, la politique d'islamisation des Balkans, la réoccupation de l'Anatolie lors de la Première Guerre mondiale prouvent l'existence d'une relation ininterrompue entre le monde islamique et l'occident.

Mais en ce qui concerne notre sujet, nous insisterons sur l'immigration turque en Europe comprenant les dernières 50 années que nous exprimons en tant que notre histoire proche et sur la relation de celle-ci avec l'islam politique. L'Occident qui s'est redressé très difficilement de la Deuxième Guerre mondiale, a eu de gros besoins main d'œuvre en raison des conditions sociales. La Turquie, qui est un pays comptant une population jeune, a paru répondre à cette demande. Depuis 1955, l'émigration de Turquie vers les différents pays d'Europe continue toujours. Les immigrés d'origine turque installés dans de nombreux pays de l'Europe forment désormais une catégorie sociale. Les immigrés qui pensaient initialement revenir, se trouvent actuellement non seulement installés dans les pays où ils vivent mais ont également commencé à exercer une influence les conditions économiques, politiques et sociales de ces pays.[136]

Le « facteur religieux » avait été porté consciemment au premier plan en tant que catégorie sociale reliant les immigrés entre eux. La religion musulmane n'est donc plus seulement un facteur influant sur la vie sociale de l'Europe, mais est à également l'un des principaux problèmes de la politique interne de chaque pays. Par l'accès très élargi des immigrés aux activités des organisations islamistes, la dimension de ce problème est devenue de plus en plus importante. Notamment en Allemagne, parmi les immigrés d'origine turque et kurde, au résultat des actions d'islamisation amorcées à partir des années 1960 et dont la progression s'est accélérée à partir des années 1980". Aujourd'hui l'islam radical est considéré comme une menace sérieuse dans les pays de l'Union européenne. Mais l'effet important des politiques périodiques menées par les États concernés qui avait servi de base à ce progrès est tu d'une manière extrêmement consciente.

À partir de notre sujet, il faut analyser le soutien explicite de l'État turc aux activités d'islamisation parmi les immigrés, et celui de l'Allemagne pour permettre cette activité. En matière des activités d'islamisation, certains facteurs politiques internes des deux pays ainsi que certains facteurs internationaux ont eu des effets considérables. En raison de la séparation en deux de l'Allemagne entre l'Allemagne Fédérale et l'Allemagne Démocratique après la Deuxième Guerre mondiale et de sa position juste à la frontière de l'Union soviétique, la politique menée pour assurer l'effet sur les immigrants de la stratégie de "ceinture verte" développée par les États-Unis contre les Soviétiques avait une influence très considérable.

L'État turc qui se dit laïque, a toujours joué le rôle principal dans l'activité d'islamisation menée en direction des immigrés. Par exemple, entre les années 1968 et 1974, Osman Erkan, employé en tant que le fonctionnaire de religion dans les Ambassades Travail de la République de Turquie dans les villes d'Essen et de Cologne avait indiqué dans ses mémoires que l'une des activités pour l'extension de la religion d'islam en Allemagne était la fondation d'associations islamiques dans les grandes villes.

« Ces associations exercent des activités dans les villes de Berlin, Munich, Aachen, etc. Elles mènent leurs activités doucement malgré l'insuffisance économique. Les fonctionnaires de religion officielles dans

---

[136] PEKÖZ, op. cit., p.103.

les ambassades turques du travail rendent visite aux ouvriers turcs à leurs logements et dans les mosquées et leur donnent des conseils en matière de religion. Ils rendent visite à ceux qui se trouvent en prison ou à l'hôpital. Ces fonctionnaires de religion officielles sont dans les ambassades de travail des villes allemandes de Bonn, Berlin, Essen, Cologne, Francfort, Munich, Hanovre, Hambourg, Stuttgart et Nuremberg. En outre, il existe un fonctionnaire de religion en Belgique, en France, aux Pays-Bas, en Suisse, au Danemark et en Autriche. »[137]

Je souligne brièvement que l'État turc mène notamment par le moyen de la Présidence des Affaires religieuses des activités très larges en direction des immigrés.

L'organisation du mouvement islamiste en Europe a un passé aussi ancien que l'immigration vers l'Allemagne. Bien que les activités islamiques en Europe aient différents facteurs, leur point commun est une organisation des immigrés faite en fonction des principes islamiques et de la Charia. L'État turc, en parlant d'un côté du danger de la Charia, continue à fourni le soutien nécessaire à l'organisation des immigrés en Europe au sein des ordres religieux. La tâche principale de la Présidence des Travaux avec la société fondée à l'intérieur Secrétariat de la Sécurité Nationale est d'orienter les immigrés en fonction des besoins de l'État turc. Et ce qui est à faire tout d'abord est l'utilisation des « valeurs religieuses ». Lien entre de la Présidence des Travaux et la Société à l'étranger – notamment en Europe- avec les institutions islamistes est une part intégrante de la politique menée.

Les données suivantes permettent de mesurer concrètement l'organisation des mouvements islamistes parmi les immigrations turques.

« L'Union de l'islam turque » dépendant des Affaires Religieuses dont le siège est situé à Cologne dispose de 800 mosquées, et compte cent mille membres et un demi-million de sympathisants.

L'AMGT possède 487 mosquées, 313 salles de prière et de cours coraniques, et compte trente milles de membres, ainsi que quatre-vingt mille sympathisants. Le Centre de Culture Islamique possède 308 mosquées, et compte soixante mille membres et trente mille sympathisants. L'Union Turco-Islamique présidée par M. Serdar Çelebi dispose de 125 mosquées, et comporte deux mille cinq cents membres et

---

[137] Cité par ÇETİNKAYA, op. cit., p. 19.

quatre mille sympathisants. Les Nakşibendi possèdent 55 couvents, et comptent 800 membres et 1200 sympathisants.

L'Union des Communautés Islamiques possède 20 mosquées, et compte 500 membres ainsi que 600 sympathisants. L'Union des Communautés Musulmanes, enfin, possède 40 mosquées et compte 1000 membres. Rien que dans la ville de Duisbourg, le nombre des mosquées en fonction des établissements auxquelles elles sont rattachées, est le suivant: DİTİB: 14, İKM:8, AMGT:2, Cemattin-un-Nur: 2, Nakşibendi: 2, TİB: 1 et Indépendant: 1.. »[138]

Par ailleurs en Allemagne, il y a 24 centres culturels islamiques, organisation d'opinion nationale en Allemagne, la maison d'édition İttihat de Berlin de l'Ouest, 2 centres culturels islamiques en France, 8 fondations de culture et d'entraide turques en Autriche, organisation vision nationale, centre de culture islamique au Danemark, 8 centres culturels islamiques en Suisse, centre de culture islamique en Suède, 2 centres culturels islamiques en Belgique, organisation d'opinion nationale- 14 fondations d'islam et centre de culture islamique aux Pays-Bas.[139]

Le nombre de mosquées dépassant deux mille se trouvent transformées en centre des activités politiques et organisationnelles du mouvement islamiste. Les mosquées sont destinées à être toujours auprès des immigrés turcs et kurdes, pour établir avec eux des relations quotidiennes, pour partager leurs problèmes, pour transmettre leurs opinions islamistes. La masse immigrée en relation avec les établissements islamiques constitue la fraction la plus conservatrice en matière de croyances religieuses. Elle a un mode de vie très différent de l'autre groupe d'immigrés notamment en ce qui concerne les femmes et les relations familiales. Le facteur qui a le plus grand effet en la matière est le mode vie familial, social, culturel et traditionnel formé sous l'effet des croyances religieuses.

Les établissements islamistes ayant une propre fonctionnalité spécialisée dans plusieurs pays fournissent le plus grand soutien aux organisations islamistes en Turquie. Dans le pays et dans les relations internationales, ils ont conditionné la possibilité de procéder à la plus large propagande idéologique et politique pour la Charia. Les forces islamistes organisées notamment en Allemagne, des centres de Cologne,

---

[138] GÜR Metin, *Şeriat ve Refah,* Istanbul, Ed. Çağdaş, 1997, p. 17, BULUT, *İslamcı Örgütler-2*, Istanbul, Ed. Doruk, , 1997, p. 450-459.
[139] *Milliyet,* 7 janvier 1997.

Berlin et Munich, ont la possibilité d'atteindre la masse immigrée par le biais des émissions des chaînes locales de télévision qu'elles ont fondées. Cette population a créé un grand réseau avec les revues islamistes hebdomadaires ou mensuelles, ainsi, que les livres publiés. Ansi, les chaînes Kanal 7, Samanyolu TV, TGRT, Mesaj TV, etc. qui sont émises depuis la Turquie sont les plus regardées à l'étranger.

La ressource financière des établissements islamiques transformés en sociétés géantes telles que Kombassan, JETPA –YİMPAŞ est à l'étranger. Par exemple, le montant de l'argent collecté parmi les immigrés par JET-PA est de presque 135 millions d'euros. De même, l'argent collecté par Kombassan est supérieur à 100 millions d'euros. La grande majorité des 30 000 partenaires de Kombassan et des 20 000 partenaires de Yimpaş sont les émigrés vivant à l'étranger.[140]

Une autre particularité des groupes islamistes est l'exploitation économique des émigrés à l'étranger. Les sociétés d'origine islamique, se sont servies des valeurs islamiques, particulièrement par le biais des ordres religieux, pour réaliser des accumulations considérables grâce aux fonds collectés sans aucune base légale, parmi les immigrés. Ce n'est pas un hasard si les établissements financiers fondés par les groupes de capital islamique ouvrent des filiales partout en Europe. Une grande partie des sommes non enregistrées transmises à la Turquie est réalisée par le moyen de ces sociétés islamistes. Les mosquées, associations et fondations construites sous forme de réseau en Europe par le mouvement islamiste sont le soutien économique et politique le plus considérable au mouvement islamiste en Turquie.

Afin de mieux mesurer l'importance de l'organisation des groupes islamiques politiques originaires de Turquie dans les milieux immigrés, nous avons besoin d'une étude plus concrète encore. L'étude du cas de l'Organisation de Vision Nationale est d'une grande importance en ce qui concerne le sujet abordé ici.

5- L'ORGANISATION VISION NATIONALE EUROPÉENNE (AMGT)

Le concept de Vision Nationale crée en 1967, constitue la dynamique de base de la lutte en Turquie du mouvement islamiste. AMGT est un mouvement politique créé à l'initiative d'Erbakan qui est considéré comme le leader naturel du mouvement islamiste les

---

[140] BULUT, *Yeşil Sermaye Nereye ?*, Istanbul, Ed.Su, 1999, p. 242-246.

associations Vision Nationale sont destinées à diffuser les opinions idéologiques politiques du Parti du Salut Nationale (MSP) parmi les ouvriers immigrés de Turquie en Allemagne. Le Centre de l'Organisation de Vision Nationale qui a le pouvoir le plus étendu et qui est le mieux organisé en Europe, qui représente la tradition des partis de MSP et de SP et est aujourd'hui en relation avec l'AKP, et qui constitue les bases idéologiques politiques du mouvement islamiste en Turquie, est situé dans la ville allemande de Cologne.

L'AMGT a près de 400 sections. Le nombre des membres en Europe qui était de 3000 en 1981, s'élevait à 60 000 en 1996. On estime qu'elle a 31 000 membres actifs et 230 000 sympathisants. En même temps AMGT possède 487 mosquées, 313 salles de prière et de cours coraniques. Ces mosquées, ces associations et ces fondations comptent 25 000 membres et ont des groupes dans 220 villages. Ils donnent une instruction sur la Charia à 70 000 enfants par des cours coraniques, principalement en Allemagne. L'AMGT organise des travaux notamment dans la jeunesse immigrée.[141] L'Organisation de Vision Nationale qui supervise les diverses organisations qui sont structurées sous forme de fédérations et de confédérations, a la capacité d'assurer la participation de 50 000 personnes aux activités organisées au niveau central. Malgré l'effet important d'Erbakan et de son équipe sur l'Organisation de Vision Nationale, les effets de la scission du mouvement islamiste entre l'AKP et SP ont été ressentis dans l'AMGT. Mais ce qui est important pour nous de voir ici, c'est avant tout la stratégie idéologique et politique de cette organisation.

Les obligations des idéologues de Vision Nationale sont indiquées dans la partie intitulée « les prêcheurs, les membres, les gestionnaires et les propriétés liées »:

« 9- Chaque individu membre de Vision Nationale doit s'engager dans la guerre religieuse (djihad) sur le chemin de Dieu. Pour que le djihad se réalise avec le bien et l'existence, le membre doit tout d'abord avoir son attention tout à Dieu et se conditionner de manière à être prêt à tout moment pour le djihad.

10- Tout combattant appartenant à l'Organisation de Vision Nationale doit savoir que le niveau inférieur à la guerre religieuse est de s'orienter avec son cœur vers des principes anti-islamiques et le niveau supérieur est de renoncer à ses biens et à son existence sur le chemin de Dieu.

---

[141] Cité par PEKÖZ, op. cit., p. 199-200.

11-Tout combattant de l'Organisation de Vision Nationale doit se préparer à se sacrifier sur le chemin de Dieu. Car la cause réclame ses choses les plus précieuses.

12- Chaque membre de l'Organisation Vision Nationale doit être conscient que sa position et sa tâche au sein de la cause sont une faction de garde qui lui est confiée. Donc, il ne doit jamais abandonner sa tâche et ne jamais rien négliger.

[...]

21- Il ne faut pas confondre les objectifs avec les moyens ; les intérêts de la communauté doivent être vus comme les mesures de travail. La communauté est un moyen servant l'objectif de l'islamisation de la société. Lorsque l'intérêt de la communauté est prioritaire, celle-ci commence à s'occuper d'elle-même et non pas de la société.

Ces opinions consistent à appliquer ces orientations politiques et pratiques sous n'importe quelles conditions. En particulier, les activités politiques en direction de la Turquie, sont pratiquées principalement dans cette perspective.

L'AMGT procède à des constats importants en déterminant des objectifs tels que « la création des cadres d'avant-garde, devenir organisation de masse, parti et État ». Elle classe ces tendances politiques par ordre croissant en les énumérant étape par étape. D'abord les cadres destinés à mener le processus de « vision nationale », puis devenir une organisation de masse, puis parti et enfin l'appel à la guerre c'est-à-dire devenir un État en prenant le pouvoir. Dans une circulaire publiée par la Présidence de l'Éducation d'AMGT, les objectifs sont clairement énoncés. La partie intitulée *Diagnostic et Traitement des Maladies des Faits de l'Organisation*, définit la structure organisationnelle et indique les étapes de la transformation en État, de la façon suivante :

« Le dynamisme de l'organisation consiste à être une organisation animée et dynamique pour atteindre l'objectif... L'objectif de l'organisation. "a) Le but (la cause): Assurer la domination de Dieu b) L'homme: il est croyant, laborieux, savant, patient c) Le moyen: divers moyens sont rendus nécessaires par les conditions du terrain... Nous devons tout d'abord nous connaître nous-mêmes, notre cause, la supériorité de la cause ; nous travaillerons de tous nos efforts et nous connaîtrons les procédures et les méthodes à mettre en œuvre pour le triomphe de la cause.

L'étape de transformation en parti, en masse : les cadres du noyau sont invités aux divers centres tels que les fondations, les associations et les ordres religieux et ainsi formés commencent à se transformer en masse en constituant des partis afin de se servir des moyens d'État et de gouvernement et de former une base plus large au moment et dans le milieu qui conviennent. L'ordre de faire le bien et l'interdiction de faire le mal, sont donnés sous l'autorité de l'État et du gouvernement. Alors les citoyens du pays rivalisent entre eux pour rendre service. Ce que nous exprimons n'est pas des aspirations en vain pour ceux qui respectent et obéissent aux préceptes du Coran et la promesse de Dieu.

La période de guerre religieuse et de transformation en État : les militaires bien formés par la connaissance de conscience et de sacrifice, et qui ont connu l'ordre et la discipline de l'organisation sont orientés vers le front pour l'extension, la conception et la réussite de l'objectif. Les combattants situés dans les différentes unités et divisions de l'armée morale et de l'armée politique telle que les partis, les fondations, les syndicats, les associations, les journaux procèdent à des activités intenses et infatigables pour sauver notre Homme des systèmes primitifs et des personnes méchantes.

Un musulman, est celui qui se sacrifie aux ordres de Dieu. Les autres sont ceux qui écoutent leurs propres désirs. Les ordres de Dieu se trouvent dans le Coran. Parmi ces ordres il y a un ordre dit *l'ordre de djihad*. Cet ordre ne peut pas se réaliser tout seul. Il se réalise avec la communauté des croyants (Oumma). Toute personne est obligée de participer à cette Oumma. Nul ne peut dire « je peux servir sans participer à l'Oumma » ou « nous donnerons de meilleur service dans un nouveau groupe en dehors de l'Oumma. Il est obligé de rendre le meilleur service qu'il soit à l'intérieur de la communauté des croyants ».[142]

Ces approches idéologiques et ces perspectives politiques mettent en évidence les tendances stratégiques de l'islam politique en Turquie. Comme la structure politique et sociale actuelle de la Turquie ne permet pas l'islamisation du régime sur la base d'un gouvernement de Charia, les partis d'obédience islamique exerçant une activité légale, préfèrent transmettre leur vision politique par le biais de l'institution organisée à l'étranger sous le nom de Vision Nationale. Les organisations islamistes armées dépendent presque de la même stratégie d'organisation à savoir transformation en masse, en parti et plus en État. Malgré les petites différences entre eux, leur tendance stratégique est commune. Établir en

---

[142] *İbid.*, p. 226-227.

Turquie un régime basé sur la Charia est devenu l'objectif commun de tous les islamistes.

Nail Duran, l'ancien président de la Fédération de l'islam avait indiqué que Vision Nationale n'était pas une institution religieuse mais politique :

« L'espace politique de Vision Nationale est la Turquie. Elle n'est pas directement une institution religieuse. L'islam dans sa définition réelle est une religion politique. : il s'agit de l'ensemble des lois divines qui régissent les opinions et les actes des gens dans tous les domaines. Comme c'est la réalité, il n'est pas juste de dire que la religion est une chose et l'État une autre. »[143]

Ces phrases mettent en évidence les tendances stratégiques et politiques de Vision Nationale et montre que la lutte pour l'islam doit être considérée comme une action directement politique.

L'Organisation de Vision Nationale est organisée en Turquie et en Europe mais a également des relations internationales. L'ensemble des organisations avec lesquelles elle a des relations défend le régime de charia.

Par ces relations, il y a des organisations qui défendent la lutte armée islamiste mais aussi des mouvements qui défendent la politique de prise du pouvoir par le biais de l'évolution et des réformes. Car la perspective idéologique de la VN comprend le fait de se servir de la violence. Par exemple l'ordre de Khomeiny de tuer Salman Rushdi avait été explicitement soutenu par Ali Yüksel, l'ex-secrétaire général d'AMGT. Ali Yüksel avait ainsi déclaré sur Salman Rushdi :

« S'il y a de mauvaises paroles, il faut les condamner. Je pense qu'il doit être absolument condamné. Les croyances qui honorent les gens sont intouchables. Si on ne le condamne pas, on ne peut rien éviter. Personne ne peut blâmer le Prophète d'une religion d'un milliard de croyants dans le monde et sa famille. Ceux qui les blâment doivent être condamnés. »[144]

Ce point de vue est également celui de Vision Nationale. Le problème n'est pas traité religieusement mais dans cadre de la lutte

---

[143] Cité par GÜR, op. cit., p. 64-65.
[144] *Ibid.*, p. 34.

politique. Naturellement la résolution liée est traitée dans le cadre de la violence islamique.

Près de 30.000 personnes ont participé à la 6ème Assemblée Générale de l'AMGT qui s'est déroulée à Cologne le 26 mai 1990. Plusieurs dirigeants islamistes de Turquie tels que N. Erbakan et le Premier ministre actuel, Tayyip Erdoğan étaient présents. De plus, les organisations islamistes internationales présentes à l'Assemblée après y avoir été invitées, ont attiré l'attention.

« Par exemple, le Représentant en Europe de la Communauté de l'Appel à l'islam de Libye, l'Ambassadeur d'Arabie Saoudite à Bonn, Maslahatgüzarı Abdullah Galel, le Directeur Général de l'Institut de Tekafül d'Islam Mehmet Erdoğan Sergici, le représentant en Europe de Hizb i İslam d'Afghanistan Abdüssabır Ahtari, le Président du Comité Politique Hizb i İslam Karyab Abdullahkadir, le représentant en Autriche de Hizb i İslam Nakibullah Halak, le représentant au Canada de Hizb i İslam Muhammet Hasan Nuri et le Directeur Général des Fondations du Koweït, le Dr Nadir Nuri… »[145]

Vision Nationale, qui est considérée comme une composante importante du mouvement islamique a la grande prétention de représenter le leadership du monde islamique.[146] Les défenseurs de VN prévoient une lutte commune avec l'ensemble des mouvements islamistes pour créer une union islamique unique à l'image de l'Union Européenne, c'est-à-dire comme le précise Erbakan :

« 1-L'organisation des Nations Unies des Pays Musulmans, 2- L'Organisation de Coopération de Défense des Pays Musulmans » 3- « L'organisation et l'Union du Marché Commun des Pays Musulmans » 4- « Une monnaie commune aux pays musulmans » 5- « Organisation de coopération culturelle des pays musulmans »[147]

Cette stratégie politique exprimée en tant que «Vision Nationale » met directement en évidence la stratégie du mouvement islamique en Turquie. Les opinions politiques de l'Organisation de Vision Nationale Européenne devenue une organisation internationale en s'organisant en Europe ont un aspect international mais en même temps, essaient d'être effectives en intervenant dans le processus politique interne de la Turquie.

---

[145]ÇETİNKAYA, op. cit., p. 25.
[146]ZARCONE Thierr, *La Turquie moderne et l'islam,* Paris, Ed. Flammarion, 2004, p. 248.
[147]Cité par ÇAKIR « Milli Görüş Hareketi » *Modern Türkiye'de Siyasal Düşünce-İslamcılık, Volume:6,* Istanbul, Ed. İletişim. 2004, p. 564-569.

« L'objectif politique prioritaire de cette organisation internationale est d'islamiser l'Europe est l'islamisation de la Turquie ».

CINQUIÈME PARTIE :
LES PRINCIPAUX FACTEURS INTERNES DU PROGRÈS DE L'ISLAM POLITIQUE

Certains facteurs internes ont un effet significatif sur la progression des mouvements de l'islam politique. Nous savons particulièrement que les évolutions économiques et sociales exercent une influence sur les tendances politiques et sur les modes de vie. Particulièrement dans les régions pauvres de la Turquie, dans les quartiers de bidonville des métropoles, dans les villes où les ouvriers sont très nombreux, la supériorité des votes au mouvement islamiste n'est pas un hasard. Les conditions sociales qui se développent avec la situation économique et sociale des gens et qui orientent leurs choix politiques sont sérieusement manipulées par le mouvement islamiste.

Pour cette raison, afin de mieux comprendre la progression du mouvement islamiste, il est nécessaire étudier les conditions économiques et sociales de la société. En plus des conditions socio-économiques, il faut également étudier le soutien fourni par l'État, ainsi que les liens existant entre l'islam et l'État qui ont un besoin réciproque l'un de l'autre en fonction d'intérêts idéologiques et politiques et qui évoluent tous deux dans une interaction mutuelle.

1 - LES FACTEURS ÉCONOMIQUES ET SOCIAUX

Les conditions politiques, économiques et sociales des pays musulmans dont fait parti la Turquie ont un effet déterminant. Il y une relation directe entre le niveau de développement économique et le développement social de chaque pays. La structure économique qui est déterminante sur les relations de production, commence à avoir des effets sur la structure politique, culturelle, religieuse et ethnique d'une société donnée. Les changements économiques ont de l'influence sur les structures sociales et culturelles, ainsi que sur le mode de vie et le progrès de l'éducation. En outre, l'importance attribuée par un pays aux travaux scientifiques, ainsi que le niveau de la réflexion de leurs résultats sur le progrès social, sont également à considérer. Mais le problème en cause n'est pas uniquement le développement économique d'un pays, mais aussi la mise en œuvre de moyens économiques au service de la société et la suppression des inégalités entre les individus d'une société.

La réaction sociale causée par l'orientation des paradoxes économiques entre les différentes couches de la société, qui va vers une crise politique et par l'effet de celle-ci sur la vie sociale de la population influe sur la vie politique des masses. Lorsque les paradoxes économiques atteignent un niveau au point de bouleverser la structure sociale, ils accentuent les querelles politiques entraînant une crise politique interne du système. Il est donc important de connaitre à quel niveau se répartit le Produit National Brut dans les différentes composantes de la société. À qui et à quel niveau profite le PNB par habitant ? Quel est l'effet de l'inégalité ainsi créée dans la société sur sa transformation en explosion sociale ? La réponse à de ces questions est importante à partir des dimensions de la lutte sociale et politique d'un pays. Notamment, si nous l'abordons à partir du sujet traité ici, il faut analyser les niveaux de développement, le revenu national par habitant, la structure socioculturelle de la société, la part consacrée à l'éducation dans le budget de l'État, le développement dans le domaine de la santé, l'importance attribuée aux études et aux recherches scientifiques, dans le Moyen-Orient ainsi que dans les pays où la majorité de la population est musulmane. Car ces facteurs ont un effet considérable sur le développement du mouvement politique islamique.

Bernard Lewis, procède à l'analyse suivante de la structure économique et sociale actuelle des pays musulmans :

« Leurs performances comparées, telles qu'elles se reflètent dans ces statistiques, sont catastrophiques pour les pays musulmans. Dans le classement des économies selon le Produit intérieur brut (P.I.B.), le pays à majorité musulmane qui arrive en tête est la Turquie, avec 64 millions d'habitants ; il se situe à la vingt-troisième place, entre l'Autriche et le Danemark, qui comptent environ 5 millions d'habitants chacun.

Si l'on considère le nombre de livres vendus, le tableau est encore plus sombre. Dans la liste des vingt-sept premiers pays commençant par les États-Unis et se terminant par le Vietnam, on ne trouve aucun pays musulman. Pour le développement humain, le Brunei arrive à la trente-deuxième place, le Koweït à la trente-sixième, Bahreïn à la quarantième, le Qatar à la quarante et unième, les Émirats Arabes Unis à la quarante-quatrième, la Libye à la soixante-sixième, le Kazakhstan à la soixante-septième et l'Arabie saoudite à la soixante-huitième place, comme le Brésil. Un rapport sur le développement humain dans le monde arabe rédigé par un comité d'intellectuels arabes et publié en 2002 sous l'égide des Nations unies révèle, lui aussi, de graves disparités. «Le monde arabe traduit environ 330 livres par an, c'est-à-dire un cinquième du nombre de livres traduits par la Grèce. Le nombre total de livres traduits depuis l'époque du calife Maa'moun *(sic)* [IXème siècle] est d'environ 100000, soit presque le nombre moyen de livres traduits en espagnol chaque année... »[148]

Cette longue série de données de Lewis peut être analysée sous plusieurs aspects. Les exemples donnés d'une manière à comparer les pays musulmans avec l'Occident mettent en évidence le niveau de développement économique, culturel et social des pays d'origine musulmane. Mais ce que nous voulons indiquer principalement est la relation entre les niveaux de développement économique dans lequel se trouvent les pays musulmans, le niveau de répartition du revenu national sur la société, et les gouvernements politiques de ces pays ainsi que les raisons de l'efficacité de l'islam politique.

L'absence ou la faiblesse des mouvements de gauches et socialistes capables d'orienter les réactions entraînées par les mouvements sociaux dans ces pays dans un creuset convenable a pour résultat l'orientation de la réaction contre le système vers les organisations islamistes. Pour ces raisons le principal facteur ayant un effet est le contexte historique dans la géographie régionale.

En observant les données des vingt dernières années, nous constatons que les réactions contre les régimes classiques existants se dirigent vers le champ d'influence des mouvements islamistes. Si nous prenons en compte la réalité de tous les pays du Moyen-Orient, ainsi que l'Algérie, le Soudan et également l'Iran et la Turquie, le champ d'influence des mouvements islamistes, qui s'est développé sous l'effet de différents facteurs sociaux et politiques, se développe rapidement. Dans des régions restées économiquement sous-développées au niveau socio-économique, le sous-développement dans la relation de village-ville, dans des régions de bidonvilles sous l'effet de nouveaux problèmes économiques et sociaux, il s'agit d'un sérieux avancement vers les tendances islamiques en tant qu'alternative. Ingrmar Karsson évalue la situation de la façon suivante :

---

[148] LEWİS Bernard, *La Crise en Islam,* Paris, Ed. Gallimard, 2003, p. 131-13

« ... les réalités sociales et économiques qui ont entraîné les tendances radicales sont toujours valables. Ce sont l'exode massif vers les villes, la pauvreté qui augmente de jour en jour, les crises dans les systèmes d'identité et de valeurs » qui constituent une base objective du progrès de l'islam politique. »[149]

Ceci est également valable pour la structure générale de la Turquie. Nous analyserons sous plusieurs aspects les raisons politiques et sociales de la progression de l'islam politique en Turquie. Insistons tout d'abord sur les déséquilibres économiques entre les différentes couches de la société. Les résultats d'une enquête réalisée par l'Institut des Statistiques de l'État (ISE) sur la demande de l'État-major Général, relative sur les raisons de la progression de l'islam politique en Turquie sont frappants. Les rubriques relatives aux revenus et la répartition de RNB, ainsi que les données sur le chômage et l'éducation sont significatives ici.

Selon une enquête de l'ISE de février 2005, « 926 000 personnes manquent de nourriture, c'est à dire souffrent de la faim. Selon les critères internationaux, le revenu quotidien de 136 000 de personnes est inférieur à 1 dollar, celui de 2,82 millions de personnes est inférieur à 2,15 dollars, et celui de 20,721 millions de personnes est inférieur à 4,3 dollars. »[150]

D'après les calculs du syndicat Türk-İş si on se réfère aux critères internationaux en Turquie où « le seuil de malnutrition" mensuel par personne est estimé à 140 YTL, 136 mille personnes vivent avec un revenu quotidien inférieur à 1 dollar (soit 39 YTL par mois). Le nombre des personnes vivant avec un revenu quotidien inférieur à 2,15 dollars (soit 83,85 YTL par mois) est de 2, 82 millions de personnes, le nombre de personnes vivant avec un revenu inférieur à 4,3 dollars (c'est-à-dire 129 dollars par mois, soit 167,70 YTL) est de 20,721 millions... »[151] 30 % de la société turque est donc à la limite de la malnutrition.

Par exemple, d'après les données du *Rapport du Développement de la Banque Mondiale 2006* "le revenu quotidien de presque des 3,5 millions de personnes sur une population de 71 millions de personnes en Turquie, reste en dessous d'un dollar."

Dans le rapport fait à partir du tableau démontrant les niveaux de population vivant à la limite de pauvreté et de la faim, « 4,8 % de la population de Turquie vit avec un revenu quotidien inférieur à un dollar,

---

[149] KARSSON İngmar, *İslam ve Avrupa*, Istanbul, Ed. Cem. 1996, p. 56.
[150] *Radikal*, le 04 j'envier 2005.
[151] www.turkis.com.tr.

en parité du pouvoir d'achat... La Turquie, avec une grande proportion de sa population essayant de vivre avec un revenu inférieur à 1 dollar par jour, est située au 54ème rang parmi 90 pays... »[152]

D'autre part, en Turquie le taux de chômage dépasse 20 % et atteint 2 5% dans la population jeune.[153] Le chômage est en même temps la source de la crise sociale. Quand le taux de chômage augmente dans un pays, le taux de pauvreté de la société s'élève aussi. Dans les pays où il n'existe pas de sécurité sociale comme c'est le cas en Turquie, ce phénomène progresse encore plus rapidement.

Le problème de chômage est une des raisons les plus importantes de la dégradation sociale et morale. Dans un pays où les valeurs traditionnelles sont élevées et qui ne conçoit pas que les problèmes économiques et politiques existants puissent provenir du système, les facteurs religieux progressent continuellement comme une alternative.

Naturellement, le chômage en Turquie est l'un des problèmes les plus importants à l'ordre du jour. Ce sont les forces islamiques politiques qui se servent du chômage comme moyen indispensable à la lutte politique, à la place des mouvements de gauche. Les meilleurs exemples de l'organisation des chômeurs au sein du mouvement islamiste sont les pays du Moyen-Orient et la Turquie.

Toutes ces données montrent que la société turque est confrontée à une injustice économique et sociale. D'un côté une petite minorité de la population qui s'enrichit chaque jour de plus en plus, et de l'autre, une grande majorité qui s'appauvrit rapidement et qui reste en dessous du seuil de pauvreté. Cette réalité sert également à la préparation des conditions objectives de l'aggravation rapide des paradoxes sociaux.

Les forces islamiques soutenues, bien que freinées de temps en temps par l'État, apparaissent comme un pouvoir alternatif pour organiser des foules de millions de personnes dans leur giron. Elles influencent des millions de personnes par le biais de leur discours de propagande pour changer l'ordre politique en place, contre l'exploitation, pour les droits de l'homme et anti-américain. Au fur et à mesure que le fossé économique et social entre les dirigeants et les citoyens se creuse, l'islam politique constitue une alternative en remplaçant le mouvement gauchiste. La réalité de la Turquie et la différence entre les différentes couches de la société. Mais la force qui bénéficie des paradoxes sociaux est l'islam

---

[152] Le Nouvel Observateur-Atlas éco 2007, L'Année stratégique 2006.
[153] ISE, Rapport Annuel de 1998, www.gov.tr.

politique. La supériorité du RP, FP ainsi que de l'AKP dans les scrutins de 2002 dans les villes quartiers ouvriers ou le grand succès des ordres religieux dans les de gecekondu où vivent les plus pauvres, sont en relation directe avec les données citées plus haut.

2- LE RÔLE STRATÉGIQUE DE L'ÉTAT DANS LE PROGRÈS DE L'ISLAM POLITIQUE

Le renforcement et la transformation des tendances islamiques en force politique sont une des politiques stratégiques qui sont menées par l'État. À partir des données 1940 tous les gouvernements de la République après les années 1940 se sont servis de tous les moyens de l'État pour que les tendances islamiques deviennent un pouvoir social. Ce processus qui a été initié par İ. İnönü connu en tant que « chef national » a servi de base considérable au progrès des ordres religieux islamiques.

2. A- LES PARTIS DU SYSTÈME ENTRELACÉS AVEC LES ORDRES RELIGIEUX

Avec la fermeture des « Tekke » en 1925, par le pouvoir kémaliste, les ordres religieux ont été obligés de se replier sur eux-mêmes. Ils se sont soigneusement organisés dans le cercle étroit de leur entourage. En raison des répressions exercées par la dictature du parti unique pendant 27 ans, ils n'ont pas osé s'ouvrir sur l'extérieur. Après la Deuxième Guerre mondiale, le système du parti unique a cédé la place à un système pluripartite qui est un résultat indispensable au processus de développement capitaliste, ce qui a permis aux tendances islamistes restées silencieuses pendant de nombreuses années, de recommencer à s'activer et à s'organiser dans les relations sociales.

Sans doute, le pouvoir kémaliste n'était pas opposé à l'islam. La répression était uniquement exercée contre les opposants au système, quant aux forces islamistes en accord avec le système, elles étaient nommées aux instances supérieures de l'État. Il y a eu des vagues d'attaques en continu contre les forces islamistes sous prétexte que dans le village de Menemen, arrondissement d'İzmir les islamistes «radicaux» s'étaient révoltés le 30 mars 1926, ainsi que de la rébellion de Şeyh Sait en 1925 inscrite dans l'Histoire comme la révolte. « Des milliers de kurdes » ont été massacrés lors de la répression de cette révolte kurde, sous prétexte d'être des traîtres à la patrie. Et lors de l'événement d'İzmir-Menemen, 28 islamistes ont été exécutés pour s'être révoltés contre le régime de la république. En revanche, Fevzi Çakmak, connu pour être partisan de l'État mais islamiste en même temps, a été pendant de longues années le chef d'État-major de Turquie. Tout le monde sait également qu'Akif Ersoy, l'auteur de l'hymne national était un islamiste. N. Fazıl Kısakürek, une des figures de la littérature turque est lui aussi connu avec ses idées islamistes.

Après la Deuxième Guerre mondiale, plusieurs partis islamistes ont été fondés. Dans le programme du Parti du Développement National fondé en 1945, on retrouvait un projet d' « Union Islamique - Fédération de l'Orient ». Le Parti de la Justice Sociale fondé en 1946, avait comme projet de "soutenir l'union mondiale des musulmans". Le Parti Conservateur Turc fondé en 1947 et le Parti de la Terre Foncière, de la Construction et de la Libre Entreprise crée 1949 ont des discours à dominance islamistes.[154]

Les fondations du développement de l'islam politiques ont été bâties par le CHP qui a été considéré comme le parti de l'État jusqu'en 1947. Günaltay, le Premier ministre du Parti Républicain du Populaire (CHP) de l'époque répondait aux critiques dont faisait l'objet son parti, de la manière suivante:

« Je suis le Premier ministre du gouvernement qui a commencé à enseigner la religion dans les écoles primaires. Je suis le Premier ministre du gouvernement qui a commencé à enseigner aux musulmans du pays de faire la prière, qui a inauguré les cours de formation d'imams-hatip pour qu'ils puissent apprendre aux musulmans à faire leur prière et les facultés de théologie, afin qu'on puisse apprendre les valeurs suprêmes de l'islam… »[155]

Néanmoins, les milieux islamistes ont préféré s'insérer dans le Parti des Démocrates (DP) créé par des cadres républicains issus de la tradition kémaliste. En effet, le DP était représentatif de la ligne anticommuniste sur l'axe politique de la droite formée de conservateurs et de cadres islamistes.

Depuis les années 1950, les ordres et les courants religieux ont fait leurs choix politiques en fonction de la conjoncture et de leurs besoins du moment. Les ordres religieux intégrés dans les partis du système soutiennent les différents partis de droite en fonction de leurs besoins périodiques. Parfois même, un même ordre religieux peut soutenir le candidat d'un autre parti ou leur candidat dans un parti, en fonction des nécessités locales.

---

[154] TUNAYA Tarık Ziya, *İslamcılık Akımı,* Istanbul, Ed. Simavi, 1991, p. 191-192.
[155] *Cumhuriyet* archive.

En 1950, juste après l'arrivée du DP au pouvoir, Saidi Nursi envoie un télégramme au Président de la République, Celal Bayar, pour lui déclarer son soutien :

« Nous vous félicitons Monsieur. Que Dieu vous rende victorieux dans votre travail pour l'islam, pour la patrie et pour la nation. Saidi Nursi, au nom des disciples de *Nur*... »[156]

Son lien avec le DP est étroit au point de soutenir l'envoi de soldats turcs à la guerre de Corée : « Il a soutenu la décision du gouvernement à tel point, qu'il a envoyé au front un de ses proches disciples, Bayram Yüksel... »[157] Bien qu'il soit contre le système kémaliste, Said-i Nursi a osé envoyer un télégramme de félicitations à Celal Bayar qui est un des fondateurs de ce système et acteur des répressions exercées par l'État. Plus loin encore, au lieu de s'opposer formellement à la demande des États-Unis d'envoyer des soldats turcs à la guerre de Corée, Saidi Nursi a envoyé Bayrak Yüksel – un de ses plus proches disciples – pour afficher son soutien. Bien entendu, tout ceci avait une contrepartie. Dans le but de collecter les voix des milieux islamistes, le DP a non seulement mis tous les moyens à leur disposition, mais a entrepris les réformes législatives nécessaires pour supprimer toute entrave à leur développement. Ainsi, la voie pour l'organisation des forces islamistes avait été ouverte.

Les discours et les pratiques, d'abord du leader du DP Celal Bayar, puis plus tard d'Adnan Menderes illustrent leur soutien évident aux mouvements islamistes. Bayar avait proclamé que « la nation turque est musulmane et se retrouvera son Dieu en étant musulmane... » Et de supprimer l'article 526 du Code Pénal Turc qui interdisait la lecture du Coran en arabe.

En janvier 1949, une Faculté des Sciences Théologiques rattachée à l'Université d'Ankara a été ouverte. Un projet a été présenté à la Grande Assemblée Nationale Turque pour la réouverture des monastères (zavyie) et des couvents (tekke) fermés en 1935. En s'appuyant sur ces progrès, les courants islamistes ont commencé à se constituer en partis. En août 1951, est fondé le Parti Démocrate de l'islam (IDP), avec comme principe :

« L'IDP essayera de se tenir à l'écart de toute violation visible ou invisible, et des interventions sur les principes et les valeurs morales,

---

[156] Cité par ÇAKIR, op. Cit., p. 80.
[157] *Ibid.*, p.81.

culturelles et sociales, ainsi que les traditions nationales auxquelles la nation turque est intimement attachée. »[158]

Ce parti est pourtant interdit en octobre 1952. Le Parti de la Nation (MP) fondé comme un second parti islamiste, ouvre le congrès d'Istanbul par la lecture de la sourate « Fatiha » et critique la laïcité. Lors du congrès d'Izmir, les objectifs de ce parti sont énoncés : « si nous arrivons au pouvoir, nous supprimerons toutes les lois restrictives relatives à la religion… »

Dans son discours adressé aux islamistes, en novembre 1955 Adnan Menderes disait « si vous le souhaitez, vous pouvez même rétablir le califat...»[159] Afin de recueillir les voix des islamistes, il a formé le Front National de la Conscience Religieuse et le Front de la Patrie. En rouvrant au public le tombeau du Sultan Eyüp, le DP s'est lancé comme « le parti qui a sauvé l'islam ». Le DP affirmait alors: « l'islam qui est victime de l'oppression depuis une cinquantaine d'année avait été sauvée grâce au DP ». Le DP était tellement engagé dans cette voie que Menderes disait que « ceux qui ne participent pas Front National de la Conscience Religieuse et au Front de la Patrie, ne sont que des croisés infidèles ».[160]

La période politique après 1960 a relativement mis les milieux islamistes en difficulté. Le coup d'État militaire, l'interdiction du DP, l'exécution de Menderes et de trois de ses camarades, ainsi que l'arrestation de Bayar ont interrompu les activités des communautés islamistes pendant une courte période. Cependant, ils n'ont pas perdu grand-chose de leur force qu'ils avaient créée. En 1964, après le retrait des militaires du pouvoir et le retour au système multipartite, les islamistes se sont cette fois-ci dirigés vers l'AP, fondé par Demirel sous le contrôle de Bayar. Pendant cette période, les courants islamistes ont recherché plus ouvertement leur propre identité politique en construisant l'infrastructure de l'organisation qui est encore valable de nos jours. La fondation d'associations, l'ouverture des foyers d'étudiants, l'attribution des cours coraniques au contrôle des ordres religieux, l'intensification des activités intellectuelles, l'accélération du processus de la politisation de l'islam sont tous le produit de cette époque.

SafaMürsel encore, dans un entretien publié dans la revue *Nokta*, avait déclaré:

---

[158]Cité par KAÇMAZOĞLU H. Bayram, *Demokrat parti dönemi toplumsal tartışmaları*, Istanbul, Ed. Birey, 1998, p.97.
[159]Cité par KICAK A, *Türkiye'de gericilik yılları 1950-1999*, Ankara, Ed. İmge 1989, p. 31.
[160]DOĞAN Mustafa, *Adnan Mederes'in konuşmaları*, Istanbul, Ed. Kaval, p. 114, 118.

« Dans la vie politique turque, alternance entre le DP, le Parti de la Justice(AP) et le Parti de la Juste Voie(DYP) n'est autre que le despotisme. Soutenir résolument les partis libéraux contre le coup d'État et l'anarchie, ce n'est pas de faire de la politique. L'intérêt de Saidi Nursi pour le DP était motivé par son caractère libéral… »[161]

Dans l'arène politique, l'ordre religieux qui pèse le plus lourd est Nakşibendi. M. Z. Kotku, le leader de Nakşibendi avait soutenu le DP dans les années 1950, et, plus tard puis l'AP. Par la suite, il a soutenu le MNP fondé par son disciple Erbakan en 1973 : « aujourd'hui, il est connu de tous que le MNP a été créé avec l'autorisation et le soutien de Kotku. »[162] Quelqu'un qui a été imam titulaire d'une mosquée d'État pour gérer ses activités communautaires, qui a pesé dans la vie politique du pays, ne bénéficie pas par hasard d'une protection particulière. Le professeur E. Coşan a soutenu à son tour le FP.

« Mes confrères, nous ne devons plus entrer dans des calculs, ni dans l'exemple de ce qui a été vécu auparavant. Il faut soutenir Dieu, non indirectement, mais directement, car, à l'heure actuelle, la voie de Dieu est plus claire que jamais. »[163]

De même, il avait critiqué ceux qui n'avaient pas voté pour le RP tout en affirmant:

« Dans ces résultats, le rôle joué par les leaders religieux, manquant du dynamisme qu'exige notre époque, détachés et ignorants les problèmes politiques et sociaux, a beaucoup compté. C'est à eux que revient la plus grande part de responsabilité. Ils ont commis un grand péché. Bien sûr, ils vont se défendre et exposer leurs motifs, mais on verra si Dieu les recevra. »[164]

À l'occasion de ses prêches aux mosquées, E. Coşan indique quel parti doit être soutenu et pour quelle raison. Les chemins d'Erbakan et de Coşan, se sont séparés, quand le premier n'a pas voulu donner sa bénédiction au second. Coşan s'est alors tourné contre les dirigeants du RP. Il affirmait : « Je n'ai aucune relation d'amitié avec de telles personnes. Je n'ai pas de relation avec une telle organisation, je n'ai pas de relation avec un tel esprit... »[165] D'où tient-il la force et les moyens

---

[161] Le revue *Nokta*, Mai 1987.
[162] ÇALIŞLAR Oral, *RP nereden nereye*, Istanbul, ed. Pencere. 1995, p.29.
[163] Cité par ÇAKIR, op. cit., p. 22.
[164] *Ibid.*, p. 37.
[165] *İbid.*, p. 54.

pour s'attribuer le droit de dire ce genre de discours, d'autant plus qu'il les prononce, non pas dans les coulisses, mais dans les mosquées et devant ses fidèles.

L'ordre religieux des « Süleymancilar » a également soutenu les partis de droite depuis les années 1950. Ils ont d'abord soutenu le DP, puis l'AP et la MSP à partir des années 1960, et enfin, le DYP et l'ANAP après le 12 septembre 1980.

« Dans le passé, ils se sont contentés de soutenir un parti candidat au pouvoir, comme l'AP. Ce n'était pas un soutien passif. Ils sont personnellement entrés à la Grande Assemblée Nationale Turque dans les listes de l'AP et se sont occupés de la politique pour servir leurs intérêts. Dernièrement, ils ont soutenu le DYP et le Parti de la Mère Patrie (ANAP) pour garder leurs acquis… »[166]

« Connus sous le nom de Communauté d'Erenköy, les ordres religieux Nakşibendi et Kadiri publient aussi une revue intitulée *Altınoluk*. Ce milieu avait choisi le MSP avant le 12 septembre, mais après retour de la vie civile, ils ont soutenu l'ANAP. Dans ce nouveau choix, le rôle du secrétaire général de la communauté de la ville d'Istanbul, Eymen Topbaş, a été important. Avec l'arrivée des anciens cadres du MSP aux postes de dirigeants du RP, des discordances sont apparues à l'intérieur de la communauté. A lors que la section d'Istanbul continuait de soutenir l'ANAP, la section anatolienne de la communauté s'est à nouveau tournée vers la RP… »[167]

La communauté d'Ismail Ağa rattaché à l'ordre des Nakşibendi n'a pas souhaité participer directement aux activités politiques. Se disant proches de tous les partis de droite, les disciples étaient invités à voter pour le MNP, le MSP et le RP, et actuellement, pour le SP et le AKP.

La communauté de Menzil, qui est née dans le village de Menzil à Adıyaman, a plutôt soutenu le MHP (Parti du Mouvement National), sans toutefois le reconnaître ouvertement. Les critiques de Coşan contre le chef de Menzil qui soutenait le MHP illustre cette réalité :

« Nous pouvons comprendre les traîtres, les impurs de sang, les vendus, mais nous ne comprenons pas que quelqu'un qui crie comme slogan

---

[166] *Ibid.*, p. 37.
[167] *Ibid.*, p. 59.

"nous sommes autant turcs que la montagne des Dieux et musulman comme la montagne d'Hira" vienne se battre contre les musulmans ».[168]

Par ailleurs il est souvent indiqué que le chef de Menzil avait rendu visite à Erbakan, le Président Général du RP, le 29 novembre 1987, tout en restant très proche de l'ANAP pendant son gouvernement.

L'ordre des « Kadiri », dont le chef est Haydar Baş entretient aussi d'étroites relations avec les partis de droite : "A une de leurs réceptions, Süleyman Demirel de DYP, le Premier ministre de l'époque et le Vice-Président Mehmet Gülhan, du DYP ont envoyé des télégrammes de félicitation. Pendant cette même soirée, Mustafa Taşar, un député de l'ANAP, a tenu un discours. Ce qu'il a dit sur Mendres et sur le processus actuel était tout à fait intéressant :

« Il n'est pas possible de ne pas se souvenir de Menderes. Les enfants de ceux qui ont exécuté le plus grand démocrate de la Turquie au nom de la démocratie, ne seraient-ils pas tentés d'essayer la même chose avec l'ANAP ? »[169]

Les partis actuels de l'établissement qui n'ont de cesse d'afficher leur laïcité et leur kémalisme, se trouvent sous l'emprise des ordres et des courants religieux. Cette interaction a amené les milieux religieux à entrer dans le système. C'est pour quoi, la relation entre les partis de droite et les forces islamistes est déterminante pour la continuité du système. Ainsi les communautés qui influencent des millions de personnes, sont dirigées en relation avec les plans stratégiques de l'État.

Par exemple, sur le rapport sur les droits de l'homme dans le monde, qui a été publié le 1er mars 2005 par le Secrétaire d'État américain, dans la partie concernant la Turquie on peut lire :

« La présence des liens entre certains leaders sociaux et politiques en Turquie et les communautés islamistes… le lien d'ordre religieux et communautaire des politiques survient. »[170]

Cette situation concrète compatible avec les politiques régionales des États-Unis met en évidence la situation existante du système de politique intérieure de la Turquie.

---

[168]Cité par ÇAKIR, op. cit., p. 70.
[169]HASANBABAOGLU Harun, « Gençlik İcmal Oldu » La revue *Öğüt,* Avril 1987, p. 13.
[170]*Radikal ve milliyet*, 02 mars .2005.

2.B- L'ARMÉE ET LES ORDRES RELIGIEUX : DEUX PUISSANCES INSÉPARABLES

L'armée et les ordres religieux, deux forces principales, souvent présentées en Turquie comme des ennemis, forment en réalité les piliers de l'État. Les ordres religieux et l'armée qui ont eu à chaque époque besoin l'un de l'autre, se sont situés sur le même front et se sont attaqués au mouvement de gauche en agissant côte à côte pour la continuité du système politique existant.

Lors des trois époques historiques où l'armée a pris le pouvoir en faisant des coups d'État (le 27 mai 1961, le 12 mars 1971 et le 12 septembre 1980), tous les moyens de l'État ont été utilisés pour assurer aux ordres religieux un pouvoir social. Si à l'heure actuelle, les mouvements islamistes atteignent un niveau apte à influencer le système d'un point de vue économique et politique, les coups d'État militaires ont eu une responsabilité et un effet très significatifs. De la même façon, tous les coups d'État militaires en Turquie ont été soutenus par les ordres religieux.

Le commentaire de Bekir Bek, avocat de Sayidi Nursi, un homme respecté par cet entourage, paru dans le journal *Yeni Asya* du 10 février 1971, sur le mémorandum de l'armée, est très intéressant :

« Ce sont les échos de notre Histoire. C'est celui de Mohach. C'est celui de Malazgrite. C'est celui des martyrs de Kanije. C'est la voix de notre liberté, de notre souveraineté, de nos honorables généraux et de nos soldats, c'est en fait la voix des *Mehmet*... Ce n'est pas la voix de ceux qui jettent des coups hasardeux à gauche et à droite mais de ceux qui connaissent l'origine du danger et savent le braver et qui donnent le dernier avertissement en disant *alignez-vous*". C'est la voir de ceux qui souhaitent résoudre le problème dans le cadre des lois, de ceux qui ont fait le serment de sauvegarder l'intérêt national... »[171]

Les ordres religieux continuent de soutenir l'armée pour leurs intérêts stratégiques, bien qu'eux aussi subissent des dommages de la part des coups d'État militaires. En effet, chaque coup d'État sert les intérêts stratégiques des ordres religieux, en écrasant toutes les forces révolutionnaires et progressistes susceptibles de leur faire concurrence.

Dans son discours du 2 décembre 1986, Gülen affirme :

---

[171] *Yeni Asya Gazetesi*-archive

« Dans notre revue scientifique, littéraire et morale *Sızıntı*, nous n'avons jamais publié de textes idéologiques ou politiques qui soient contraires à nos valeurs morales ou religieuses, qui mettent en danger notre unité nationale, qui peuvent être considéré de délictueux. Au contraire, si nous regardons de près ces numéros, nous pouvons constater que nous nous sommes toujours rangés du côté de notre armée, de nos forces de police, en invitons les lecteurs au calme... »[172]

Gülen qui a presque systématiquement soutenu les coups d'État et l'armée, dit dans un autre article :

« Dans l'Histoire de chaque nation, l'armée se situe au sommet. Mais il y a des nations qui sont nées militaires. Elles sont nées militaires, s'élèvent avec le chant militaire et meurent en soldats. Elles sont amoureuses des métiers militaires. Les coups de crosse nous ont maintes fois soulagés et éteint nos incendies. Si nous n'avions pas agi si rapidement et si l'accomplissement des sombres projets n'avait pas pu être évité, nous n'aurions, en tant que nation plus d'autre possibilité que de pleurer. Saluons-les... »[173]

Pourquoi les islamistes qui s'opposent au système kémaliste, appellent-ils l'armée à exercer cette tâche ? Ce qui pourrait apparaître comme un paradoxe, est en fait la coexistence de ces deux structures, sur la même base idéologique et politique.

Le coup d'État de 12 septembre 1980 a donné le coup à une d'envoi banalisation de l'islam politique et à sa transformation en force économique et politique. La stratégie de l'État visait avant tout à empêcher la montée des mouvements révolutionnaires par la promotion de la religion. L'État a coopéré avec les ordres religieux pour que les idées anticommunistes soient effectives. Cette politique de base de l'État a été acceptée et soutenue par presque tous les ordres religieux. Gülen, qui a pourtant été recherché par l'État, avait fait parti des personnes au premier plan pour apporter un soutien actif aux politiques de l'État. Dans un article publié dans une revue intitulée *Çağ ve Nesil* (Ere et Génération), il affirme :

« ... C'est déjà une victoire d'arrêter l'ennemi par surprise. Nettoyer l'exécutif des parasites étrangers, l'épurer, est une vraie victoire... Nous renouvelons nos vœux, afin que nos *mehmetcik* [soldats turcs] qui nous

---

[172] GULEN(Editeur) « Son Karakol » *Sızıntı,* Octorbre 1980, N° : 21
[173] Cité par ÇAKIR, op. cit., p. 100.

ont porté secours tel un ange gardien, au moment où nous perdions espoir, puissent atteindre leurs objectifs. »[174]

À un moment où tous les autres moyens étaient épuisés, où le niveau de politisation dans la société était très élevé, les généraux se sont emparés du pouvoir en faisant un coup d'État. Ils ont utilisé tous les moyens nécessaires pour détruire l'influence de l'idée de gauche sur la société, pour soutenir l'activité du mouvement de l'islam politique dans le pays. Les généraux ont nommé Özal, un *« Nakşibendis »* notoire, Vice-Premier ministres. L'économie du pays a été confiée aux islamistes. Les cours de religion sont devenus obligatoires. Les universités ont été abandonnées aux islamistes. Le professeur E. Can, un des chefs de l'ordre religieux Nakşibendis, devenait enseignant dans l'Université d'Ankara, tandis que près de 4 000 professeurs progressistes étaient expulsés par la loi 1402 élaborée par les généraux et appliquée par la Cour Martiale. Ces professeurs ont été remplacés par des Islamistes ou par des partisans du turco islamisme.

Concernent la relation entre l'armée et les islamistes, plusieurs données concrètes peuvent être fournies. Par exemple, Erbakan, à la suite du coup d'État militaire du 12 mars 1971, avait été convaincu par l'armée de revenir fonder un parti politique. Pour ce faire, Muhsin Batur, Commandant général des Forces Aériennes ainsi que le général Turgut Sunalp, Président de la Chambre de Guerre Privée lui ont rendu visite en Suisse. On ignore quel marché a été conclu, mais Erbakan est revenu en Turquie sous la protection de l'armée et a fondé ainsi le deuxième parti islamiste, le MSP.

Bien que les auteurs du coup d'État du 12 septembre 1980 affirmaient s'opposer à la fois à la gauche et à la droite, l'armée a négocié avec ces ordres religieux pour en obtenir le vote du "oui" au référendum pour leur nouvelle constitution. Kenan Evren, le chef de la junte a déclaré, "si vous ne travaillez pas contre nous et que vous nous aidez, de notre côté, nous ne vous poserons pas de problème, mieux nous vous faciliterons l'activité."

Evren, le général qui avait réalisé un coup d'État sous prétexte de sauver la laïcité, a curieusement approuvé le versement des salaires des imams des mosquées par Rabita et a accepté en même temps la présidence du *« Comité permanent de la Coopération économique et commerciale»*. Il a été l'un de ceux qui ont apporté le plus grand soutien à l'organisation islamique. Le chef de l'armée turque et le Président de la

---
[174] GULEN, « Dünya Muvazenesinde Bir Millet » *Sızıntı,* Avril 1980, N°: 15.

République qui prétendent être "laïques" peuvent aussi présider des organisations islamiques internationales.

L'article 24 de la Constitution élaborée par les Généraux du 12 septembre 1980, stipule que :

"L'éducation morale et religieuse se fait sous le contrôle de l'État. L'éducation de culture religieuse et de morale fait parti des matières scolaires obligatoires."[175]

Avec la Constitution du 12 septembre établie par les Généraux, l'éducation religieuse est devenue obligatoire en Turquie, dans les écoles primaires, les collèges et les lycées.

La loi, qui a conféré aux diplômés des Lycées d'Iman-hatips en Turquie le droit d'entrer à toutes les facultés de l'Etablissement universitaires et aux écoles d'Enseignement Supérieur avait été mise en vigueur en 1983 par Evren, et par le Conseil de Sécurité nationale. Deux jours avant son assassinat, Uğur Mumcu, avait indiqué dans son article publié dans le quotidien *Cumhuriyet* :

« Par la modification de l'article 31 de la Loi-cadre de l'Éducation nationale qui limitait l'orientation en enseignement supérieur aux diplômés de la spécialité de lycée dont ils sont issus, on reconnaît à tous les diplômés de lycées le droit d'accès à tous les établissements supérieurs... »[176]

Les institutions militaires prétendent être contre la charia, mais dans quasiment tous mes régiments, un imam prêche la charia à la mosquée. Si le prêche de l'imam de la mosquée de la division (tümem) de Mamak à Ankara avait été entendu dans une autre mosquée, cela aurait entraîné un scandale politique :

« La première mission d'un croyant est de ranimer la charia. Si la charia n'est plus en vigueur, il faut faire le djihad pour la rétablir. Nous devons lutter activement pour la remise en vigueur de la charia. Ceux qui s'en abstiennent par peur d'aller en prison ou d'être assassinés, seront punis par Dieu. »[177]

---

[175]La Constituion de 1982 de la Rép. de Turquie, article 24.
[176]MUMCU Uğur, *Cumhuriyet*, 22 janvier 1993.
[177]POYRAZ Ergün, *Milli Nizam Partisinden Fazilet Partisine İhanet Belgeleri*, Ankara, Ed. MK, 1998, p.74.

L'une des principales résolutions du 1ᵉʳ Sommet International de la Religion organisé par les États-Unis en 1993 alors que Tansu Çiller était Premier ministre, était de "déblayer la grande voie qui mènera à la création d'une autorité dans le monde musulman, sous la direction de la Turquie". Le chef d'État-major Doğan Güreş félicite la Présidence des Affaires religieuses pour avoir pu organiser le 1er Sommet International de Religion et lui apporte clairement son soutien.[178] Le chef d'état-major, qui prétend être le garant de la laïcité dit que "les occidentalistes qui nous demandent d'être laïques doivent tout d'abord l'être eux-mêmes."[179]

La politique suivie par l'armée a un grand effet sur la transformation du mouvement islamique en une force politique. En dépit de la campagne "politique" de l'armée qui a commencé le 28 février 1997 contre les forces islamiques, on peut trouver dans toutes les mosquées l'ensemble des revues publiées par les ordres religieux. Dans ce que nous pouvons comprendre de l'ordonnance portant la signature du Commandant Général de la Gendarmerie Teoman Koman, le plan d'action développé en 1997 contre les ordres religieux, visait à limiter les des tendances islamistes dans les casernes et les mosquées.

L'État a préparé toutes les conditions du développement de l'idéologie turco islamiste au sein de l'armée. La relation indirecte existant entre les forces militaires et les forces islamistes politiques est en même temps un produit de la politique menée par les États-Unis au Moyen-Orient. Les liens directs ou indirects de l'armée, qui est l'institution la plus à même de déterminer des stratégies régionales, avec les forces islamistes ne concernent pas seulement la Turquie, mais également les politiques régionales des relations internationales.

---

[178] AYTUNC Altındal, le quotidien *Yeni Günaydın*, 27 novembre 1993.
[179] Cité par ÖZAKINCI, *op. cit.*, p. 169.

SIXIÈME PARTIE :
PRIORITÉS ET DOMAINES DE L'ORGANISATION STRATÉGIQUE DE L'ISLAM POLITIQUE

En Turquie, les mouvements religieux qui rejoignent l'État autour d'intérêts communs et montrent un parallélisme avec sa structure idéologique et politique, s'immiscent dans l'appareil étatique, au point d'avoir assuré de nos jours, leur organisation à chacun de ses échelons.

Les pouvoirs islamistes, qui agissent conformément à une stratégie de conquête du pouvoir de manière « progressive », se sont concentrés sur les institutions fondamentales du système, dont ils tiennent compte de l'équilibre des forces dans leurs actions. En effet, ces pouvoirs islamistes, qui prennent en considération le fait que la structure de l'État kémaliste, fondée sur l'héritage historique et politique des Ottomans, soit organisée de façon pluridimensionnelle, considèrent souvent que les conditions objectives d'un conflit ouvert avec l'État sont défavorables, vu l'équilibre politique interne. Ils considèrent que l'équilibre des forces est au désavantage du mouvement islamiste et que pour cette raison un «conflit ouvert'»pourrait présenter pour eux un sérieux danger. Gülen qui dirige la plus puissante des organisations du mouvement islamiste politique, souligne cette réalité de la façon suivante :

« Dans ces conditions, où l'équilibre des forces n'est pas en notre faveur, il faut se servir de la technique, de la tactique. Sinon, lutter contre une force impossible à affronter, serait la plus grande trahison à notre cause. Donc, dans de telles situations, les croyants ne doivent pas devenir des cibles, mais doivent au contraire s'efforcer de ne pas le devenir, lorsqu'ils rendent service, ils doivent également veiller à préserver les équilibres dans le monde, à toujours tenir compte de l'opposition de ceux qui détiennent le pouvoir et la force et éviter de se montrer trop insolents. En conclusion, à la place de comportements réactionnaires, il faut préférer la communication et l'information, il faut faire part de ce qui est vécu, et ce, tout en gardant comme objectif la volonté de Dieu. Et si un jour, les tâches accomplies individuellement dans le cours naturel des évènements, nécessitent de devenir systématique, alors il faudra opter pour le long terme et ce qui est permanent, être constructif, veiller sur l'équilibre et éviter absolument de devenir une cible... »[180]

Cette forme de combat et d'organisation politique reflète le point de vue général des ordres religieux islamistes, en montrant que les confréries et les pouvoirs politiques islamistes, dont l'objectif est d'obtenir le pouvoir politique par un passage « en douceur », en s'emparant de l'État de l'intérieur, ont conçu un plan d'organisation en fonction de l'importance et du potentiel d'influence des institutions étatiques. Parmi ces institutions, certaines se placent au premier rang des priorités.

1 – L'ORGANISATION AU SEIN DES INSTITUTIONS FONDAMENTALES DE L'ÉTAT

PREMIER GROUPE : il s'agit des institutions qui assurent des relations quotidiennes avec la société : la Présidence des Affaires religieuses, le Ministère de l'Education nationale, le Ministère de la Santé, etc. La principale raison de leur intérêt prioritaire pour ces institutions, provient du fait que leurs employés entretiennent au quotidien, des relations étroites avec les différentes couches de la société.

Parmi ces institutions, celle qui attire notre attention en premier lieu est la Présidence des Affaires religieuses, qui exerce une grande influence sur la majorité de la population, en ce qui concerne les valeurs religieuses. Celle-ci a une position stratégique pour les pouvoirs islamistes. Les mosquées où se réunissent chaque jour des centaines de milliers de personnes, sont en effet des centres organisationnels essentiels. Les Affaires religieuses qui représentent un potentiel considérable par ses employés dont le nombre dépasse les cent mille, est dans sa totalité sous le contrôle des ordres religieux. Les rapports rédigés par le MIT (services secrets turcs)[181] affirment que plusieurs directeurs des Affaires religieuses « entretiennent des relations avec le Hizbullah et l'Organisation des Frères Musulmans ». Les documents collectés au cours de l'opération contre le Hizbullah confirment cette information. Le fait que les confréries et les pouvoirs politiques islamistes se concentrent sur cette institution montre un parallélisme avec leur organisation stratégique, puisqu'ainsi, ils s'offrent la possibilité de faire diffuser chaque jour, grâce aux imams des mosquées, leur vision politique à des millions de personnes.

---

[180] GÜLEN, *Prizma,* Istanbul, Ed. Zaman, 1997, p. 104-105.
[181] MIT : L'Organisation Nationale de l'Information.

Le second domaine auquel ils accordent de l'importance est le Ministère de l'Education nationale. Pendant la période 1989-1999, les confréries qui accordent une importance toute particulière à l'éducation primaire, se sont orientées sciemment, vers les « Ecoles d'Enseignement supérieur» qui forment, au sein des universités, des enseignants d'école primaire. Les cadres de l'enseignement de ces Écoles sont constitués majoritairement de personnes qui défendent la synthèse turco-islamique. Par ailleurs, une grande partie des étudiants de ces Écoles est issue des couches islamistes. Gülen a suggéré à plusieurs reprises d'accorder une importance particulière à ces écoles, du fait que des milliers d'enseignants en sortent diplômés chaque année après deux ans de formation. Le fait que les mouvements islamistes constituent un potentiel important pour les diplômés de ces écoles, contribue non seulement au fait qu'une bonne partie des cadres de l'Education nationale devienne islamiste, mais aussi que des centaines de milliers d'enfants sont confiés dès l'âge de 5-6 ans aux mains de ces cadres intégristes. Une grande majorité de ces enseignants se chargent de missions bénévoles à l'intérieur de l'Anatolie, surtout dans les villes kurdes afin d'islamiser et d'organiser des centaines de milliers d'enfants. Le fait que de nos jours, une grande partie du Ministère de l'Éducation nationale, y compris ses sous-secrétaires, ses inspecteurs et ses directeurs de l'éducation aient des relations avec les islamistes, peut être considéré comme un indicateur de ces activités. Un autre aspect important et attrayant de l'Education nationale est qu'elle est constituée, tout comme les Affaires religieuses, de cadres de l'enseignement qui sont en étroite relation avec la société. Il est vrai que les enseignants jouissent d'un prestige social et moral, particulièrement dans les petites villes et les villages. Tous ces aspects du domaine éducatif font que les courants islamistes lui accordent une importance particulière conformément à leurs objectifs stratégiques. Nous aurons l'occasion de revenir sur cette question lorsque nous analyserons dans une autre sous-partie les politiques d'éducatives des islamistes.

La troisième institution à mentionner est le Ministère de la Santé. Celui-ci est également en étroite relation avec la société. Les hôpitaux publics, les établissements du SSK (Institution des Assurances Publiques), les centres de santé dans les villages, ainsi que dans les métropoles, qui sont gérés au sein du Ministère de la Santé sont parmi les plus importants dispositifs du lien social. C'est pour cette raison que les membres des mouvements islamistes, conscients de l'importance du personnel de la santé, postulent pour ces postes dans tous les coins du pays. La stratégie consiste en la création d'un modèle d'organisation massive pluridimensionnelle.

DEUXIEME GROUPE : il s'agit des institutions susceptibles de contrôler les pouvoirs économiques ou d'offrir aux entreprises islamistes les avantages de l'État. L'Institut National de Planification, le Trésor public et le Ministère des Finances en sont les principales. À partir des années 1970, les pouvoirs islamistes qui se sont d'abord organisés dans des institutions comme l'Institut National de Planification, se sont par la suite tournés vers la Trésorerie et le Ministère des Finances, afin de contrôler les ressources économiques de l'État pour être capables de favoriser les forces islamistes dans les domaines des bancaires. Cette situation est devenue flagrante pendant le pouvoir d'OZAL (le gouvernement ANAP) et celui d'ERBAKAN (le gouvernement REFAHYOL). Particulièrement après le coup militaire de 1980, des cadres défendant la synthèse turco-islamiste et des islamistes, ont été placés sur l'initiative d'Ozal à des secteurs clés de l'économie. Aujourd'hui encore, une grande partie des cadres de ces établissements est constituée d'islamistes. Il est notoire que le parti islamiste AKP suit un mode opératoire institutionnalisé visant à placer ses cadres dans ces institutions stratégiques.

TROISIEME GROUPE : Le Parlement. Depuis les années 1950, les islamistes mobilisent un effort particulier dans le but d'obtenir la plus grande influence possible au sein du Parlement. Nous savons aujourd'hui qu'ils sont présents dans presque tous les partis de droite et qu'ils négocient pour faire entrer au Parlement des députés de chaque ordre religieux. Leur influence dans le Parlement augmente dans les domaines économiques, politiques et sociaux. En effets les gens issus des ordres religieux, à l'intérieur de l'ANAP et du RP-FP, depuis les années 80, et au sein de l'AKP aujourd'hui, possèdent un pouvoir d'influence notable.

Selon certaines informations qui ont été rendues publiques, parmi les parlementaires élus lors des élections du 18 avril 1999, 150 seraient diplômés des Lycées de Formation de Religieux, 200 auraient des relations étroites avec les confréries, parmi eux, 70 en seraient membres. Une très grande partie des députés du parti islamiste AKP, qui a obtenu la majorité aux élections du 2 novembre 2002 a des rapports avec les confréries. Ces députés font sentir leur influence lors de l'adoption des lois concernant les confréries.[182] Le fait que le FP ait pu continuer à exister après son interdiction sous deux structures distinctes, à savoir le SP (le Parti du Bonheur) et l'AKP prouve que l'islam politique n'a pas perdu ses forces mais qu'au contraire il a élargi son champ d'influence.

---

[182]Discours daté du 29 novembre 1996 de Sevki Yilmaz, ancien député du Parti de la Prospérité.

QUATRIEME GROUPE : Les politiques développées dans le but d'organiser et de contrôler la bureaucratie de l'État. Il est connu que la communauté Gülen paie un deuxième salaire à une trentaine de préfets, à des centaines de sous-préfets et de préfets de police en Turquie. Nous savons aussi qu'ils sont organisés au sein des cadres étatiques, des sous-secrétaires des ministères aux inspecteurs de l'éducation nationale. 30% des candidats aux postes de sous-préfecture sont diplômés des LFR (Lycées de Formations de Religieux). Le fait que la plupart des sous-préfets envoyés dans des régions kurdes soient choisis parmi les personnes issues des ordres religieux a été une politique d'État, particulièrement dans les régions où l'état d'urgence était décrété.

CINQUIEME GROUPE : Ce sont les forces armées, dont l'organisation de la police et l'armée. On sait qu'au sein de la police ils sont surtout organisés dans « les Collèges de la Police, les Académies de la Police et les Écoles de Police » et que 60 % des étudiants du Collège de la Police d'Ankara entretiennent des relations avec les ordres religieux. Les rapports du MIT et de l'état-major indiquent que 70 % des membres de la Police en général auraient des relations avec les confréries et surtout avec le milieu de Gülen.

Une recherche effectuée par Ibrahim CERRAH, maître de conférence à l'Académie de Police intitulée, *la structure sociale et la sous-culture de la police* met en évidence une partie de cette réalité :

« Les agents de police sont issus des franges conservatrices de la société, ce qui crée un effet dans les pratiques de la Police. Ils sont accusés d'être de droite et politiquement conservateurs, et par conséquent de faire preuve de plus de tolérance dans les évènements sociaux à l'égard des personnes partageant leur conviction politique de droite. Ce qui en fait est vrai... »[183]

Le professeur Neşet Çağatay nous relate son expérience : « J'ai failli me faire agresser lors d'une conférence que j'ai faite à la Police. Pourquoi ? Parce que j'ai défendu la laïcité et l'idée que la laïcité et l'islam pouvaient coexister. Il y a un grand nombre d'intégristes et de racistes à l'intérieur de la Police. La police est intolérante envers l'employé du secteur public, l'ouvrier et même la mère souffrante. Mais elle est tolérante envers l'intégriste qui brandit le drapeau vert de l'islam. »[184]

---

[183] Le quotidien *Cumhuriyet*, 12 février 1999.
[184] Cité par AKINCI, op. cit., p. 184.

Le rapport de mars 1992, préparé par le Bureau d'information de la Police nationale, qui a d'abord été dissimulé, nous montre les dimensions de cette organisation des pouvoirs « intégristes », issus particulièrement du milieu de Gülen, au sein de la Police :

« L'organisation illégale des adeptes de Fethullah, qui vise à modifier les principes de l'État de droit démocratique, social et laïque de la Constitution de la République de Turquie et à instaurer la loi de charia, est en train de s'organiser dans notre institution, tout comme elle le fait dans l'ensemble du pays. Ils ont choisi comme champ d'activité prioritaire les Collèges de la Police, les Académies de Police et les Écoles de Police. Ils ont suspendu leurs activités suite à un rapport du conseil d'inspection. Cependant ils continuent leurs réunions et leurs travaux afin de ne pas rompre leur lien avec les cadres sympathisants. Selon les informations obtenues, les membres de cette organisation qui contactent de plusieurs manières près de 50 % des étudiants du Collège de la Police, poursuivent un travail systématique d'agitation auprès de ceux qui leurs sont proches. Nous observons qu'ils appliquent au sein de notre institution leur plan consistant à infiltrer les postes publics clés, conformément à leur stratégie de structuration d'ensemble. Nous constatons qu'un travail systématique est en marche dans tous les niveaux, même pour ce qui est du choix des étudiants du Collège de la Police, qui sont appelés à devenir les futurs bureaucrates de l'organisation de la police. »[185]

Il importe peu que ce rapport préparé par la Direction générale de la Police nationale ait été rendu public ou non. Ce qui est important c'est le fait que la Direction de la Police nationale affirme la dimension qu'a prise l'organisation des mouvements islamistes en son sein. Cette organisation est connue par les institutions et les organes du haut niveau de l'État. Il n'y avait rien de caché dans ces activités des mouvements islamistes.

Le rapport préparé par Bati Calisma Grubu (formation réunissant des bureaucrates et des militaires sous l'initiative de l'armée) et Basbakanlik Takip Kurulu (Conseil de Suivi rattaché au Premier ministre) nous fournit des données fondamentales concernant l'organisation des pouvoirs politiques islamistes ou des ordres religieux au sein des principales institutions de l'État, ainsi que l'importance de cette question. Voici ce qui y est dit à propos des hauts bureaucrates de l'État qui entretiennent des relations avec les confréries :

---

[185] *Cumhuriyet*, 13 avril 1996.

« On sait qu'à peu près 40 préfets, 300 sous-préfets, 100 juges et procureurs, 400 enseignants, 150 muftis, imams et muezzins, 200 bureaucrates du Ministère des Affaires intérieures, 100 employés de la Préfecture de Police et plusieurs bureaucrates du Ministère de la Santé et de la Trésorerie publique» ont de bonnes relations avec les confréries et les mouvements islamistes.[186]

Qui plus est, une demande d'enquête a été faite à l'encontre de « 405 sous-préfets et 382 préfets adjoints »[187] parce qu'ils avaient des rapports avec des confréries. Pourtant, non seulement, ni cette enquête, ni la demande de destitution n'ont jamais été satisfaites, mais de plus, il s'est avéré que dès 1998, 55 % des 12 300 candidats aux postes de la Police étaient diplômés des LFR (Lycées de Formation de Religieux) et que parmi eux, une partie importante a réussi ou a été appuyée dans les concours pour intégrer la Police.[188] Ceci veut dire que d'un côté, quelques bureaucrates islamistes ont été destitués pour calmer les réactions provenant des couches diverses de la société, mais que de l'autre des centaines de personnes ayant des relations avec les confréries ont été embauchées dans des institutions publiques.

Dans les documents de l'État-major, les travaux de l'organisation des islamistes politiques dans l'armée ont été exposés ainsi :

« Dans l'objectif d'atteindre leurs objectifs, les milieux réactionnaires, d'une part poursuivent leur combat sur plusieurs champs y compris en direction des réformes législatives afin de permettre l'insertion des diplômés des LFR dans des Écoles Militaires, et d'autre part, ils essaient d'atteindre les étudiants des lycées et écoles militaires et des universités ainsi que des sous-officiers et d'autres cadres militaires. Ces fractions réactionnaires qui d'un côté visent prioritairement les personnes des grades inférieurs, rêvent par ailleurs d'avoir parmi eux des membres de l'armée qui vont commander les Forces armées de l'État qui sera régi par la charia, ainsi qu'ils l'envisagent pour le futur. »[189]

Le fait que les réunions de Yuksek Askeri Sura (Conseil militaire suprême) décident chaque année d'exclure environ 60 à 70 officiers de l'armée en raison de leur relation avec les milieux réactionnaires, montre

---

[186] Batı Çalışma Grubu (Groupe de Travail occidental, regroupant bureaucrates, élites politiques, intellectuelles et militaires) et Başbakanlık Takip Kurulu (Conseil de suivie rattaché au Premier ministre), 08 juillet 1998.
[187] *Milliyet*, 21 juillet 1998.
[188] TUŞALP, *op. cit.*, p.229.
[189] Rapport de l'État-major sur l'intégrisme, cité par AKINCI Cengiz, *İrtica 1945-1999*, Ed. Doğan, Istanbul, 1999, p. 271-271.

clairement les dimensions de la présence des ordres religieux au sein de l'armée. L'équipe Gulen accorde une attention particulière à l'organisation à l'intérieur de l'armée. L'attention particulière qu'ils manifestent à l'égard de l'organisation par des moyens spéciaux des élèves des Lycées Militaires, ou encore le fait qu'ils encouragent les étudiants brillants à choisir les écoles militaires, sont des indices de l'importance qu'ils accordent à l'organisation dans l'armée.

« Durant la période 1990-2009, 1531officiers et sous-officiers ont été exclus de l'armée sur décision de Conseil militaire suprême, en grande partie pour des raisons concernant leurs activités intégristes ».[190]

Les ordres religieux sont conscients du fait qu'ils ne pourront pas atteindre leur but stratégique sans établir leur influence au sein de l'armée et sans briser sa résistance politique. L'organisation dans les forces militaires n'a pas encore pu atteindre le niveau souhaité. L'armée, qui est issue d'une tradition kémaliste, préserve sa résistance, bien que les ordres religieux menacent le système. C'est pour cela que les confréries essaient d'atteindre leur but stratégique en s'organisant à l'intérieur de l'armée. Par ailleurs, il est indéniable que l'armée n'est pas entièrement contre les ordres religieux. Ce que l'armée leur demande, c'est qu'ils continuent leurs activités tout en restant dans le système actuel, sans le menacer et qu'ils incarnent un mécanisme de contrôle sur la société.

Alors que les membres du Conseil National de la Sécurité issus de l'armée, exerçaient d'un côté une pression organisée et resserraient l'étau sur le gouvernement REFAH-YOL, sous couvert de montrer le soutien de celui-ci à l'intégrisme, de l'autre ils donnaient leur accord aux milliers de nominations dans les institutions étatiques de cadres sous l'emprise des Affaires religieuses.

Selon certaines statistiques datées d'avril 1997, « 3 409 personnes ont été transférées de la Présidence des Affaires religieuses vers des institutions publiques. 1 097 d'entre elles ont été embauchées dans le Ministère de l'Education nationale, 437 dans les Affaires intérieures, 380 dans le Ministère de la Santé, 303 dans les ministères d'État, 99 dans le Ministère de la Culture, 126 dans le Ministère de l'Agriculture, et 100 dans le Ministère du Travail. 358 personnes ont été transférées dans des universités et 325 dans les mairies… »[191]

---

[190] *http://www.haber3.com/2-asker-ordudan-atildi--530662h.htm*
[191] *Radikal,* 12 mars 2004.

Cet échange de postes entre les institutions constitue une preuve que les institutions publiques au sein desquelles les mouvements islamistes cherchent à s'organiser prioritairement, de l'incohérence de l'action de l'armée contre le mouvement réactionnaire ou l'islam politique.

2 – L'INFILTRATION ISLAMISTE PAR LE PARTI DE JUSTICE ET DÉVELOPPEMENT DANS LES INSTITUTIONS DE L'ÉTAT

L'AKP qui incarne une autre version du mouvement islamiste, accorde lui aussi une attention particulière à placer ses cadres dans l'appareil étatique. Le fait que l'AKP soit au pouvoir tout seul, facilite relativement son action en la matière. Ainsi, plusieurs islamistes affichés comme tels se sont vu confier des postes dans des institutions stratégiques de l'État. La totalité des cadres ministériels nommés par l'AKP, qui s'organise du plus haut jusqu'au plus bas niveau de l'État, sont des bureaucrates connus pour être islamistes, voire même islamistes radicaux.

Un article paru dans le quotidien *Milliyet*, intitulé « 337 nominations critiques en 4 mois », qui contient la liste des nominations effectuées par le gouvernement jusqu'au 3 avril 2003, montre le bouleversement qui a lieu dans la bureaucratie. En même temps, de nombreux hauts fonctionnaires qui occupaient des postes importants dans le cabinet du Premier ministre et des autres ministères ont été destitués. La bureaucratie de l'économie a été complètement modifiée, à l'exception de postes importants.

Le décret sur la nomination des préfets a placé le Ministère de l'Intérieur au premier rang des nominations : 70 nominations pour des postes importants, dont la plupart est concernant des préfectures. Le Ministère de l'Agriculture, avec plus de 50 nominations, occupe la deuxième place pour ce qui est de la mutation des hauts fonctionnaires. Enfin, de la même manière, le Ministère des Travaux Publics, essentiel pour l'attribution des marchés publics, a vu intervenir 30 nominations pour des postes conséquents.

Le gouvernement AKP a infiltré le Ministère de la Défense Nationale, qui restait épargne par ce « bouleversement par les nominations » grâce à sa structure militaire, par le biais de la Direction Générale du MKE (Industrie mécanique et chimique – Entreprise publique). Tandis que quatre bureaucrates ont été destitués le directeur général de MKE, Saffet KAYA a été nommé membre du conseil de direction de l'établissement.[192] D'autre part, une bonne partie des sous-

---

[192] *Milliyet*, 26 avril 2003.

secrétaires des ministères ont été mutés et la totalité des hauts fonctionnaires nommés a été choisie particulièrement dans des milieux islamistes. Qui plus est parmi ces nommés, plusieurs « sont ouvertement contre la laïcité ». Le gouvernement islamiste de l'AKP a ainsi nommé des cadres issus de la tradition islamiste dans la quasi-totalité des institutions stratégiques de l'État.

Dans le but de mettre en œuvre ses politiques, ce gouvernement islamiste a nommé des personnes proches de l'islam politique aux postes de sous-secrétaires de ministères et de directions générales. Cela permet par la suite de nommer plus facilement des cadres inférieurs.

Le gouvernement AKP a d'abord muté les préfets et les sous-préfets. Ainsi que nous l'avons exposé avec des statistiques à l'appui, la stratégie d'organisation du mouvement politique islamiste à l'égard des préfets et des sous-préfets, est adoptée et rigoureusement suivie par l'AKP. Nous allons mettre l'accent, dans les prochaines parties, sur le fait que les nominations s'étendant à l'ensemble des institutions publiques sont faites de manière méthodique et graduelle.

Les Ministères de l'Education nationale, de la Santé, des Transports, des Travaux publics, de l'Agriculture et de la Culture, ainsi que les directions générales qui y sont rattachées, les directions des régions et des villes, ont connu des changements considérables. La totalité des personnes nommées est issue de la mouvance islamiste. Le gouvernement qui n'en reste pas là, a commencé une liquidation des cadres dans les institutions fondamentales de l'État et n'a pas hésité à nommer des personnes publiquement connues pour être des islamistes, donnant ainsi lieu à des polémiques.

Le gouvernement AKP a accepté d'engager un effectif de 15 000 personnes pour la Présidence des Affaires Religieuses, qui constitue un pouvoir important en Turquie, alors que le nombre de postes nécessaires pour cette institution est de 600.

Selon les informations des quotidiens, « avec une motion proposée ultérieurement, la totalité de ces 15 000 cadres a été affectée à des postes religieux. Les effectifs des *imams*, dont le nombre initialement prévu par le gouvernement était de 850 a été porté à 11 000, ceux des muezzins de 450 à 2 500, et ceux des enseignants de cours coraniques de 150 à 500... »[193]

---

[193] www.internethaber.com, 24 juin 2003.

Les nominations faites par l'AKP en un an dans les effectifs de l'État, constituent un exemple concret de la stratégie du mouvement islamiste consistant à conquérir l'État depuis l'intérieur. Voici l'explication donnée par le gouvernement AKP concernant les nominations effectuées du 11 novembre 2002 au 31 décembre 2003 :

« M. Mehmet Ali Sahin, qui était l'adjoint du Premier ministre, a répondu aux questions de Mme Türkan Miçoogullari, députée d'Izmir, concernant les nominations de personnel. Selon les informations données par Sahin, le gouvernement aurait permis, entre le 28 novembre 2002 et le 31 décembre 2003, la nomination externe d'une totalité de 35 633 personnels. Le Ministère de l'Education nationale, dont le personnel est de 20 497, serait au premier rang des institutions pour lesquelles une permission de nomination externe a été donnée. Durant cette période, 5 102 nominations pour la Direction générale de la Police nationale, 1 591 pour le Ministère de la Justice, 1 530 pour le Ministère de la Santé et 4 105 nominations pour des universités ont été effectuées »[194]. De même, Sahin, a annoncé que 40 000 cadres seraient nommés en 2004.

Par ailleurs, des personnes connues pour leurs idées islamistes et défendant le modèle d'État islamique contre le modèle laïque ont été nommées au sous-secrétariat d'État, à la direction générale de TRT (*La Chaîne Télévisée Publique*), ainsi qu'aux directions générales et aux organes décisionnels du Haut Conseil de l'Audiovisuel (RTUK), du TUBITAK, des entreprises économiques publiques (KIT) et des banques contrôlées par l'État.

Il est connu de tous que, le professeur Dinçer défend des idées islamistes et affiche sa préférence pour un système politique islamique à la place de la laïcité. Les idées qu'il a avancées en 1995 à Sivas, lors d'une conférence intitulée *L'actualité de l'islam en Turquie et dans le monde à l'aube du 21ème siècle*, méritent l'attention : « Voici ce qu'il faut voir en découvrant l'islam : l'islam est un ensemble et un mode de vie. Donc il inclut aussi des actes politiques visant le pouvoir décisionnel ». Après cette explication, il expose aussi le plan que doivent suivre les mouvements islamistes pour conquérir l'État, en soulignant qu'il faut soutenir les mouvements cherchant à transformer la société en s'emparant de l'administration de l'État et de ses centres décisionnels.

Dinçer, explique : «je suis convaincu que les principes fondamentaux initiaux de la République de Turquie, comme la laïcité, le républicanisme

---

[194] *Radikal*, 12 mars 2004.

et le nationalisme, doivent être remplacés par une structure plus participative, plus décentralisées et plus musulmane. Je suis aussi convaincu que le moment est venu pour ce changement... Nous avons précisé qu'en Turquie, il y a une énorme accumulation d'énergie au nom de l'islam et de l'acquisition par le peuple de son pouvoir et de son honneur... La Turquie ne peut changer et devenir une nouvelle force mondiale, que si elle peut user de cette énergie... »[195]

Cette personne, qui appelle les mouvements islamistes en Turquie et dans le monde à conquérir le pouvoir, est le sous-secrétaire d'État de la République de Turquie, autrement dit, un haut fonctionnaire de l'État turc. Le sous-secrétaire islamiste, qui est connu pour ses idées radicales islamistes et qui invite tous les musulmans du monde à se révolter, suggère de conquérir l'État de l'intérieur. Il est, par ailleurs, lui-même chargé d'appliquer ce plan et cette tactique en tant que sous-secrétaire d'État.

Un autre bureaucrate important est le président de la Télévision et la Radio Turques (TRT) : Senol Demiröz qui a été nommé par le gouvernement AKP directeur général de l'institution et muté, en 2004, après avoir longtemps occupé ce poste, à une autre fonction. Il a séjourné auprès de Gulbeddin Hikmetyar, leader du mouvement Hizb-i Islam en Afghanistan, il a joint ses activités islamistes, en fonction desquelles il a organisé son mode de vie. Sa photographie prise en Afghanistan avec Gubeddin Hikmetyar, leader du mouvement Hizb-i Islam nous en donne une idée claire. Le fait que le gouvernement AKP nomme un islamiste radical pour la présidence d'une institution stratégique comme TRT, fait parti de la stratégie de l'infiltration islamiste dans les institutions publiques.

Un autre exemple intéressant est Mehmet Dogan, un écrivain connu pour son style radical islamiste du quotidien *Vakit*, qui a été nommé membre du RTUK. Il est poursuivi et recherché à cause de son article intitulé *Le pays où ceux qui n'ont même pas la capacité de devenir caporaux deviennent généraux*, publié dans le quotidien *Vakit*. Cette personne poursuivie, est nommée membre du conseil de direction d'une institution comme le RTUK, qui détient le pouvoir de contrôler toutes les émissions de radio et de télévision. Dogan dit :

---

[195] Supplément hebdomadaire *Europe* du quotidien *Cumhuriyet*, 23 janvier 2003.

« Avant d'être sélectionné pour le RTUK j'écrivais régulièrement dans *Vakit*. Depuis ma sélection, je n'écris que de temps en temps. Mes articles sont publiés qu'en seconde page… »[196]

Quelles peuvent être les raisons de la nomination de cette personne radicale islamiste à une institution d'une telle importance ? Elles sont au nombre de deux : la première est de faire en sorte que les émissions soient conformes aux traditions islamistes, la seconde d'infiltrer les institutions stratégiques de l'État.

La stratégie politique de l'AKP repose aussi sur un plan de conquête de l'intérieur des institutions du système afin d'« islamiser l'État ». Comme l'exprime également Erdogan, la démocratie est une étape avant l'islamisation. De plus, le député de AKP Dincer, qui dit qu' « obtenir le pouvoir n'est qu'un commencement », explique le plan pour cette obtention ainsi que la suite :

« Obtenir le pouvoir n'est pas la fin de ce chemin… Il ne s'agit que d'un nouveau commencement. Une fois le pouvoir obtenu, la lutte du Musulman contre ce qui est illicite, l'impur et le mal continue, même si le monde entier devenait musulman… »[197]. C'est ici que l'AKP trouve la perspective principale de sa stratégie d'infiltration à l'intérieur de l'État.

Gülen, qui fait une analyse politique de cette stratégie de l'AKP consistant à mener à bien l'infiltration islamiste afin de conquérir l'État de l'intérieur, développe des tactiques à la lumière de cette analyse :

« La présence de nos amis dans la justice et l'administration publique ou dans d'autres établissements principaux ne doit pas être considérée uniquement sur le plan individuel. Ces personnes sont notre garantie pour le futur au sein de ces unités. Pour réussir l'avenir, il nous faut découvrir les points clés du système. Ce système continue à fonctionner. C'est à l'intérieur de ce système que nos camarades vont avancer vers le futur. Pour cette raison, nous devons connaître les points clés de ce système… Ceci est valable pour nous tous, que ce soit nos camarades qui travaillent dans la justice ou dans l'administration publique. Il faut aller le plus loin possible sans se faire remarquer, ni faire sentir son existence. Il faut s'appliquer à ce principe. Il est obligatoire que les musulmans continuent à servir de cette manière jusqu'à ce qu'ils atteignent un certain point. S'ils agissent précipitamment, ils seront écrasés comme en Algérie. Il ne faut pas entraîner de pertes. C'est pour cela qu'il est très important de protéger

---

[196]*Radikal*, 2 février 2004.
[197] *Cumhuriyet*, supplément *Europe, op. cit.*

nos camarades, qu'ils soient dans tel ou tel établissement. Ne vivons pas les cas de l'Algérie, de la Syrie ou de l'Égypte. Nous avons l'obligation de nous comporter de manière attentive, mesurée et sérieuse... Je préfère répandre mes idées et conquérir tout, conquérir l'être au nom de mon système de pensée. En particulier nos amis qui sont employés dans l'État ne doivent pas se livrer à ce genre d'héroïsme, ce serait excessif. Un tel acte serait inutile...

Tout pas serait précipité si la force dans les établissements constitutionnels n'est pas en notre faveur. Chaque pas serait précipité, dis-je, jusqu'au moment où vous aurez réalisé votre rêve, vous aurez le pouvoir de porter le monde sur votre dos, vous aurez en main ce qui est nécessaire pour représenter ce pouvoir, vous aurez entraîné la force de toutes les institutions constitutionnelles de la structure étatique turque à vos côtés ... »[198]

Il est connu que Gülen, qui est un des champions de la stratégie du mouvement islamiste de conquête du pouvoir par l'organisant au sein de l'État, dispose d'un poids et d'une influence considérable sur le gouvernement AKP. Presque tous les ministres, y compris Erdogan, entretiennent des relations étroites avec Gülen.

En indiquant que le gouvernement AKP a mené à bien son organisation au sein de l'État et qu'il maîtrise toutes les institutions du système, le Président de la République Abdullah Gül a répondu sans équivoque aux questions des journalistes :

« On fait certains commentaires concernant les évènements récents. Laissez-moi vous dire que désormais en Turquie l'expression de *certains milieux* n'existe plus. Le gouvernement AKP maîtrise tous ses cadres avec la conscience de sa responsabilité envers la Turquie »[199].

Ces propos mettent à jour plus concrètement une réalité que nous avons déjà signalée: le gouvernement AKP cherche à créer les conditions propices pour conquérir le système de l'intérieur par en infiltrant les institutions publiques. La Présidence de la république constitue un autre terrain de ce conflit.

---

[198] Cité par SAVAS, *op. cit.*, p. 49-51.
[199] *Yeni Safak*, 14 avril 2005.

3 – LES CENTRES STRATÉGIQUES DE L'ORGANISATION DES ORDRES RELIGIEUX

Il est vrai que les ordres religieux se sont orientés vers une vaste organisation dans toutes les institutions de l'État. Cependant, dans l'objectif d'acquérir une influence dans les relations sociales, ils accordent une priorité à certaines des institutions stratégiques du système. Parmi celles-ci, la Présidence des Affaires religieuses se trouve au premier rang.

3.A – LA PRÉSIDENCE DES AFFAIRES RELIGIEUSES

La Présidence des Affaires religieuses (PAR) est une des principales institutions stratégiques de l'État, au sein de laquelle les mouvements islamistes s'organisent massivement. La Présidence des Affaires religieuses est une des institutions les plus importantes qui mérite d'être un sujet d'analyse particulier afin de comprendre la réalité de l'islam politique en Turquie. En effet, cette institution stratégique possède un potentiel d'influence considérable sur les relations sociales de l'islam politique, ainsi que sur son domaine d'organisation, ses propagandes politiques et ses efforts pour atteindre les populations visées.

La Présidence des Affaires religieuses qui dirige les activités religieuses au nom de l'État, n'est pas une institution ordinaire à fonction religieuse. C'est un empire économique et politique. La PAR, qui a une influence particulière sur l'État et qui exerce des activités intensives sur le plan des relations internationales, mène ses actions religieuses au niveau international.

Avec la part qu'elle reçoit du budget de l'État, elle se trouve parmi les principaux ministères. D'autre part, elle détient un grand pouvoir économique grâce aux entreprises commerciales qu'elle a fondées. Elle exerce, en vue de répandre l'islam, une activité de mission non seulement en Turquie, mais également dans d'autres pays, en y établissant des écoles, des instituts et des cours coraniques. Les actions menées par la PAR peuvent être citées parmi les exemples les plus concrets de l'islamisation de la société en Turquie. À titre d'exemple, 45 000 livres, 1300 revues et 1 300 dossiers documentaires faisant de la propagande islamiste, figurent dans tous les lycées et les bibliothèques de la Turquie.

La PAR qui mène des activités multidimensionnelles est le centre d'épanouissement du mouvement politique islamiste, tout comme elle abrite en son sein un nombre important de groupes islamistes « radicaux ». Basbakanlik Takip Kurulu (Conseil de suivi rattaché au

Premier ministre) constate, dans son rapport rédigé en 1999, qu'il existe des employés au sein de la Présidence des Affaires religieuses qui sont membres de l'Organisation des Frères musulmans. Ces informations en provenance d'une institution qui effectue des inspections au nom de l'État sur une autre institution publique très importante que les Affaires religieuses, sont assez significatives. Il y est précisé qu'il existe des membres de l'Organisation des Frères musulmans parmi les hauts fonctionnaires des Affaires religieuses et que certains imams prononcent des sermons contre l'armée et la république[200]. D'où cette institution abritant en son sein des forces islamistes radicales et participant aux activités islamistes internationales, et qui tente de dominer les relations étatiques tire-t-elle son pouvoir ? La réponse de cette question va également nous aider à concevoir l'objectif stratégique de la PAR.

3.A.1 – LE POUVOIR ÉCONOMIQUE DE LA PRÉSIDENCE DES AFFAIRES RELIGIEUSES (PAR)

Nous observons que la PAR, qui prétend exercer la responsabilité de satisfaire aux besoins religieux de la société, poursuit ses activités d'Islam politique de manière influente et qu'elle aspire, pour cette raison même, à devenir une puissance économique. En effet, dès sa fondation, la PAR s'est concentrée stratégiquement, sur l'objectif de devenir une puissance économique et a déployé des efforts importants dans ce sens.

Afin d'organiser les activités économiques de la PAR, la Fondation Religieuse de la Turquie (FRT) a été mise en place en 1976. Il s'agit d'un établissement géant qui possède aujourd'hui environ 820 bureaux de représentation. Elle est la plus puissante des fondations existantes. Elle a un partenariat avec la plupart des entreprises qui exercent une activité importante dans l'ensemble de la structure économique du pays.

« La fondation possède des entreprises commerciales et financières, comme GINTAS, KOMAS (Ankara), TEMSAS (Istanbul), DIVANTAS et l'établissement financier Kuveyt-Türk EVKAF, dont les capitaux atteignent des milliards de livres turques. GINTAS s'occupe de toutes les constructions des Affaires religieuses et elle est active dans les domaines de l'alimentation, de la publication et du tourisme. GINTAS est devenu membre de l'IATA (Association internationale du transport aérien) en 1993. Elle a fondé une imprimerie et une maison d'édition disposant de

---

[200] Cité par BULUT, *Yesil Sermaye Nereye*, Istanbul, Ed. Su, 1999, p. 211.

tous les moyens en Azerbaïdjan ; elle publie notamment des encyclopédies, en collaboration avec Göktürk, une entreprise azérie. »[201]

La FRT poursuit ses activités commerciales dans des domaines comme la presse et la publication, le tourisme, la construction, la finance, l'alimentation, la confection, le textile, l'éducation, la métallurgie, l'industrie chimique et l'assurance. La Présidence des Affaires religieuses de la Turquie, censée être chargée des affaires religieuses, est devenue un holding, une communauté d'entreprises dans le domaine commercial. Il convient de faire une longue citation afin de comprendre l'intérêt de la PAR au commerce :

« La FRT, qui se trouve au sein des Affaires religieuses, possède 98,2 % de la TEMSAS qui a été fondée en 1989 avec un capital de 60 milliards de livres turcs anciennes. Le reste est partagé entre KOMAS, DIVANTAS et quatre autres personnes physiques. Elle poursuit des activités sous les noms de Pürsoft, P-100, GePür, P-500, PürYesil, OtoPür et KoPür, dans plusieurs domaines comme la fabrication et la vente de matériels de nettoyage, la fabrication et le marketing de parfum et de lavage d'automobiles.

DIVANTAS, qui a débuté ses activités en 1993 avec un capital de 50 milliards de livres turcs (anciennes) dans le domaine de publication et marketing, est détenu très majoritairement par la FRT à hauteur de 96,8%. Le reste est partagé entre des sociétés au sein des Affaires religieuses comme GINTAS, KOMAS et TEMSAS. GINTAS a été fondé en 1983 avec un capital de 20 milliards de livres pour mener des activités dans le marché de la construction.

KOMAS a été fondé en 1990, avec un capital de 300 milliards de livres anciennes, pour exercer des activités dans les secteurs de l'alimentation, du textile, du tissage, du tourisme, de la construction, de la santé, de l'éducation, du pétrole et de la métallurgie, des matières chimiques, de la publication et de l'édition, du transport et de l'assurance. Le rôle de patron est exercé par la FRT qui possède 93,83% des actions ; pour le reste, Vakifbank, la Caisse des fonctionnaires, TEMSAS, Ulker et la Fondation des membres d'EBK y sont associés avec des parts variables.

VENTAS a été fondé en 1996 avec un capital de 150 milliards de livres turques anciennes. Elle a l'ambition de poursuivre des activités comme l'enseignement à tous les niveaux, de faire des recherches et des analyses scientifiques dans le domaine de l'éducation et de l'enseignement,

---

[201] *Milliyet*, 31 aout 1998.

importer et exporter des soutiens pédagogiques et en annexe au transport scolaire, organiser des voyages éducatifs nationaux et internationaux. La FRT y occupe la position principale avec une part de 96% ; le reste étant partagé entre KOMAS, GIMAS, DIVANTAS et TEMSAS.

On peut mentionner également Sigorta Aracilik Hizmetler (Services de Courtage Assurance), qui ont été fondés en 1995 avec un capital de 2 milliards de livres au sein de KOMAS. Quant au Centre Médical du 29 Mai de la FRT, il a été institué en 1997 avec un capital de 100 milliards de livres turques pour offrir des services de laboratoire. En outre, il y a également un hôpital à Istanbul fournissant des prestations de chirurgie et d'hospitalisation.

Même si la part des actions de la FRT dans l'Institution financière Kuveyt-Türk Evkaf n'est que de 1% (soit une part de participation de 20 milliards), cette part lui a permis de surmonter ses problèmes financiers. De la même manière, la FRT est associée depuis 1998, à Ihlas Assurances avec un pourcentage de 10%, qui équivaut à 50 milliards de livres ; à SEKA à hauteur de 387 pour mille, équivalant à 19 milliards de livres ; à Ihlas Finances avec une part de 8% équivalant à 160 milliards de livres et à la S.A. Commerce et l'Industrie laitière SAF avec une proportion de 25% »[202].

La Présidence des Affaires religieuses poursuit ces relations commerciales surtout avec des entreprises réputées islamistes. En outre, des sociétés islamistes comme Ulker Holding, Ihlas Holding et Kombassan qui comptent parmi les plus grands groupes de capitaux en Turquie, sont associées à la plupart des entreprises fondées par celle-ci.

L'objectif de la FRT, établie en tant que fondation d'État, est précisé comme étant de « créer les conditions d'une bonne compréhension de l'islam par la société.» Pourtant elle consacre ses activités plutôt à la formation des ressources économiques. Elle utilise cette puissance économique qu'elle a créée comme un appareil de pression dans les relations sociales et politiques.

En plus de ses établissements commerciaux la fondation, possède également un grand nombre de propriétés privées.

« Les dimensions des terrains achetés par la FRT entre 1992 et 1994 sont de 1 million 672 102 m². La quantité de ses biens immobiliers, qui était de 1270 en 1990, est passée à 5 257 en 1992. Parmi ces biens, on peut

---

[202] « Les Affaires religieuses deviennent un holding » *Cumhuriyet*, Août 1998.

compter 1 313 mosquées, 695 écoles coraniques, 21 lycées de Formation Religieux, 227 établissements d'autorités religieuses, 513 logements, 181 magasins, 132 bureaux, 14 résidences étudiantes, 6 fonds de commerce, 24 dépôts, 32 installations sociales, 1 454 terrains, 343 fonds immobiliers (bâtiments, terrains), 291 domaines, 4 maisons d'édition et centres éducatifs... »[203]

Il existe 4 500 fondations en Turquie. Aucune d'entre elles ne possède une telle puissance économique. Comme le montrent ces données, la PAR est devenu un véritable monopole économique grâce aux relations commerciales qu'elle a créées et développées tant en Turquie, qu'au niveau international. Comme nous le verrons plus loin, la part qu'elle reçoit du budget national montre que cette institution est devenue une puissance économique et politique considérable, au point de devenir une véritable source d'inquiétude dans les milieux politiques.

Confirmant cette inquiétude, le rapport établi par les inspecteurs du Conseil de Surveillance dans le cadre d'une inspection concernant la PAR souligne les points suivants :

« Les activités commerciales de la PAR, dont l'objectif principal est la construction de mosquées et l'édition de publications religieuses, doivent être régulées ; Elle doit être plus attentive dans ses activités commerciales et d'enseignement autant au niveau local qu'international. »[204]

Ainsi qu'il ressort de ce rapport du Conseil de Surveillance, la fondation dont l'objectif principal est la construction de mosquées et l'édition de publications religieuses, vise à devenir une puissance économique et commerciale laissant de côté ses devoirs primaires. Les observations sur le sujet de l'Inspecteur général des Affaires religieuses, Abdulkadir Sezgin, chargé d'inspection au nom de l'État, est révélateur des objectifs stratégiques de la PAR. Il dit que la Fondation Religieuse de Turquie, « veut diriger à la fois les Affaires religieuses et l'État ». Nazan KULOGLU, ancien membre de l'université de Mugla, auteur d'une recherche effectuée en 1997, intitulée *Le problème de la Présidence des Affaires religieuses en Turquie*, constate que la FRT « s'écartant de ses objectifs, est devenue un cartel qui a des objectifs d'ordre économiques »[205]. Le but de cette institution devenue un cartel est de faire de la propagande intégriste, sous prétexte de mieux faire comprendre l'islam, grâce aux moyens économiques qu'elle a obtenus.

---

[203] « Diyanet'te Ürküten Büyüme » *Cumhuriyet*, 22 juin 1998.
[204] Cité par BULUT, *Yeşil Sermaye Nereye*, Istanbul, Ed. Su, 1999, p. 207-208.
[205] *Ibid*, p. 208.

3.A.2- LA PLACE DE LA PRÉSIDENCE DES AFFAIRES RELIGIEUSES DANS LE BUDGET DE L'ÉTAT

Alors que la Turquie fait face à de graves problèmes économiques et sociaux ainsi qu'à des crises économiques récurrentes, que le budget de plusieurs ministères sont réduits, le budget de la PAR n'a cessé d'augmenter. Grâce à des augmentations atteignant chaque année les 100 %, sa part dépasse largement la totalité du budget de plusieurs ministères.

Tableau 1 : Part de la PAR dans le budget de l'État selon les années (en YTL)

ANNEES	SOMMES	ÉVOLUTION ANNUELLE EN %
1995-1996	29. 061.000 YTL	160.3
1997-1998	145.084.000 YTL	480
1999-2000	427.988.000 YTL	290
2001-2002	900.385.000 YTL	210
2003-2004	1.738.035.000 YTL	190
2005	1.116.664.000 YTL	14,8
Source:www.diyanet.gov.tr		

Dans un pays où le PNP par personne était de 4 000 dollars en 2004, le fait que la part réservée à la Présidence des Affaires religieuses ait atteint un niveau record, est en relation directe avec les objectifs politiques de l'État. Durant la période 1995-2003 au cours de laquelle la Turquie a fait face à une crise économique importante, bien qu'il y ait eu des restrictions importantes dans les dépenses au niveau de tous les secteurs d'investissement, en matière d'éducation et de santé, le budget de la PAR a vu une augmentation allant de 14,5 % à 78 %.

Alors que la Turquie passe par une phase difficile, notamment dans les domaines de l'économie, de l'éducation et de la santé, la part du

---

1 Euro= 1,9 YTL

budget consacrée à la PAR dépasse la totalité de celle de plusieurs ministères ayant une importance stratégique pour les besoins du pays. Loin d'être une coïncidence, ceci est directement lié aux tendances politiques internationales et nationales de la Turquie.

Selon le budget de l'année 2007, la part de la Présidence des Affaires religieuses et de 1,638 milliards YTL (nouvelle livre turque). Ce chiffre occupe le 13e rang parmi les 50 programmes gérés par le budget de l'administration publique. Le budget des Affaires religieuses dépasse de 2 à 4 fois les budgets des ministères exécutifs tels que le Ministère de l'Energie et des Ressources naturelles, le Ministère des Travaux publics et le Ministère des Transports :

« 48,3 fois le budget de la Présidence de la République, 4,5 fois celui de l'Assemblée Nationale, 90,8 fois celui de la Cour constitutionnelle, 35 fois celui de la Cour de cassation, 44,9 fois celui du Conseil d'État, 19,2 fois celui de la Cour des comptes fois 6 plus que le budget du Premier Ministre, 3,8 fois celui du MIT, 128,7 fois celui du CNS (Conseil national de Sécurité), 31 fois celui de BYEGM (Direction générale de la Presse et de l'Information), 156,4 fois celui de la Présidence de l'Emploi public, 158,2 fois celui du Haut Conseil de Surveillance, 4,3 fois celui de l'Organisation nationale de Planification, 16,1 fois celui du Sous-secrétariat du Commerce extérieur, 7,9 celui du Sous-secrétariat des Douanes, 10,2 fois celui de l'Institut national des Statistiques, 379 fois celui de la Direction des Handicapés, 387,4 fois celui de la Direction générale des Recherches familiales et sociales, 775,3 fois celui de la Direction générale de l'Insertion des Femmes, 462,1 fois celui de la Direction générale de cohésion sociale, 2 fois celui de l'Institut national des services sociaux et protection des enfants, 170,3 fois celui du Secrétariat général de l'UE, 38% de plus que celui du Ministère de l'Intérieur, 7,1 fois celui du Commandement de la Sécurité des Côtes, 2,3 fois celui du Ministère des Affaires étrangères, 26% de plus que celui de la Présidence de l'Administration du Revenu, 2,2 fois celui du Ministère des Travaux publics, 4 fois celui de la Direction générale de l'Arpentage et du Cadastre, 2 fois celui du Ministère des Transports, 25,2 du Sous-secrétariat des Affaires maritimes, 38,4 fois celui de la Direction générale de la Réforme de l'Agriculture, 5,1 fois celui du Ministère de l'Industrie et du Commerce, 4,3 fois celui du Ministère de l'Energie et des Ressources naturelles, 355,6 fois celui de la Direction générale des Travaux pétroliers, 2 fois celui du Ministère de la Culture et du Tourisme,

69% plus que celui du Ministère de l'Environnement et des Forêts, 16,3 fois celui de la Direction générale de la Météorologie »[206].

Ces données constituent un exemple concret pour la politique d'islamisation de la Turquie par certaines forces du système mêmes.

3.A.3 – LA FONCTION DE MISSIONNAIRE DE LA PRÉSIDENCE DES AFFAIRES RELIGIEUSES

Les activités de la Présidence des Affaires religieuses ne se limitent pas aux frontières de la Turquie. En effet, elle exerce également des activités partout où se trouvent des musulmans d'origine turque. Un autre aspect des activités basées sur la propagande de l'islam consiste à contribuer au développement et à l'approfondissement des relations entre l'État turc et d'autres États dont la population est musulmane. Cependant, l'aspect qui nous intéresse ici est le rôle de missionnaire joué par la Présidence des Affaires religieuses de par ses activités islamiques à travers le monde. Ses activités se concentrent sur des domaines couvrant l'édition et la distribution de livres, de magazines et de brochures, la réalisation d'émissions télévisées, la mise en place d'institutions centrales religieuses, d'associations menant des activités religieuses dans divers pays. Nous pouvons affirmer que organisation de la PAR est conforme à la philosophie de RABITA de l'Arabie Saoudite destinée à répandre dans le monde le mode de vie islamique, et que nous avons abordé précédemment. L'objectif commun du PAR et de RABITA est d'abord de rendre prépondérant le mode de vie islamique dans les sociétés musulmanes, et ensuite de lutter pour convertir à l'islam les adeptes d'autres religions.

Nous pouvons illustrer cette situation en considérant les pays dans lesquels la Présidence des Affaires religieuses s'organise, ses domaines d'action et ses tendances pratiques. Les pays de présence des Missions des Services religieux, rattachées à la Présidence sont :

« L'Allemagne, les États-Unis, l'Autriche, la Belgique, le Danemark, la France, les Pays-Bas, la Suède, la Suisse, l'Angleterre, la Russie, l'Azerbaïdjan, le Kazakhstan, le Kirghizstan, l'Ouzbékistan, le Turkménistan, l'ARYM et la RTCN ».

Quant aux Attachés des Services religieux, ils se trouvent dans presque tous les pays et même les villes où vivent des immigrés d'origine

---

[206] *Hurriyet*, 14 octobre 2006.

turque. Les Attachés des Services religieux sont implantés dans plusieurs pays et surtout en Allemagne :

« L'Allemagne (Berlin, Düsseldorf, Essen, Francfort, Hambourg, Hanovre, Cologne, Karlsruhe, Munich, Nuremberg, Stuttgart, Münster, Mainz), l'Australie (Sidney, Melbourne), les Pays-Bas (Deventer), la France (Lyon), les États-Unis (New York), l'Arabie Saoudite (Djedda), le Nakhitchevan, la Roumanie (Constanta) »[207].

La fonction prioritaire de ces Missions et de ces Attachés est de veiller à l'éducation des citoyens d'origine turque conformément à la tradition musulmane.

Il existe aujourd'hui en Europe environ 3,5 millions immigrés d'origines turque et kurde. La PAR qui a une véritable tendance à s'organiser parmi eux poursuit ces activités au nom de l'État. En effet, les Missions et les Attachés des Services religieux se trouvent directement liés aux ambassades de Turquie dans ces pays, en tant qu'institutions annexes.

« La Présidence des Affaires religieuses est organisée sous forme de Missions des Services religieux au niveau des ambassades et sous forme d'Attachés des Services religieux au niveau des consulats »[208].

Cette explication montre bien que l'État turc se trouve au centre de la propagande islamiste en direction des immigrés.

La cible principale de la Présidence des Affaires religieuses, qui poursuit ses activités au nom de l'État, est les républiques turcophones d'Asie Centrale. Dans ces pays, les lycées et les facultés fondés pour former des hommes de religion (les imams) et les mosquées bâties dans le but de rendre l'islam dominant dans la vie quotidienne, sont financés par la PAR. Ainsi, en 1999, les responsables des Affaires religieuses ont déclaré que :

« Des facultés de théologie ont été fondées en Azerbaïdjan, au Kirghizstan, en Afghanistan, au Daghestan et au Kazakhstan ; ainsi que des lycées religieux à Bakou, à Nakhitchevan, en Roumanie en au Turkménistan. En outre, ont été construites au total 23 mosquées, dont 1

---

[207] www.diyanet.gov.tr
[208] *Ibid.*

en Ouzbékistan, 4 en Azerbaïdjan, 10 en Crimée, 1 au Kirghizstan, 1 à Nakhitchevan, 1 au Kazakhstan et 1 au Turkménistan »[209].

Les activités de la Présidence des Affaires religieuses n'étant pas limitées à cela, celles basées sur la propagande islamique par le biais de publications, présentent également des dimensions importantes. Le nombre de brochures et de livres publiés et distribués par cette institution en langue turque, en divers dialectes turcs ainsi que d'autres langues étrangères se compte par millions.

Le fait qu'il y ait une propagande centrée sur l'Asie centrale et le Caucase n'est pas non plus le fruit du hasard. La totalité des ouvrages et des livres au contenu islamique publiés en 10 langues jusqu'en 2003, dépasse les 3 millions. De même, environ 1,3 million de brochures de propagande islamiste traduites en 14 langues ont été publiées par la PAR.[210]

La propagande islamiste menée dans les pays de cette région, en particulier dans les républiques d'origine turque donne à réfléchir. Bien que la Turquie, qui se prétend laïque, mène une propagande islamique par tous les moyens économiques, politiques et diplomatiques dans ces pays, peut sembler contradictoire, ceci est directement lié à la position géopolitique de ces pays. Aujourd'hui, les activités islamistes exercées au nom de l'État par des pays comme la Turquie, ont un effet indéniable sur le fait que les mouvements radicaux islamistes soient devenus des puissances importantes dans certains pays, notamment au Turkménistan, au Tatarstan, en Azerbaïdjan, en Ouzbékistan et au Kirghizstan. Où «1.265.000 livres de 43 genres différents ont été publiés dans diverses langues et dialectes pour nos citoyens, nos congénères et nos frères musulmans résidants à l'étranger.»[211]

L'activité multidimensionnelle d'islamisation a non seulement des influences significatives sur la vie quotidienne de la société, mais elle prépare en même temps une base objective pour la croissance du mouvement radical islamiste. La Présidence des Affaires religieuses est le centre de l'organisation de cette activité au nom de l'État. Derrière le renforcement économique de cette institution par l'État et ses activités étendues en Asie Centrale, se trouvent des politiques stratégiques régionales.

---

[209] *Milliyet*, 11 juillet 1999.
[210] www.diyanet.gov.tr
[211] www.diyanet.gov.tr.

Ce qui est intéressant à voir, c'est que la Présidence des Affaires religieuses, qui d'une part se charge de la mission de répandre l'islam au niveau international, interdit de l'autre les activités d'autres religions en Turquie. Le livre intitulé *propagande chrétienne et activités des missionnaires* et publié par la Fondation Religieuse, contient des propos intéressants sur ce sujet :

«Faire de la propagande chrétienne de quelque manière que ce soit, est un crime dans notre pays. De même, si nous rencontrons une personne qui fait une telle propagande, il est de la responsabilité citoyenne de communiquer cette situation aux instances policières», «Dans notre pays, faire de la propagande chrétienne constitue un délit selon la loi.»[212]

Le fait que les Affaires religieuses, qui contribuent au maximum à l'islamisation d'autres régions du monde par ses activités menées dans divers pays, interdise les activités menées au nom d'autres religions, est à mettre en relation directe avec les tendances stratégiques de cette institution.

3.A.4 – LA PRÉSIDENCE DES AFFAIRES RELIGIEUSES COMME UN CENTRE D'ORGANISATION DE PÉLERINAGE

En Turquie, c'est la Présidence des Affaires religieuses qui gère au nom de l'État l'organisation pèlerinages. Elle détermine le nombre de personnes participant au voyage en fonction du quota donné par l'Arabie Saoudite. Elle s'occupe non seulement de l'organisation du pèlerinage en Turquie, mais également de celle des immigrés d'origine turque dans les autres pays. On observe une augmentation importante du nombre des personnes allant au pèlerinage chaque année. Particuliermenet après le coup militaire de 1980 en Turquie, l'augmentation du nombre des pèlerins est de 101 %. Le fait que les musulmans restent fidèles à cette pratique dans le cadre de leur croyance religieuse peut être considéré comme étant naturel. Cependant, au-delà de l'aspect de pratique religieuse, l'organisation des voyages de pèlerinage fait parti de la propagande intégriste islamiste. De 1970 à nos jours, le nombre de personnes envoyées par la PAR au pèlerinage est de 2,5 millions.[213] D'autre part, celle-ci organise aussi les voyages des Turcs résidant à l'étranger et ceux des musulmans des pays des Balkans et de l'Asie centrale, dont le nombre ayant bénéficié des services de la PAR jusqu'à ce jour a atteint les 250 000. À part la PAR, il existe aussi des établissements ayant des relations

---

[212] CILACI Osman, *Hristiyanlik propagandasi ve Misyoner faaliyetleri*, Ankara, Ed. DIB, 1982, p. 5.
[213] www.diyanet.gov.tr

avec les ordres religieux, qui organisent des voyages de pèlerinage et qui bénéficient d'un quota annuel de 7000 personnes y compris des résidents à l'étranger. Une augmentation considérable des demandes de voyage de pèlerinage est observable en Turquie. Rien qu'en 2003, le nombre de ces demandes est de 389 000. À cause du quota déterminé par l'Arabie Saoudite, seule une partie des demandeurs peuvent partir en pèlerinage. Quel peut être l'inconvénient d'organiser des voyages de pèlerinage dans un pays dont la majorité de la population est de religion musulmane ? Théoriquement parlant, on peut penser que ceci ne présente aucun inconvénient. Pourtant, si nous considérons l'ensemble des activités menées par la PAR, nous pouvons nous rendre compte de la gravité de la situation

Les activités d'organisation des pèlerinages s'appuient sur des politiques islamistes tant du point de vue de leur manière d'organisation que de leur contenu de propagande. Des documents rendus publics à plusieurs reprises font état de propagandes multi-dimensionnelles, qui visent les personnes partant en pèlerinage, concernant la destruction du régime politique actuel de la Turquie pour fonder un État dirigé par la charia. De plus, ces documents prouvent que des parlementaires islamistes, dans les réunions qu'ils organisent pendant le pèlerinage, font appel à la fondation d'un État islamique en Turquie. En outre, plusieurs personnes faisant de la propagande islamiste et organisant des activités dans ce sens, réalisent leur voyage de pèlerinage grâce aux moyens de la PAR.

Les pèlerinages, ayant pour but principal de satisfaire aux exigences de la religion, occupe une place importante dans les activités des mouvements politiques islamistes. Le contenu des livres, brochures, vidéos et CD concernant les pèlerinages, édités par la PAR, s'appuie sur l'idée d'une islamisation entière de la société.

3.A.5 – LE PROJET DES AFFAIRES RELIGIEUSES POUR L'AVENIR

Les besoins de la PAR, en tant que plus grande confrérie de l'État turc, sont en augmentation constante. L'expression qui correspond le mieux pour décrire cette institution gigantesque serait « l'Empire des Affaires religieuses ». Ils préparent, dès aujourd'hui, des plans stratégiques pour satisfaire aux besoins de l'année 2015.

Tandis que les pouvoirs politiques islamistes font des plans pour conquérir l'ensemble du pouvoir politique, l'Empire des Affaires religieuses se prépare pour l'année 2010.

« D'après la liste des besoins de l'année 2010, chaque année 200 à 250 cours coraniques seront fondés jusqu'à cette date. Le nombre de muezzins qui est actuellement de 9727 atteindra les 114 000. Le nombre d'enseignants des cours coraniques, qui est de 5000 environ, dépassera les 10 000. Le nombre d'imams qui atteint les 59 000, dépassera les 100 000. À part les 72458 mosquées décomptées dans l'ensemble de la Turquie, 31 500 nouvelles mosquées seront édifiées en l'espace de 21 ans. Le personnel actuel des Affaires religieuses qui est de 89 000 personnes atteindra les 238 000. Et il y a un besoin de personnel de bureau atteignant les 14 000... »[214].

La plus grande contribution à la stratégie du mouvement islamiste pour l'année 2025 provient de la part de la Présidence des Affaires religieuses sous le contrôle de l'État. Lorsqu'on y ajoute les étudiants des cours coraniques, environ 60% de la population sera sous l'influence des activités d'islamisation qui continueront sans cesse. Or la PAR se place au centre de ce tableau.

La volonté d'un système basé sur la charia est commune à presque tous les cadres responsables de la PAR. C'est pour cette raison que les activités des ordres religieux et des organisations islamistes dans les cours coraniques et les mosquées qui sont sous le contrôle de la Présidence des Affaires religieuses ne paraissent pas surprenantes.

Parallèlement à l'augmentation du nombre des institutions religieuses contrôlées par la PAR, qui planifie entre déjà les années 2010 et 2025, une augmentation importante du nombre des personnes chargées dans ces institutions est aussi en question. Ce projet politique qui consiste en un vaste développement, s'appuie lui-même sur l'islamisation de la société turque.

3.B – LES MOSQUÉES COMME CENTRES STRATÉGIQUES DE L'ORGANISATION DU MOUVEMENT POLITIQUE ISLAMISTE

Ainsi que le constate B. Lewis «Les mouvements qui s'en réclament jouissent encore d'un autre avantage. Immense. Par rapport à tous leurs rivaux. Au travers des mosquées, ils disposent de réseaux que même les régimes les plus autoritaires ne parviennent pas à entièrement contrôler.

---

[214] Cité par BULUT, *Yesil Sermaye Nereye,* Istanbul, Ed. Su, 1999, p. 205.

Plus encore, les dictatures les aident sans le vouloir, en éliminant toutes les autres forces d'oppositions qui pourraient, leur faire concurrence.»[215].

Ce constat nous donne des indices importants sur la transformation des mosquées, fondées par l'État, en un domaine d'activité pour les islamistes politiques. À titre d'exemple, nous pouvons mentionner le lynchage d'un membre d'ordre religieux, auteur de l'assassinat de l'imam de la mosquée d'Ismail Aga à Fatih, qui était lui aussi membre d'un ordre religieux. Après cet incident, les relations entre les ordres religieux et les mosquées ont refait surface dans l'actualité.

Le mufti d'Istanbul Mustafa Cagrici a affirmé « Nous ne faisons pas de distinction entre confréries ou confessions dans nos activités. Les communautés de certaines de nos mosquées peuvent se sentir proches à certaines confessions. Mais nous donnons des services religieux pour tout le monde ». M. Cagrici, qui a précisé que toutes les mosquées sont sous la direction des Affaires religieuses, confirme ainsi cette situation : « La mosquée d'ordre religieux n'a pas sa place dans notre réglementation. Ceci est un sujet sociologique et non pas religieux ». Ainsi, les mosquées de l'État « laïque » sont dirigées par les ordres religieux qui sont contre la laïcité.

L'une des politiques prioritaires de l'État est de bâtir des mosquées partout en Turquie jusque dans les coins les plus isolés. Par une compétence accordée aux mairies par le gouvernement, la construction des mosquées est encouragée.

La loi de 1996 stipule que « si des associations et fondations de construction de mosquées incluent dans leurs projets de construction des mosquées et dépendances, le terrain leur sera alloué sans charges. 1% du budget de la mairie sera réservé à la construction des toilettes des mosquées et à l'aménagement du milieu environnant »[216]

Cette loi qui est toujours en vigueur est un facteur important dans l'élargissement du domaine d'action des pouvoirs islamiques.

Les mosquées, qui sont construites par l'État soi-disant laïque et qui s'étendent des quartiers urbains jusque dans les villages les plus isolés, sont un des domaines les plus stratégiques de l'organisation du mouvement islamiste. Les mosquées, qui forment les masses selon les principes de la charia grâce aux sermons donnés cinq fois par jour, jouent

---

[215] LEWİS Bernard, *L'islam en crise*, Paris, Ed. Gallimard, 2003, p. 46-47.
[216] ŞENER Nedim, « Gecekonduya Cami Kalkanı », *Milliyet*, 04 octobre 1996.

un rôle de centre d'orientation politique. Elles sont d'une importance stratégique pour les pouvoirs islamistes, par le fait qu'elles servent de champs de propagande pour les communautés ou les ordres religieux. Elles constituent également le fondement objectif pour l'organisation des masses par les institutions islamiques, sous couvert de pratique religieuse. Après chaque événement social qui survient dans l'ensemble de la Turquie, les imams de mosquées donnent des sermons appelant à la loyauté envers l'État. Ils soulignent le caractère sacré de l'État et font appel à l'«intégrité indivisible du pays». Quant aux forces qui sont en conflit avec le système, elles sont déclarées «ennemies» ou «blasphématrices».

En raison de cette stratégie, des milliers de nouvelles mosquées modernes sont construites chaque année en Turquie. Des régions les moins développées jusque dans les métropoles, des mosquées sont construites partout et de manière illégale. Presque toutes les villes de la Turquie sont entourées de mosquées. Par exemple, il y a 2158 mosquées à Kastamonu, 2203 à Istanbul, 3090 à Samsun et 2383 à Ankara. L'augmentation selon les années du nombre de mosquées à Istanbul, qui est une des plus grandes métropoles du monde, est assez alarmante.

Tableau – 2 : Le nombre de mosquées et de personnel employé en 2004

Cadres des Mosquées		Personnel	
Fonctionnaires	66 027	İmam-hatip	52 871
Non Fonctionnaires	10 418	Muezzin-Kayiim	9 586
Total	**76 445**	**Total**	**62 457**
Source: www.diyanet.gov.tr			

Selon ces données, le nombre de mosquées, qui était de 69 533 a passé à 76 445. De même, une augmentation importante du nombre des employés est observable. Le nombre d'imams employés dans les mosquées est de 76 445. D'autre part, le nombre de personnel employé est de 62 457. La totalité des personnes employées dans les mosquées est de 138 902. Le nombre total des employés au sein de la Présidence des Affaires religieuses est beaucoup plus élevé. Les nombres ci-dessus ne concernent que les mosquées.

Tableau – 3 : Nombre des personnes employées dans les mosquées

Repartition Du Personnel de la PAR	Nombre de fonctionnaires	Autre personnels
Siège de la PAR	1 264	951
Province	87 256	73 129
A l'étranger	49	34
Total	88 669	74 114

Source : www.diyanet.gov.t

Selon les données publiées en date du 1er janvier 2003, le nombre total de personnel de la Présidence des Affaires religieuses est de 88 669. En outre, le nombre de personnes employées est de 74 114. Ainsi, 162 783 personnes travaillent au sein de la Présidence des Affaires religieuses, y compris les employés dans les mosquées.

La prise en considération du niveau éducatif et culturel des cadres actuels des Affaires religieuses, qui exerce une influence importante dans les relations sociales, peut nous aider à avoir une idée plus concrète sur cette institution.

Tableau – 4 : Niveau d'instruction des employés de mosquées

Niveau Scolaire	Nombre	Part En %
Universitaire	28 223	38,07
Secondaire	44 802	60,46
Primaire	1.089	1,47
Total	**74 114**	**100**
*Source:*www.diyanet.gov.tr.		

Cette table, publiée par les Affaires religieuses en 2005, nous donne une idée claire par rapport au personnel de cette institution. 60,46 % des employés sont diplômés du collège et du lycée. Seulement une part de 38,07 % a reçu une formation universitaire. La proportion des employés diplômés de l'école primaire est de 1,47 %. Donc ces employés, dont les 2/3 sont diplômés du collège et du lycée, n'ont pas une formation suffisante dans le domaine religieux. Il est certain que cette situation donne lieu à des problèmes graves par rapport à l'influence et au pouvoir d'orientation sur la société que détiennent ces personnes chargées de répandre la propagande islamiste partout en Turquie, des villes jusque dans les plus petits villages.

Même si le nombre de mosquées en Turquie, qui n'a cessé d'augmenter durant ces dernières années, n'est pas connu exactement, on suppose qu'il dépasse largement toutes les estimations. Grâce aux modifications des lois effectuées par le gouvernement AKP en particulier, toutes les mosquées construites de manière illégale ont été régularisées. Le fait que les mosquées soient construites dans des quartiers populaires où habitent les parties pauvres de la société est un choix très conscient. Par exemple, dans le quartier de Sultanbeyli d'Istanbul, où la majorité de la population vit dans la pauvreté et où les organisations islamistes possèdent un réseau important, 53 mosquées et 103 petites mosquées construites de manière illégale ont été dénombrées. Celles-ci ont acquis un statut légal grâce aux lois promulguées. Les mosquées sont les centres de l'organisation du mouvement politique islamiste. Dans une ville comme Istanbul, les activités d'organisation et de propagande menées dans les mosquées ont eu un effet important sur les votes massifs des milieux populaires en faveur des partis islamistes tels que le RP et le FP et dernièrement, le SP et l'AKP.

3.C – LES FONDATIONS ET LES ASSOCIATIONS

Les fondations et les associations établies par les islamistes ont près de 50 ans d'histoire. Elles sont parmi les dispositifs d'organisation les plus importants pour les mouvements islamistes. Elles font partie d'un réseau d'organisations qui encercle toutes les régions de la Turquie avec une étendue qui va des quartiers des métropoles jusque dans les plus petits villages de l'Anatolie. Dès le début leurs actions politiques, les organisations islamistes se sont amplement servies de ces deux types d'établissement.

Dans les activités politiques et organisationnelles islamistes, les fondations occupent une fonction importante. Le fait que les fondations aient une structure autonome et qu'elles soient liées directement à la Direction générale des Fondations du Premier ministère leur permet en effet d'agir de manière relativement libre. En outre, elles reçoivent des aides considérables de l'État. Les fondations constituent des centres de protection pour les mouvements islamistes. En s'appuyant aussi sur les facilités offertes par les lois, le nombre des fondations qui servent de centres d'organisation pour ces mouvements, a augmenté considérablement.

Toutes les institutions religieuses en Turquie, les Lycées de Formation de Religieux, les lycées et universités privés contrôlés par des ordres religieux, les organismes d'édition islamistes ont disposent d'un réseau de fondations. Chaque groupe à capital islamiste possède une fondation au sein de laquelle leurs entreprises s'organisent. Tous les ordres religieux qui possèdent des groupes de capitaux sont en même temps des fondations qui leur permet de gérer ses activités politiques et organisationnelles.

Certaines fondations en particulier, occupent directement une fonction de centre de direction pour les ordres religieux. À titre d'exemple, nous pouvons citer la fondation Hak-Yol pour la confrérie Naqshbandi, la fondation Muradiye pour la communauté Erenköy, la Fondation de la Mosquée Ismail Aga pour la communauté Mahmut Osmanoglu, la fondation Ilim Arastirma (la fondation de la Science et de la Recherche) pour l'ordre Kadiri, les fondations Ilim (Science) et Kultur

(Culture) pour l'ordre Süleymanci, la fondation Ihlas et la fondation Enver Oren pour le Groupe Isik (Lumière), etc. Le nombre de fondations établies et exploitées par les mouvements islamiques en Turquie est de 4635. Tandis que le nombre de fondations créées pendant la période 1976- 1980 est de 31 en moyenne par an, ce chiffre passe à 219 entre 1992 et 1996 [217]. Le fait que les institutions aient un statut autonome facilite leurs activités. C'est pour cette raison que le nombre de fondations établies par les milieux islamistes pour élargir leur champ d'activité dépasse les 5000[218].

Par ailleurs, nous savons que plusieurs organisations islamiques, affirmant la nécessité de détruire le régime politique actuel par la violence, ont créé des fondations et essaient ainsi de donner un cadre légal à leurs activités politiques et organisationnelles. Selon un rapport préparé par la Direction générale de la Police d'Istanbul, le Hizbullah qui mène des activités massives à Istanbul agirait par la médiation de sept fondations différentes.[219] Aucune enquête n'est menée sur ces fondations qui font de l'activité d'islamisation une partie de leurs activités politiques quotidiennes dans le but d'établir le régime de la charia. Qui plus est, l'État est conscient de cette activité d'islamisation exercée par ces fondations qu'il soutient économiquement.

« La Fondation des formations bénévoles de Turquie », formée par certains groupes de capital en Turquie y compris MUSIAD et 600 fondations dont la Fondation des Écrivains Islamiques et la Fondation de Religion de Turquie, est devenue aujourd'hui un groupe de pression d'un point de vue économique, politique et social. Ces fondations constituent des groupes de lobby qui organisent les activités islamiques. Elles exercent une certaine influence sur les partis politiques ainsi que sur le gouvernement, concernant par exemple des questions comme les Lycées de Formation de Religieux, les cours coraniques ou encore le voile.

Non seulement ils créent des fondations dans tous les domaines, mais aussi ils utilisent des noms comme « fondation d'aide aux patients urgents » ou « fondation de protection des animaux » afin d'éviter d'attirer l'attention.

Les mouvements islamistes accordent également une importance particulière à la création d'associations. Ils sont présents dans tous les domaines avec leurs associations dont le réseau encercle l'ensemble du

---

[217] TUSALP E., *Op. cit.*, p. 237.
[218] *Radikal*, 21 janvier 1999.
[219] Tolga SARDAN, »Hizbullah'in 7 Vakfi Var» *Milliyet,* 13 aout 1998.

pays. Sur les 60 000 associations existantes aujourd'hui, 15 000 appartiennent à des islamistes.

La place de premier rang qu'occupent les fondations parmi les moyens d'organisation stratégique de l'islam politique est devenue évidente avec la situation actuelle. Sur demande de l'état-major, des changements nécessaires dans la « loi sur les fondations » et le contrôle des « fondations islamiques » avaient été planifiés. Toutefois, aucune de ces décisions n'a pu empêcher l'organisation des pouvoirs islamiques dans ce domaine. Surtout dans le processus d'harmonisation avec le droit européen, le statut plus autonome accordé aux fondations, l'affaiblissement du contrôle de l'État, ainsi que la facilitation de l'accession à la propriété privée, permettront aux islamistes de se servir de ces établissements de manière plus élargie.

Un exemple concret peut nous aider à comprendre l'importance stratégique des fondations pour les organisations islamiques. Les propos de M. Erol Yarar, député de l'AKP et ancien président de l'association MUSIAD, concernant la fondation Zehra sont significatifs :

« La Turquie a une importance clé. C'est d'ici que s'élèvera le drapeau de la communauté musulmane, avec la grâce d'Allah. C'est la parole du Prophète : la bannière du califat s'élèvera de là où elle est tombée. C'est la vision qu'Allah nous a donnée. C'est cette vision qu'il faut suivre, qu'il fat adopter. Inch'Allah, cette vision sera partagée aussi par les disciples sortant de la medersa de Zehra. Prions Allah pour qu'il permette à notre Fondation Zehra de mettre sur pieds cette medersa et de donner à nos jeunes cette vision, si chère à son excellence Said-i Nursi, qui orientera la terre entière. C'est là toute notre ambition. Et un jour, nous aurons également fondé, avec la grâce divine, l'Armée de l'islam »[220].

Comme nous pouvons le constater par cette citation, la véritable fonction des fondations islamiques est de former des disciples, c'est-à-dire des militants qui vont « brandir le drapeau de la communauté musulmane avec la grâce d'Allah ». Même si chaque fondation islamique mène des activités dans des domaines différents, elles ont toutes une stratégie commune : faire dominer l'islam dans les relations sociales. Malgré les diversités dans leurs points de vue par rapport à l'islam, elles suivent un mouvement commun pour établir l'ordre de la charia. En cela, les fondations constituent les parties les plus vitales de l'organisation et du développement du mouvement politique islamique.

---

[220] Cité par KALELI, op. cit., p. 198.

Les fondations, qui mènent des activités sous le contrôle des ordres religieux et des institutions islamistes présents à tous les petits coins de la Turquie, sont influentes dans chaque domaine de la vie quotidienne, comme l'économie, la politique, l'éducation, la santé, la culture, l'art, la solidarité sociale, le journalisme, les valeurs éthiques et spirituelles, les maladies diverses et la religion. Leurs activités s'exercent non seulement au niveau national, mais international.

L'objectif initial des fondations islamiques est d'islamiser de manière graduelle la société turque et de constituer une base objective pour les activités politiques et organisationnelles menées dans l'objectif du passage à la charia.

3.D – LES COURS CORANIQUES

Les cours coraniques constituent un autre centre où s'organisent les pouvoirs politiques islamiques. L'idée de former les jeunes générations selon la synthèse turco-islamique, en répandant les cours coraniques dans l'ensemble de la Turquie vient de l'association « Aydinlar Ocagi » (« Maison des Illuminés » – une association ultra nationaliste). À l'arrière-plan de cette tendance qui est devenue une politique d'État surtout après le coup militaire du 12 mars 1971, se trouvait la stratégie des États-Unis, dite de « ceinture verte contre le communisme ».

Au début des années 1980, les jeunes générations avaient tendance à se tourner vers les mouvements de gauche sous l'effet de la conjoncture politique internationale. Cette évolution sociale a été considérée comme dangereuse à la fois pour le régime politique de l'époque en Turquie et pour les intérêts régionaux des États-Unis. Les grèves répandues dans l'ensemble du pays inquiétaient sérieusement les groupes de capitaux. Ceux-ci ont fait appel à l'armée, en déclarant que le parlement n'utilisait pas son pouvoir politique. Il s'est avéré que M. Vehbi Koç, fondateur du plus grand holding de Turquie le groupe Koç, avait écrit, quelque mois avant le 12 septembre 1980, une lettre à M. Kenan Evren, chef d'État-major de l'époque, l'invitant à faire un coup militaire[221]. Après l'accord des États-Unis, le coup militaire a été fait par les généraux le 12 septembre 1980. L'objectif était d'instaurer un contrôle politique et idéologique sur la jeunesse, en vue de neutraliser le mouvement social en conflit avec le système. Les cours coraniques sont un produit de ce processus politique. Les généraux du coup d'État se sont mis d'accord avec les ordres religieux pour établir des cours coraniques partout dans le pays. Tous les moyens de l'État ont été mis en œuvre dans cet objectif.

---

[221] www.belgenet.com.

Sous l'initiative et l'orientation de l'État, un processus d'« islamisation contre le danger communiste » a commencé avec ces cours coraniques. Ainsi, ce projet qui concernait toutes les grandes villes, les bourgs et les villages est devenu la raison d'être de la «république laïque».

La réglementation concernant les cours coraniques a été mise en place par l'État en fonction des besoins. Les détails de ce processus sont expliqués dans le *Règlement sur les cours coraniques et les foyers étudiants* entré en vigueur par sa publication dans le numéro 23982 du Journal Officiel du 03 mars 2000 :

« Les cours coraniques sont établis dans le but d'apprendre à lire le Coran de manière convenable aux citoyens qui le désirent, de faire apprendre par cœur les prières, les versets et les sourates nécessaires pour la pratique religieuse, de former des prêcheurs de Coran et de donner des informations sur les principes de la croyance, des pratiques et de la morale de la religion musulmane ; k) les cours d'été sont des cours coraniques destinés aux élèves ayant terminé l'école primaire et qui ont lieu pendant les vacances d'été sous le contrôle du Ministère de l'Éducation nationale ; l) les foyers d'étudiants concernent les lieux consacrés à l'hébergement et à la restauration des étudiants de cours coraniques…

Les élèves des cours coraniques d'été peuvent bénéficier des foyers étudiants dans les limites des places disponibles. Des mosquées et d'autres endroits adéquats peuvent être mis à la disposition de ces cours autorisés par l'autorité religieuse compétente. En outre, les bâtiments des services d'éducation populaire, ainsi que les bâtiments d'école primaire non utilisés, peuvent être mis à disposition gratuitement, après autorisation de la Préfecture compétente.»[222]

Quelle tendance stratégique présente ces activités organisées et dont chaque détail a été déterminé par la Présidence des Affaires religieuses, l'institution stratégique la plus importante de l'État ? L'objectif de ces cours coraniques, qui sont en réalité organisés bien plus longtemps que les périodes d'été, est essentiellement d'enseigner le mode de vie islamique. Dans le processus d'enseignement qui consiste à « apprendre par cœur des versets et des prières, former des prêcheurs de Coran et donner une éducation sur les principes de la croyance, des pratiques et de la morale de la religion musulmane », le mode de vie islamique y est sciemment imposé.

---

[222] www.diyanet.gov.tr.

L'ancien Président des Affaires religieuses, M. Mehmet Nuri Yilmaz nous fait part de ses appréciations sur l'activité et la fonction des cours coraniques :

« Les cours coraniques mènent leurs activités sous forme de cours en semaine d'une durée de huit mois pour ceux qui veulent lire le Coran, de cours de deux ou trois ans pour ceux qui veulent apprendre à prêcher le Coran, de cours de soir pour ceux qui travaillent la journée ou ne peuvent suivre les cours régulièrement, et de cours de week-end et d'été pendant les jours fériés et les mois d'été »[223].

La plupart des personnes formées et éduquées par les cours coraniques sont les futurs « missionnaires de l'islam », qui auront la mission de répandre la doctrine de l'ordre auquel ils appartiennent et d'islamiser la société dans son ensemble.

Certaines données sont nécessaires pour comprendre la fonction sociale et le rôle joué par ces centres qui encadrent le pays avec le soutien économique et politique de l'État, et font de centaines de milliers d'enfants des militants islamistes. Ainsi nous serons capables de concevoir les dimensions réelles du problème.

Ces cours coraniques qui ont lieu dans toute la Turquie sont contrôlés par le « Ministère de l'Éducation nationale de la république laïque ». Il y a 189 cours coraniques affiliés à la Trésorerie, 229 à la Direction Générale des fondations, 994 à la Fondation Religieuse de Turquie, 1 654 à diverses associations, 8 aux Organisations financières publiques, 115 à des individus, 256 aux mairies, 1 299 à la Personne Morale Rurale, 5 aux coopératives et 115 aux autres institutions. Le nombre officiel de cours coraniques agréés sous contrôle de l'État est de 4 925.[224] En outre, le nombre de cours coraniques privés appartenant aux ordres religieux et dont le Ministère de l'Éducation a connaissance est de 1 100, ce qui fait un total de 6 025 cours actifs. L'ensemble de ces cours est contrôlé par les ordres religieux. Or, d'après les données du 2003-2004, le nombre des seuls cours coraniques organisés par la Présidence des Affaires religieuses a atteint 3 811, avec une augmentation importante par rapport aux années précédentes.

Tous les cours coraniques liés à la PAR et au Ministère de l'Éducation nationale sont financés par l'État. Tous les frais des

---

[223] *Milliyet*, 03 septembre 1997.
[224] ÖCAL Mustafa, İmam Hatip Liseleri ve İlköğrentim Okulları, Istanbul, Ed. Neşriyat, p. 69

établissements consacrés à cette formation, ainsi que les salaires des employés sont pris en charge par l'État.

En réalité, les sommes octroyées par l'État sont encore plus élevées. En effet, les aides versées par le Ministère de l'Éducation nationale aux fondations bénéficiant du soutien de l'État ne sont pas incluses dans ces chiffres. Le fait que l'État qui se prétend laïque, aide à ce point ces institutions qui ont pour objectif de détruire la laïcité est inacceptable pour un État si sensible aux « principes et réformes d'Atatürk ». Pourquoi dans un système soi-disant laïque, les activités d'une institution qui essaie de «modifier la structure de l'État» sont-elles soutenues ? Est-ce possible dans un pays qui se dit laïque ? La réponse logique à ces questions nous aidera à comprendre la relation entre le régime actuel et les pouvoirs islamistes. D'après les données ci-dessous, nous observerons que le système d'une part prépare les bases objectives du développement du mouvement islamiste mais de l'autre, il essaie de le garder sous contrôle.

Tableau-5 : Le nombre d'étudiants suivant les cours coraniques

Région	Enseignants	Étudiants		Prédicateurs	Lecture du Coran
		Garçons	Filles	Diplômés	Etudiants (H/F)
Villes	3 836	71 533	28 129	13 898	79 854
Bourgs	597	14 676	6 266	1 602	14 801
Villages	862	21 551	15 138	4 979	23 821
TOTAL	5 925	107 780	49 553	20 479	118 476

Source : ÖCAL Mustafa, İmam Hatip Liseleri ve İlköğrentim Okulları, Istanbul, Ed. Neşriyat, p. 69

Ce tableau nous montre le nombre total d'étudiants qui suivent régulièrement des cours coraniques dans des institutions sous contrôle de l'État. Force est de constater que 5 925 enseignants sont chargés de cours coraniques, alors que le Ministère de l'Éducation manque cruellement d'enseignants. Parmi ceux qui suivent les cours coraniques dans les villes, 71 533 sont des garçons, 28 129 sont des filles et 13 898 veulent devenir prédicateurs.

Selon le changement effectué dans le règlement sur les cours coraniques, les étudiants ayant suivi les cours coraniques dans les mosquées, obtiennent le diplôme d'école primaire s'ils réussissent également dans les matières scientifiques et sociales, ce qui est une pratique inquiétante. En effet, des dizaines de milliers d'enfants formés par le système éducatif islamique, dans les mosquées sans être passés par la formation de l'école primaire, obtiennent le droit de poursuivre des études au collège, au lycée, voire même à l'université s'ils réussissent les concours.

D'après un article publié dans le quotidien *Milliyet* :

« Tandis que les Lycées de Formation de Religieux font des promotions pour trouver des étudiants, certains cours coraniques cherchent à attirer les jeunes par la promesse de *deux diplômes en trois ans*. Certains cours coraniques avec internat, qui assurent également la restauration et l'hébergement, offrent une préparation pour le diplôme des lycées par correspondance avec des enseignants spécialisés dans leur domaine. Parmi ceux-ci, le cours coranique et internat pour garçons Hirka-i Serif passe des annonces dans les journaux avec la promesse de *deux diplômes en trois ans*. Un responsable de l'internat nous a précisé que l'un de ces diplômes préparés était celui des lycées à distance et l'autre celui de prêcheur, en fonction des capacités de l'étudiant. »[225]

Ces cours coraniques qui ont le statut de lycée à distance sont liés au Ministère de l'Éducation nationale. Un étudiant qui suit ces cours durant trois ans obtient à la fois le diplôme de prêcheur et de lycée par correspondance. En outre, on choisit consciemment des enseignantes portant le voile.

---

[225] *Milliyet*, 05 septembre 2003.

Tableau – 6 : nombre d'étudiants qui suivent les cours coraniques d'été ou de soir dans les Mosquées :

REGION	Nombre d'étudiants suivant des cours coraniques		Nombre d'étudiants suivant les cours coraniques du soir	
	Garçons	Filles	Garçons	Filles
Villes	276 140	324 148	21 854	4 553
Bourgs	68 385	276 140	17 967	2 036
Villages	668 973	68 385	5 189	426
Total	657 470	668 973	45 013	7 015

Source: ÖCAL Mustafa, İmam Hatip Liseleri ve İlköğrentim Okullar Istanbul, Ed. Neşriyat, p. 69

Le nombre d'étudiants qui suivent des cours coraniques en été dans les centres-villes est de 306 560, le nombre d'étudiantes de 324 148. Le nombre d'étudiants suivant des cours coraniques du soir est de 21 864, le nombre d'étudiantes de 4 533. Dans les bourgs, le nombre d'étudiants qui suivent des cours coraniques en été est de 301 479, le nombre d'étudiantes de 276 140. Pour les cours du soir, ce nombre est de 17 976 pour les étudiants et de 2 036 pour les étudiantes.

Quant aux villages, le nombre d'étudiants qui suivent des cours coraniques en été est de 61 541, le nombre d'étudiantes de 68 385. Le nombre d'étudiants qui suivent des cours du soir est de 5 189, le nombre d'étudiantes de 426. Selon les données du 1996-1997, environ 1,5 million d'étudiants âgés de 6 à 12 ans ont suivi des cours d'été dans les mosquées offerts par les cours coraniques contrôlés par les ordres religieux.

Le rapport concernant la situation actuelle des cours coraniques établi par le gouvernement AKP à la suite des observations sur l'intégrisme faites par l'ancien chef d'État-major Yasar Buyukanit, précise les points suivants :

Selon les données des Affaires religieuses, « 58 500 cours coraniques au total ont été ouverts en 2006 et 70 043 personnes y ont été embauchées. 1,5 million d'étudiants se sont inscrits dans ces cours.»[226]

Ces chiffres donnés concernant l'année 2006 mettent au jour le niveau de développement du mouvement islamiste dans la société.

Des millions d'enfants formés selon le point de vue politique et idéologique de l'islam dans ces institutions contrôlées par l'État, constituent la base sociale naturelle des pouvoirs politiques islamistes. Le fait que l'éducation de ces millions d'enfants présente une telle importance s'appuie sur l'application des projets politiques pour le futur. Les déclarations de plusieurs leaders islamistes concernant la domination des politiques islamistes en Turquie dans les années 2020, complètent l'évolution actuelle. Dans le but d'atteindre ces objectifs, les cours coraniques sont l'un des instruments les plus importants.

Les constatations du professeur Aysel Eksi qui analyse les expériences des étudiants des cours coraniques d'été sont les suivantes :

« Les filles et les garçons de niveau primaire âgés de 12-13 ans, ayant suivi les cours coraniques d'été dans notre pays, n'ont pas voulu s'asseoir côte à côte à l'école. Dans les cours d'été de notre association, la différence de comportement entre les élèves qui ont suivi les cours et ceux qui ne l'ont pas suivi, était flagrante. Par exemple, les filles et les garçons ayant participé aux cours n'ont pas voulu se tenir par la main dans les jeux »[227].

Le mode de vie islamique est enseigné dans les cours coraniques. Par exemple, des petites filles sont obligées à porter le voile. Les garçons et les filles suivent les cours dans des classes différentes. Sont imposées des idées selon lesquelles c'est un péché pour les filles et les garçons de s'asseoir ensemble ou de se tenir par la main. Ainsi, l'enfant entre dès son plus jeune âge sous l'influence de l'islam et adopte son mode de vie.

Le gouvernement islamiste AKP, qui trouve insuffisant cette augmentation du nombre de cours coraniques, a effectué certaines modifications de loi pour renforcer la portée des cours coraniques et les utiliser de manière plus efficace. Selon le nouveau règlement adopté par l'AKP, l'article sur « l'interdiction pour les cours coraniques d'été d'excéder une durée de deux mois au total à raison de trois jours par

---

[226]*Zaman*, 30 septembre 2006.
[227] www.yhd.com

semaine » a été abrogé. Le nouveau règlement prévoit qu'une formation de trois heures par semaine au minimum sera assurée dans ces cours. Deux heures seront consacrées au Coran et à son explication, et une heure aux cours de foi, de pratique et de morale. L'ouverture, les dates d'inscription, le lieu et le nombre des cours coraniques d'été seront fixés par les muftis (autorités religieuses). Les lieux d'ouverture des cours et le nombre d'étudiants seront communiqué au Ministère de l'Education nationale. Avec les modifications du règlement, les conditions requises pour les personnes à employer comme enseignant ont également été modifiées. A présent, dans les situations où il est impossible de pourvoir les postes nécessaires, peuvent être nommés enseignants de cours coranique à titre temporaire toutes personnes fonctionnaires, actives ou retraitées, d'un établissement autre que la Présidence, ou toute personne titulaire d'un diplôme de Lycées de Formation de Religieux, ou encore toute personne ayant les connaissances et les capacités requises pour ce service, à l'exception du personnel des services adjoints de l'organisation locale et centrale de la Présidence, sur proposition de l'autorité religieuse et après approbation par l'autorité administrative compétente[228]. Cet accroissement des moyens va susciter plus d'intérêt de la part des familles pour ces cours en les rendant plus attractifs. Cela va générer une croissance importante du nombre d'étudiants. Or, cette augmentation contribuera à créer les bases du renforcement du mouvement islamiste, ainsi que l'expansion des masses pro-islamistes.

Le ministère de l'Éducation nationale et la Présidence des Affaires religieuses ont préparé un protocole en vue de l'utilisation par les cours coraniques des écoles publiques disponibles durant les vacances d'été. D'après les propos d'un haut fonctionnaire du Ministère, qui souligne que les établissements d'écoles publiques ne sont pas utilisés en été :

« Le Ministère et la PAR vont préparer un protocole en vue de l'utilisation de ces établissements. Les cours (coraniques) étaient assurés dans les sous-sols. Cela nous déplaît… Nous avons donc proposé aux Affaires religieuses de mettre à leur disposition des établissements disponibles durant l'été. En outre, c'est aussi un moyen de contrôle. Les enseignants seront des fonctionnaires d'État. En cas de problème, les mécanismes de contrôle seront en marche.»[229]

Selon ce protocole établi entre deux institutions fondamentales de l'État, les écoles fermées en été vont désormais être utilisées par les cours coraniques. Ce choix conscient, permet d'une part de garantir

---

[228] *Yeni Asya*, 25 novembre 2003.
[229] *Radikal*, 05 décembre 2003.

l'organisation de l'activité islamiste par l'État, et de l'autre de faire en sorte que les cadres islamistes chargés de la formation dans ces cours deviennent des fonctionnaires de l'État. Cet accord entre deux institutions stratégiques de l'État nous permet également de nous rendre compte de la fonction sociale assignée à celles-ci par le système. Le gouvernement islamiste AKP, considérant ces modifications comme insuffisantes, a également modifié 30 articles du règlement concernant les cours coraniques et ainsi supprimé toute possibilité de contrôle du Ministère de l'Éducation nationale.

Les hauts fonctionnaires du Ministère ont déclaré que les cours coraniques n'entrent pas dans le domaine de responsabilité des inspecteurs de l'éducation nationale, et que « le contrôle n'est pas assuré convenablement car les cours ne dépendent pas du Ministère de l'Éducation nationale et les inspecteurs n'ont pas les compétences nécessaires pour les contrôler ». D'autre part, M. Aladdin Dincer, ancien président général d'Egitim-Sen (syndicat de l'enseignement), qui critique les politiques du gouvernement AKP, constate que « les cours coraniques sont ainsi exemptés de tout contrôle ». Il précise en outre que « ceci est l'objectif essentiel de ce nouveau règlement. Le manque d'un mécanisme de contrôle va aider à cacher au public ce qui se passe dans ces cours. »[230]

Le fait que dans le cadre de l'activité d'islamisation de la société, de former, dès leur plus jeune âge, la jeunesse qui constitue la dynamique principale la plus active de la société présente une importance vitale pour ce qui concerne les futures générations. Cette éducation donnée par les islamistes dans les mosquées et les cours coraniques constitue le maillon central de la lutte pour la charia. En ce sens, les cours coraniques sont les moyens les plus convenables, particulièrement pour ce qui est de la phase de propagande et d'éducation.

---

[230] *Milliyet*, 22 juillet 2005.

Tableau –7 : nombre de lycées techniques et de cours coraniques mis en place dans certaines villes

Villes	Lycées techniques	Lycée agricoles	Lycées vétérinaire	Collège de Police	Lycées de santé	Cours Coranique
Adana	4	---	--	-	--	83
Ankara	8	-	--	1	--	164
Kayseri	3	--	--	--	--	65
Zonguldak	3	--	-	-	-	94
Konya	4	1	1	1	---	190
İstanbul	11	1	1	1	2	348

Source: Institut National des Statistiques du Premier ministère, Statistiques de l'Education Nationale, 2003.

Ces données concernant 6 villes, nous donnent une idée concrète concernant les priorités de l'État turc. Comme la Turquie se trouve dans une phase de développement économique, elle a un besoin considérable de personnels techniques dans les domaines de l'élevage, de l'agriculture et de l'industrie.

Il y a une proportionnalité directe, en Turquie, entre les conditions économiques et la tendance de la société à adhérer aux valeurs religieuses. En effet, plus la pauvreté augmente, plus l'influence de la religion est prépondérante. Ainsi, 48 % des parents qui envoient leurs enfants aux cours coraniques vivent en dessous du seuil de la pauvreté et 27 % sont proches de ce seuil[231]. D'autre part, nous savons que les 40 à 60 % de la population des quartiers populaires ou de gecekondu d'Istanbul ont voté pour les partis RP et FP ainsi que pour l'AKP. Le taux de fréquentation des cours coraniques est assez élevé dans ces bidonvilles et dans les régions rurales où la pauvreté est flagrante. Or, l'intérêt pour

---

[231] www.egitimsen.org

ces cours diminue avec l'amélioration du niveau de vie économique. Ces données expliquent en même temps que les pouvoirs politiques islamistes visent en premier lieu les masses pauvres au sein desquelles ils tentent de s'organiser. Le contrôle des couches sociales défavorisées par des facteurs religieux bénéficie à la fois au système et aux ordres religieux.

L'État offre tous ses moyens aux cours coraniques tandis que les ordres religieux forment et organisent selon les traditions islamistes les millions d'enfants et de jeunes qui y participent. Les cours coraniques sont l'exemple le plus concret de l'accord que donne l'État à l'activité d'islamisation de la société tant qu'il reste en harmonie avec le système.

4- LES MUNICIPALITÉS ET LE POUVOIR ISLAMISTE REGIONAL

Lors des élections législatives de novembre 2002, l'AKP a obtenu 34,5 % des voix, ce qui lui a accordé une majorité de deux tiers dans le Parlement, ce qui lui a permis de former seul le gouvernement. Comme aucun des partis politiques traditionnels, vainqueurs des élections du 19 avril 1999, n'a pu entrer dans le Parlement et que le Parti du Bonheur (SP), le grand disciple de la tradition islamiste, n'ait pas réussi à franchir le barrage électoral de 10 %, l'AKP, qui représentait la nouvelle version du mouvement islamiste et dont tous les cadres étaient issus de la tradition RP-FP, a pu jouir d'une écrasante majorité au Parlement.

De plus, le nouveau gouvernement, qui a su profiter des avantages du pouvoir, a amélioré ses résultats lors des élections municipales de mars 2004. Les municipalités sont les instances clés de la relation entre l'État et la société. En ce sens, les résultats des élections municipales ont beaucoup contribué à renforcer le mouvement islamiste au sein des pouvoirs locaux.

Sur un total de 43,5 millions d'électeurs, seuls 32,2 millions ont voté aux élections de 2004. Ce qui correspond à une abstention de 25,6 %. 41,67 % des personnes qui ont voté lors les élections municipales ont préféré l'AKP[232], soit une augmentation de 7% par rapport aux législatives de novembre 2002. La proportion totale des votes pour l'AKP et le SP était de 54,64 %, ce qui correspond à la moitié de l'électorat. Cette augmentation a permis à l'AKP d'obtenir une majorité écrasante dans les municipalités, et de bénéficier ainsi d'importants moyens de diriger et d'orienter la société.

---

[232] www.mahallih-idareler.gov.tr

Les municipalités servent de pont pour les relations entre les organisations islamistes et le peuple. L'AKP détient aujourd'hui 1904 mairies sur un total de 3033, soit 62,7 %. Si l'on ajoute les mairies obtenues par le SP, les islamistes occupent 74,84 % des municipalités. À cause de la structure unitaire de l'État, le mouvement islamiste s'est orienté d'abord vers les institutions publiques stratégiques. Alors qu'il a été confronté à une vive réaction et même une pression de la part des institutions comme le YÖK, l'armée, la Cour de Cassation et la Cour Constitutionnelle, son organisation dans les municipalités a été rapide et efficace. L'AKP, ayant remporté 57 villes sur 81, a mis en place de facto un pouvoir islamiste local. D'autre part, les ordres religieux, bénéficient de tous les moyens des mairies. D'ailleurs, Erdogan, accordant beaucoup d'importance à l'infiltration des institutions étatiques, avait déjà commencé à la réaliser lorsqu'il était maire d'Istanbul.

Les islamistes ont mené à bien leur processus d'infiltration dans les institutions stratégiques de l'État grâce à son succès obtenu aux élections municipales de 2004. Par cette activité au sein des mairies, les islamistes pénètrent dans chaque couche sociale.

Pour mieux comprendre l'itinéraire du mouvement islamiste, il faut rendre compte de la puissance de ce dernier dans les municipalités des métropoles, très peuplées et industriellement développées, qui présentaient dans le passé un grand potentiel de tendance de gauche. Ceci nous donnera également une idée concrète concernant le fondement social sur lequel les pouvoirs islamistes se sont développés.

Ceci est important pour se rendre compte également du rôle des municipalités, en particulier celles des grandes villes, dans l'islamisation de la société.

Comme nous l'avons déjà observé, dans les exemples du Parti de la Prospérité et du Parti de la Vertu, une grande partie des moyens des instances locales de l'État est mise à la disposition des mouvements islamistes. Ainsi, par exemple, les entreprises en rapport avec les communautés ou les ordres religieux ont remporté la plupart des marchés publics dans les municipalités, en particulier dans celles des grandes villes comme Istanbul, Ankara et Konya.

D'autre part, les municipalités contrôlées par les islamistes apportent des aides financières considérables aux fondations liées aux ordres religieux. Elles contribuent à l'islamisation de la société par les bourses qu'elles octroient à des milliers d'étudiants choisis par les ordres religieux, ainsi que par les mosquées et les salles de prière qu'elles bâtissent avec les moyens de l'État, dans chaque quartier, voire parfois dans chaque rue.

Les membres du Conseil municipal et du Conseil Général sont chargés des missions concernant la ville en générale ou la mairie seulement. Le nombre total des élus de l'AKP, dont les maires, les membres et les membres suppléants des conseils municipaux et généraux, qui est de 40 710, constitue 50,1 % du nombre total. Ceci montre jour les dimensions atteintes par les mouvements islamistes dans les mairies. Les municipalités fournissent l'exemple le plus concret de l'islamisation dans les institutions locales de l'État. Ce n'est pas par hasard si, dans les mairies islamistes, les employées peuvent porter le voile pendant les heures de travail, alors que ce sujet garde son actualité en tant que problème politique et donne lieu à des conflits entre les instances de l'État, notamment entre le gouvernement et l'état-major ou encore entre la justice et le YÖK. De plus, dans certaines municipalités, les hommes et les femmes employés travaillent séparément. Ces types d'exemples peuvent se multiplier : la mairie de Konya a un projet de « bus à choix », pour que les hommes et les femmes puissent prendre des bus différents, la mairie de Bagcilar à Istanbul a construit un parc uniquement pour les femmes.

À cause de cette infiltration, un certain nombre d'officiers et de sous-officiers sont renvoyés chaque année de l'armée par décision du Conseil Militaire Suprême, en raison de « leurs rapports avec les groupes islamistes ». Erdoğan envoyait plusieurs messages à la fois lorsqu'il intégrait ces officiers renvoyés dans les cadres de la mairie d'Istanbul. Premièrement, il voulait dire que les islamistes n'étaient pas isolés, qu'ils étaient protégés. Deuxièmement, il prenait position contre les pratiques de l'armée en employant, dans une autre fonction publique, les personnes renvoyées à cause de leur activité intégriste. Troisièmement, il soulignait qu'il était en train de créer un mécanisme alternatif au sein de l'État en y insérant des cadres islamistes. Le fait que 58 officiers et sous-officiers congédiés de l'armée soient employés dans la mairie d'Istanbul en l'espace de 4 ans, ne signifie pas seulement une majorité de nombre, mais il réfère à un message politique sur les objectifs stratégiques des pouvoirs islamistes.[233]

Dans un discours qu'il a fait lors du « dîner de solidarité entre les architectes et les ingénieurs croyants », organisé par le MUSIAD, Erdoğan disait : 'le moment est venu pour les croyants de prendre les

---

[233] BÖLÜK Mehmet, *El Tayyip,* Istanbul, Ed. Toplumsal dönüşüm, 2003, p.186.

choses en main »²³⁴. Dans ces conditions, l'infiltration islamiste dans les mairies n'est pas une politique banale. Elle fait parti d'un travail réfléchi et vaste auquel Erdoğan contribue en personne.

Les villes industrielles de Turquie représentent la moitié de la population totale du pays. Dans ces villes où les salariés constituent la majorité de la population, le taux de chômage est en croissance continue, la pauvreté menace une grande partie des habitants et où les bidonvilles se répandent à cause des facteurs économiques et sociaux, le mouvement islamiste s'est rapidement développé par le soutien de l'État à partir des années 1980. Dans ces villes, l'AKP a gagné 13 municipalités sur 16, avec un résultat moyen de 43,91 %. Donc les mouvements islamistes possèdent d'une grande puissance et capacité d'organisation dans ces grandes villes qui comportent la moitié de la population, les 80 à 85 % de l'industrie et totalisent 80 % du PNB.

Nous pouvons analyser ces villes en question sous quelques catégories. La première catégorie est constituée des villes comme Istanbul, Izmir, Kocaeli, Bursa, Adana, Gaziantep, Mersin et Sakarya qui sont marquées par une forte industrialisation. La proportion des votes pour l'AKP dans ces villes est de 42,71 %. Dans une métropole comme Istanbul, cette proportion, qui était de 37 % lors des législatives en 2002, a atteint 45 % aux élections de mars 2004. De même, à Ankara, la capitale de la République laïque, la proportion des votes pour l'AKP était de 55 % aux élections de mars 2004, alors qu'elle n'était que de 38 % lors des législatives de novembre 2002. Dans des villes industrielles comme Istanbul, Izmir et Bursa, on observe une augmentation importante dans le nombre des votes pour l'AKP. Ainsi, dans une ville comme Izmir, qui paraissait être depuis toujours sous l'influence des partis sociaux-démocrates, l'AKP a obtenu une véritable victoire avec un résultat de 42 % en 2002 et 51 % en mars 2004.

La deuxième catégorie est constituée des villes comme Erzurum, Konya, Kayseri, où le nationalisme et l'islamisme sont prépondérants. Dans ces villes, les partis islamistes ont toujours eu un grand succès. Dans les élections municipales de 2004, l'AKP a obtenu 70,24 % des votes à Kayseri, 62,02 % à Konya et 61,33 % à Erzurum. Le fait que dans ces régions l'AKP ait largement remporté les élections, était lié d'une part à la conjoncture du moment et de l'autre à la puissance d'organisation des mouvements turco musulmans.

---

²³⁴ Cité par EKİNCİ, op. cit., p.84.

Quant à la troisième catégorie, elle est constituée des villes kurdes dans lesquelles le parti islamiste a un graphique constamment croissant. À Gaziantep, qui est le centre de l'industrie au Sud-Est anatolien et qui était également depuis toujours sous l'influence des partis sociaux-démocrates, l'AKP a réussi à obtenir la majorité avec un score de 40 % en 2002 et de 57% en 2004. De même, à Diyarbakir, qui est le centre et le symbole du mouvement national kurde, le score l'AKP qui était de 16 % en 2002, a atteint 35,14 % en 2004.

Pour conclure cette analyse, nous pouvons dire que, à part des villes comme Izmir, Mersin, Diyarbakir et Eskisehir, où l'AKP reste relativement faible, ce parti a remporté une grande victoire dans l'ensemble du pays, avec des taux de votes qui atteignent les 70 %.

Il ne faut pas considérer ce changement dans les grandes villes comme une réaction brusque et momentanée. Au contraire, ces nouvelles tendances indiquent le sens de l'évolution politique de la structure sociale dans les métropoles, ainsi que l'émancipation des mouvements islamistes qui ont acquis une influence massive, en particulier dans les quartiers pauvres des bidonvilles. Depuis le début du 21ème siècle, l'islamisme est devenu un pouvoir politique très en vogue, sous l'influence de la conjoncture mondiale et régionale. Ceci a non seulement agi sur le processus politique en Turquie, mais a aussi contribué à la force politique et à l'expansion du mouvement islamiste dans le pays. Les faits que la classe ouvrière, qui résiste historiquement au capitalisme, reste sous l'influence du mouvement islamiste, que les gecekondu, qui regroupent les couches les plus défavorisées de la société, deviennent des centres d'organisation pour les islamistes, font tous parti d'une même stratégie. Afin d'illustrer la dimension de l'organisation du mouvement islamiste la structure économique, sociale, culturelle et politique de la Turquie, il convient de s'attarder sur l'exemple d'Istanbul.[235]

Les scores de l'AKP à Istanbul aux élections législatives de novembre 2002 et dans les élections municipales de mars 2004, mettent en exergue la force potentielle du mouvement islamiste en Turquie. Auparavant, les classes ouvrières et défavorisées constituaient les bases électorales du parti social-démocrate CHP. Or nous constatons qu'au fur et à mesure que le CHP recule dans les gecekondu et faubourgs, les partis politiques d'origine islamiste ont tendance à croître. Cette surabondance des votes pour l'AKP dans les faubourgs de cette métropole, à forte population ouvrière, nous donne des indices sur les tendances politiques des classes populaires.

---

[235] www.mahallih-idareler.gov.tr, www.yerelsecim.com.

Si nous considérons quelques quartiers populaires d'Istanbul, nous voyons qu'à Pendik, l'AKP a obtenu 44,81 % des voix en 2002 et 45,1 % en 2004 ; à Kartal 36,97 % en 2002 et 41,39 % en 2004, à Sultanbeyli 51,37 % en 2002 et 49 % en 2004, et à Gungoren 43 % en 2002 et 50,42 % en 2004. En outre, il a réussi à obtenir 43,42 % des votes en 2002 et 50,98 % en 2004 à Bayrampasa, et 48,48% en 2002 et 50,14 % en 2004 à Gaziosmanpasa, à forte population alévie et dont fait parti le très célèbre quartier de Gazi. À Zeytinburnu, le quartier des tanneurs, les votes pour l'AKP qui étaient de 41,10 % en novembre 2002, ont atteint 51,44 % en 2004. Ainsi nous observons que les partis islamistes bénéficient d'un grand potentiel de votes dans ces quartiers les plus défavorisés et pauvres d'Istanbul, habités essentiellement par les immigrants originaires de la région de la Mer Noire ou des villes kurdes.

En contre-partie, les régions où la proportion des votes pour le CHP augmente sont généralement celles qui profitent du revenu national, avec 30 000 dollars de PNB par habitant. À Sisli, la proportion des votes pour le CHP était de 67 %, alors que celle de l'AKP n'était que de 22 %. A Bakirkoy, l'AKP a eu 25,26 % des votes contre 44,63 % pour le CHP. Ceci nous montre à la fois les caractéristiques des bases électorales du parti islamiste et le changement dans celles du CHP qui s'appuyait auparavant sur les masses ouvrières et populaires.

« Alors que le parti du pouvoir AKP a eu plus de 50 % des votes à Zeytinburnu, où le PNB par habitant est environ de 2000 dollars, le CHP n'a pas réussi à dépasser les 20 %. On rencontre des résultats semblables dans les quartiers comme Bagcilar, Esenler, Eyup, Pendik, où le PNB par habitant varie entre 1000 et 3000 dollars… L'AKP est sorti vainqueur des élections municipales à Bagcilar où le PNB par habitant est de 1000 à 3000 dollars, tandis que le CHP remportait Bakirkoy où ce même chiffre atteint les 30 000 dollars ».[236]

Si on compare les résultats des élections obtenus par l'AKP islamiste et le CHP étatiste, on voit que « le CHP, qui comptait sur le soutien des classes défavorisées grâce à son identité sociale-démocrate, a connu un véritable échec dans les quartiers populaires, alors qu'il a largement dominé l'AKP dans les quartiers riches »[237]. En fait, ces constatations faites par la presse écrite, dévoile le fondement social sur lequel s'appuie le mouvement islamiste. Avec l'accroissement de la pauvreté dans la société, les mouvements islamistes galvanisent les réactions contre le système. Les régions dans lesquelles les ordres religieux se développent et

---

[236] www.yerelsecim.com.
[237] www.radikal.com.tr.

profitent des moyens de l'État grâce aux autorités locales, présentent une tendance politique vers les partis islamistes. De même, une chute du nombre des voix pour le CHP est observable dans ces régions. De telle sorte que ce parti n'a pu atteindre que 20 % dans certains quartiers ouvriers d'Istanbul et n'a même pas réussi à dépasser la barre des 10 % dans d'autres.

La situation économique et sociale des couches sociales sur lesquelles s'appuyait un parti soi-disant social démocrate (mais qui ne l'a jamais été) est très significative à certains égards. Comme nous venons de le voir, le fait que le CHP ait remporté les élections dans les quartiers comme Bakirkoy, Kadikoy, Besiktas, Sisli ou Avcilar, où le PNB par habitant avoisine les standards européens, bien qu'il n'arrive même pas à atteindre les 20 % dans les quartiers ouvriers, illustre en effet la situation économique et sociale des nouvelles bases électorales de ce parti.

L'AKP a un grand potentiel de vote dans les quartiers ouvriers contre le CHP qui est, lui, plus fort dans les quartiers riches. La proportion des votes de ce dernier est de 10,3 % dans les logements de moindre qualité, alors qu'elle est de 26,7 % dans les logements de luxe. Ces résultats reflètent le fait que le CHP s'oriente, dans ses politiques actuelles, plus vers les classes riches de la société que les classes défavorisées.

Le mouvement islamiste est devenu une force prépondérante au sein des municipalités qui assurent le lien entre l'État et les pouvoirs locaux dans l'ensemble du pays et notamment à Istanbul. Ceci démontre en fait la coexistence de deux pouvoirs distincts à Ankara, et dans les autorités locales. Alors que les mouvements kémalistes sont très forts au centre, les municipalités sont sous le contrôle des islamistes. Tandis que les tendances kémalistes sont toujours prépondérantes au sein des hautes institutions du système, les islamistes, eux, détiennent les pouvoirs locaux et entretiennent des rapports directs avec la société.

SEPTIÈME PARTIE :
LA STRATÉGIE ÉDUCATIVE DU MOUVEMENT POLITIQUE ISLAMISTE ET SES APPLICATIONS PRATIQUES

La politique éducative, qui dans tous les systèmes politiques revêt une importance vitale, se développe proportionnellement au niveau de développement socio-économique de chaque pays. Le système éducatif est déterminé en fonction des besoins politiques des États, car l'éducation joue un rôle essentiel dans la formation du régime politique d'un pays. C'est pour cette raison qu'il y a une relation directe entre la structure économique, le système politique et la qualité de l'éducation dans un pays. Une analyse du système éducatif nous permettra de mieux cerner la tendance des relations sociales. Pour cette raison, il convient d'analyser les tendances politiques à la fois du mouvement islamiste et du système dans ce domaine.

En Turquie, l'idée est très souvent soulignée, selon laquelle le système éducatif dans son ensemble est « laïque et moderne ». Cependant, en l'examinant, on constate que ce n'est pas le cas. En effet, c'est la synthèse turco islamique qui donne au système éducatif de Turquie sa véritable orientation. Il est possible de mettre en exergue, dans tous ses aspects, la domination exercée par le mouvement islamiste axé sur la synthèse turco islamique et qui est en croissance continue. Il importe, pour ce qui concerne notre sujet, de bien comprendre pourquoi le mouvement islamiste porte une attention particulière au domaine de l'éducation et de l'enseignement, d'examiner les dimensions de leur organisation stratégique dans ces institutions, ainsi que l'objectif politique qu'ils visent. Il est indispensable, en ce sens, de souligner le pouvoir et la tendance des ordres religieux qui se concentrent dans un vaste champ allant des universités aux lycées, des collèges aux cours privés.

En effet, les milieux islamiques attachent, depuis des années, une attention particulière à s'organiser dans le domaine de l'éducation. Ils ont fait preuve d'un progrès considérable dans ce domaine par l'intermédiaire des fondations et des entreprises qu'ils ont fondées avec le soutien de l'État. De même, ils ont réussi à organiser une masse importante de jeunes. Non seulement les Lycées de Formation de Religieux, mais également une grande partie des Lycées Scientifiques et d'Anatolie[238], depuis les années 1980, sont contrôlés par les islamistes.

Historiquement, sauf pendant de très courtes périodes, le nombre des écoles contrôlées par les islamistes a rapidement augmenté. Parallèlement, l'ouverture d'écoles à tendance religieuse est devenue une politique mise en œuvre par l'État. Pour quelle raison ? Que signifie pour les milieux politiques en question, cette activité d'éducation islamiste, qui influence l'ensemble de la société ? En outre, comment la société en est-elle influencée, surtout lorsqu'on prend en considération ses conditions économiques, ses tendances politiques, son niveau d'éducation et ses affections religieuses ? Quelle relation peut-on établir entre la position géopolitique de la Turquie et l'augmentation de l'influence islamiste dans l'éducation ? Les réponses de ces questions sont importantes pour comprendre la politique de l'État concernant l'éducation et l'enseignement, la stratégie des mouvements islamistes, ainsi que pour découvrir la relation entre eux.

1 – LE RÔLE DES LYCÉES DE FORMATION DE RELIGIEUX DANS L'İSLAMISATION DE L'EDUCATION

Les Lycées de Formation de Religieux (LFR) occupent une place importante dans la stratégie du mouvement islamiste de s'emparer du pouvoir. En effet, les fractions islamistes, dans le but de mener à bien leur politique, portent un grand intérêt au domaine de l'éducation et ont développé des tactiques pour s'y infiltrer. Faik Buluk indique ainsi :

« En ouvrant des cours coraniques et des écoles clandestines, les islamistes ont résisté à la République laïque, profitant de la collaboration politique avec DP-AP[239] ; et ont participé à la fondation des Écoles de Formation de Religieux (EFG) sous l'influence de la soi-disant modernité. Les EFG sont en réalité le résultat du débat mené depuis la période des Tanzimat jusqu'à la République, entre l'idée de l'école traditionnelle de type « medresse » et celle d'école moderne. En fin de compte, les islamistes ont été obligés d'accepter la deuxième »[240].

---

[238] Lycées à statut particulier, dispensant un meilleur enseignement que les lycées normaux, mais pour lesquels un concours national est organisé.
[239] Parti démocrate et Parti de la justice, de tradition conservatrice de droite.
[240] BULUT, *Kim Bu Fethullah Gülen ?*, Istanbul, Ed. Ozan., 1998, p.51.

Ainsi, à cause des débats et des luttes politiques internes, les mouvements islamistes et surtout les ordres religieux, ont effectué leur choix non en faveur des *medersas*, mais des « écoles modernes de religion ». Ceci était, d'une certaine manière, la conséquence nécessaire des conditions politiques historiques.

L'État porte une grande responsabilité dans l'ampleur des progrès marqués par les islamistes en matière d'éducation. L'utilisation de la religion dans la lutte anticommuniste, le soutien apporté aux LFR pour éloigner la jeunesse des mouvements progressistes y sont pour beaucoup. Ainsi une le nombre de LFR a fortement augmenté et les stratégies éducatives des forces islamiques ont été sciemment mises au premier plan. Les LFR ont été détournés de leur objectif premier qui était de former des hommes de religion, pour devenir les véritables acteurs sociaux du système. Les LFR, qui ont eu un rôle dans la politisation des lycées, ont également contribué à la formation de cadres islamistes « dépendants » de l'État. C'est pour cette raison qu'ils ont gagné un statut de lycée normal et ne sont pas restés seulement des écoles destinées à former des imams pour les mosquées. Ainsi, grâce à la réforme adoptée dans le système de concours d'entrée à l'université, les élèves des LFR ont eu le droit d'accéder à plusieurs départements des universités, ce qui a offert aux pouvoirs islamistes politiques une grande opportunité en ce qui concerne leurs plans stratégiques pour le futur.

On observe depuis les années 1950, une croissance systématique du nombre d'écoles, d'élèves et d'enseignants. 1,3 million de personnes au total se sont inscrites dans des Collèges de Formation de Religieux jusqu'en 2002 et 769 660 parmi celles-ci sont actuellement diplômées.[241] Le nombre d'inscriptions a connu une véritable explosion après les années 80, avec un taux d'augmentation annuel qui avoisine les 30 à 50 %. Ainsi les LFR sont devenus les écoles les plus convoitées de Turquie.

Les élèves diplômés des collèges de formation de religieux ne sont pas obligés de s'inscrire dans LFR. Une partie de ces élèves s'inscrivent donc dans d'autres établissements, notamment dans des lycées normaux et constitue potentiellement une base propice pour le développement des tendances islamistes dans ces milieux, vu qu'ils ont bénéficié d'une éducation religieuse pendant 3 ans.

Le nombre total d'élèves dans les 610 LFR entre les années 1951 et 1997 est de 1 147 839, le nombre d'étudiants diplômés de 613 650. Alors

---

[241] Türkiye'de Din Eğitimi, Ankara, Ed. Eğitim-Sen, 1997-98, p. 4-5.

qu'il y a un grand manque d'enseignants dans les lycées normaux et que dans la plupart de ceux-ci l'enseignement n'est pas assuré à cause de ce manque, le nombre d'enseignants dans les LFR est de 16 021.

En 42 ans, 1 377 310 personnes ont été diplômées des collèges et des LFR qui comptaient au total 2 801 376 élèves[242]. Parmi eux, 613 650 ont été diplômés des lycées. Par comparaison, en 2004, il y a en Turquie environ 80 000 mosquées. De même, le nombre de personnels liés aux Affaires religieuses est de 163 000. Le besoin annuel de personnel des Affaires religieuses est de 2 288 personnes. Cependant le nombre moyen annuel de diplômés des Lycées de Formation de Religieux est environ de 53 000. Pourquoi un tel nombre de diplômés excédant les besoins ? La réponse à cette question mettra au jour l'essence de la politique éducative adoptée.

Le débat sur les LFR qui a toujours occupé une certaine place dans l'actualité turque, est devenu le sujet le plus populaire de l'actualité avec l'intervention de l'armée au processus politique interne de la Turquie, le 28 février 1997. Il faut donc s'intéresser spécifiquement à la situation après 1997 des LFR qui continuent à être un sujet important dans les débats de l'actualité politique. Il importe de comprendre que ces écoles, qui font partie importante du système éducatif, ont dépassé un certain moment de « crise » et ont repris leur cours de croissance. En contrepartie, le fait que le gouvernement AKP songe à certaines modifications législatives facilitant l'accès des diplômés de ces lycées dans toutes les facultés, a encouragé une fois de plus les pouvoirs islamistes.

D'autre part, la contribution apportée par ces écoles en pleine expansion à la stratégie de l'émancipation du mouvement islamiste durant la période 1997-2004 a été considérable, et ce, grâce à l'enseignement continu au niveau du lycée, même si les sections collèges de Formation de Religieux ont été fermées.

---

[242] www.meb.gov.tr

Tableau – 1 : La situation générale des Lycées de Formation de Religieux entre 1997 et 2004

ANNEE	Nombre d'écoles		Nombre d'élèves		TOTAL
	Collèges	Lycées	Collèges	Lycées	
1997-1998	604	605	218 631	178 046	**396 677**
1998-1999	6I2	612	-	192 786	**192 786**
1999-2000	-	504	-	134 224	**134 224**
2000-2001	-	500	-	91 620	**91 620**
2001-2002	-	458	-	71 583	**71 583**
2002-2003	-	450	-	64 534	**64534**
2003-2004	-	452	-	93 898	**93 898**
2006-2007	-	455	-	120 688	**120 688**

Source : meb.gov.tr

Après 2000, on peut observer nette diminution du nombre d'étudiants des LFR. La crise politique interne qui a eu lieu en Turquie en été une des principales raisons. Les masses islamistes ont été découragées par les faits que la propagande psychologique de l'armée contre les pouvoirs politiques islamiques ait été soutenue par le club des employeurs, TUSIAD, les médias et la société civile, que le gouvernement Refah-Yol ait été forcé de démissionner et que RP, connu pour être un parti islamiste ait été fermé. Les parents qui envoyaient leurs enfants dans les Lycées de Formation de Religieux ont été inquiets, en raison de la place centrale qu'occupaient ces écoles dans l'actualité politique du pays. Conséquence de cette contrainte politique, une partie des élèves des Collèges de Formation de Religieux ont continué leurs études dans des lycées normaux.

Cependant, ces derniers temps, les LFR ont retrouvé leur popularité, grâce à la conjonction de plusieurs facteurs. Premièrement, l'AKP, provenant d'une tradition islamiste, a obtenu la majorité dans le Parlement. Deuxièmement, des centaines de députés et des ministres, y compris le Premier Ministre Erdogan sont diplômés des LFR. Et dernièrement, des réformes législatives importantes ont été adoptées sur ces lycées ces dernières années. Grâce à ces évolutions, les LFR ont repris leur développement et ont retrouvé leurs forces d'avant. Comme le démontre le tableau ci-dessus, le nombre d'élèves dans ces lycées qui était de 64 534 pendant l'année scolaire 2002-2003, a atteint 93 893 en 2003-2004 et 120 688 en 2006-2007. Le nombre a donc presque doublé entre 2002 et 2007. Cette augmentation devrait se poursuivre dans les années à venir.

Leur objectif est d'augmenter le taux de réussite dans le concours d'entrée à l'université au sein de ces lycées, en améliorant la qualité de la formation assurée.

Il est intéressant que la formation soit assurée en langue anglaise dans une école censée former des imams. Cela peut sembler logique dans un premier temps de former les hommes de religion qui parlent l'anglais. Cependant, il est clair que le but de ces Lycées d'Anatolie de Formation de Religieux, qui donnent particulièrement une formation en anglais, n'est pas de former des hommes de religion, alors qu'il y a des centaines de milliers d'élèves dans les LFR normaux. Ceux qui acceptent des postes dans les mosquées parmi les diplômés de ces lycées constituent une très petite minorité. Ils s'orientent plutôt vers les domaines comme les sciences sociales, dont le droit et les sciences politiques, la médecine et l'ingénierie. Par ailleurs, une stratégie commune est adoptée par les LFR et par des milliers de collèges privés et de Lycées Scientifiques créés par des fondations islamistes, consistant à envoyer le maximum d'étudiants dans les universités et de former ainsi les futurs cadres islamistes.

Tableau – 2 : Les Lycées de Formation de Religieux assurant une formation en anglais

Année	Nombre d'écoles	Nombre d'élèves	Enseignants
1991-1992	16	199	46
1992-1993	27	265	45
1993-1994	55	475	64
1994-1995	55	632	211
1996-1997	107	11 989	243
2002-2003	121	11 890	267
2003-2004	123	12 199	280
2004-2005	129	14812	326
Source : meb.gov.tr			

Le nombre des LFR d'Anatolie créés dans l'année scolaire 2003-2004 et qui assurent une formation en langue anglaise est de 123, pour 12 199 lycéens. Environ 5 943 élèves sont sortis diplômés de ces lycées jusqu'en 2005. Non seulement ce nombre est en constante croissance, mais également 87 % des diplômés ont réussi dans les concours d'entrée à l'université et se sont inscrits dans diverses facultés.

Cette popularité des LFR n'est pas seulement liée aux tendances des islamistes, elle a aussi ses racines dans la politique éducative suivie par l'État. Auparavant, un étudiant diplômé d'un LFR, ne pouvait s'inscrire que dans les facultés de théologie des universités. Or avec les réformes successives effectuées par les coups militaires du 12 mars 1971 et du 12 septembre 1980, ainsi que par l'ancien chef d'État Turgut Ozal, les diplômés des LFR ont acquis le droit d'accéder à plusieurs établissements universitaires. Il va de soi que l'intérêt pour ces écoles s'est accru avec ces réformes.

2 – LES INTERNATS RÉGIONAUX ET LES LYCÉES DE FORMATION DE RELIGIEUX (LFR)

Des établissements similaires aux « Internats Publics Régionaux », qui étaient très répandus auparavant et concentrés particulièrement dans les villes kurdes, ont ouvert dans toutes les régions de la Turquie par l'intermédiaire des LFR. Aujourd'hui, la plupart des LFR disposent d'internats. Il est question ici d'établissements créant une typologie de citoyen formaté, conformément à la tradition et au mode de vie islamique et assurant son intégration dans le système. Le fait qu'aucune réaction concernant les problèmes économiques, sociaux et éducatifs de la jeunesse n'ait eu lieu jusqu'aujourd'hui dans les LFR, sauf les manifestations pour le port du voile, est lié à l'orientation politique exercée dans ces écoles.

Tous les frais des internats des LFR, sont pris en charges par les fondations, les entreprises privées et les établissements publics comme les Affaires Religieuses, ce qui encourage les familles pauvres à y envoyer leurs enfants. Or ceci est une politique de l'État, menée par l'intermédiaire des ordres religieux, pour contrôler les enfants des familles pauvres.

Selon les données statistiques actuelles, 281 LFR dans 78 villes de la Turquie, soit 43 % de ces établissements, ont des internats. Pas moins de 40 % des élèves des LFR y résident, ce qui fait qu'une partie importante de ces jeunes vit à temps plein en symbiose avec les ordres religieux. Lorsqu'on prend en considération le fait que les LFR, en tant que lycées publics, sont liés au Ministère de l'Éducation nationale qui en nomme les cadres d'enseignants, on constate l'existence d'une relation informelle certes, mais non négligeable, entre les ordres religieux et l'État.

Le fait que la population ciblée soit constituée d'enfants issus de familles pauvres et que ces derniers soient encadrés par la doctrine islamique, offre à l'État un avantage et un potentiel considérables. En effet, sachant que les ordres religieux ou les milieux islamiques en Turquie sont en relation étroite avec l'État, il est évident que cette jeunesse, formée sous l'influence de ces milieux, ne présente aucun danger pour le système politique. Dans ce sens, les LFR ne sont pas seulement des institutions d'enseignement, ils constituent également des centres de formation d'une jeunesse anticommuniste, imprégnée de l'idéologie islamiste. Selon les informations dans les médias concernant la vie quotidienne des internes des LFR, ces lieux, régis par les lois de la charia, sont utilisés comme des medersas et comme des centres politiques idéologiques. Les images filmées en caméra cachée ont en effet montré que ces établissements adoptent des règles islamiques, la journée dans les écoles et la nuit dans les foyers. Par ailleurs, il est à remarquer qu'aucune enquête n'est faite à l'encontre des activités islamistes dans ces établissements publics, alors qu'elles font régulièrement la une de la presse.

3 – L'IMPORTANCE DES LFR POUR LES POUVOIRS POLITIQUES ISLAMISTES

Nous pouvons observer dans la vie quotidienne que les centaines de milliers de jeunes formés dans les LFR constituent un facteur psychologique pour former des futurs militants et cadres islamistes ainsi que pour imposer à la société un mode de vie islamique.

Le fait que les militants et les cadres dirigeants des partis politiques islamistes, qui mènent leur combat sur une base légale, soient issus des LFR, nous donne une idée concrète sur la mission politique et sociale de ces écoles. Quelle est l'importance de ces établissements pour les courants islamistes et les ordres religieux ? La réponse à cette question se cache dans les discours des cadres et des leaders des partis islamistes et des ordres religieux :

« Certains de nos intellectuels non-croyants ou athées affirment souvent la nécessité de former des religieux éclairés dont notre pays a fortement besoin. Bien sûr on ne peut nier la nécessité d'avoir des enseignants de religion, des hommes de religion éclairés et le besoin de leur formation. Néanmoins, si on observe de près les besoins de la nation turco-musulmane, on constante que le désir d'avoir des établissements de formation de religieux ne se résume pas à ce seul objectif, ce n'est qu'une des manifestations d'un besoin plus profond d'éducation des esprits, des personnalités des générations à venir. Le souhait de la nation est d'éduquer ses enfants à l'image de notre culture, de nos traditions, de nos manières d'être turco-islamiste - là il faut entendre la synthèse turco-islamiste-, non aliéné »[243].

Ainsi, la mission de ces écoles ne semble pas être seulement de « former des hommes de religion ». L'objectif principal est plutôt de former de nouvelles générations conformément aux traditions et au mode de vie turco musulman. Selon un autre passage du même ouvrage :

« Ce qui importe le plus c'est de répondre aux attentes à partir desquelles est née l'idée fondatrice des LFR, c'est-à-dire former les étudiants de

---

[243] AKDENİZ Sabri, *Toplumumuz Ve Eğitimimiz*, Istanbul, Ed. Akay, 1982, p. 163-164.

manière à construire une personnalité conforme au modèle turco musulman...»[244]

Cette constatation concernant les LFR met au jour les principales tendances politiques de l'État. Les ouvrages contenant ces idées étaient d'ailleurs utilisés comme des manuels complémentaires dans ces écoles. Les LFR qui veillent à mener une politique éducative « conforme aux traditions turco musulmanes », sont considérés comme des centres de formation « conforme à la charia » pour les jeunes générations. Ils pratiquent ainsi un enseignement complètement différent de l'objectif qui leur est assigné par la loi.

Nur SERTEL affirme que « l'augmentation considérable dans le nombre des LFR, qui sont d'une importance cruciale pour l'élite religieuse, révèle qu'en réalité, ces institutions ont des fins qui dépassent les limites de la formation professionnelle »[245].

Ces fins qui dépassent les limites de la formation professionnelle sont: former des cadres islamistes pour établir la charia.

L'ancien député RP de Rize, Sevki Yilmaz disait ceci au sujet des LFR dans un discours en 1996 :

« Notre problème n'est pas le classement des établissements en LFR ou autres, mais d'éduquer les jeunes des autres lycées avec le même esprit que les LFR. Il ne suffit pas de leur donner enseignement religieux, mais il faut les instruire dans des cours de préparation pour une vie dans l'au-delà. »[246]

Ces paroles illustrent très bien le rôle que l'État attribue aux LFR, tout autant que ceux-ci sont devenus un pouvoir considérable dans leur domaine d'activité. Les jeunes formés dans ces établissements sont considérés par les islamistes comme les moyens d'une future conquête des institutions fondamentales de l'État. Les islamistes, conscients du fait que le système des *medersas* n'est pas compatible avec la structure sociopolitique de la Turquie, ont créé de nouveaux dispositifs qui semblent être en accord avec le système. Dans ce cadre, le projet des LFR fait parti de la stratégie politique du mouvement islamiste. Voyons comment le chercheur Faik Bulut analyse cette situation :

---

[244] İbid, p. 182-183.
[245] SERTEL Nur, *Dinde Siyasal İslam Tekeli*, Istanbul, Ed.Sarmal, 1998, p. 85.
[246] Motifs de l'interdiction du RP dans la Cour Constitutionnelle, 08.01.1998, Procès d'Interdiction du RP, Ed. Kaynak, Istanbul, 1998, p. 35.

« Les Écoles de Formation de Religieux sont l'expression d'une solution intermédiaire, dans le processus de modernisation accélérée et de l'indispensable transformation de l'enseignement, pour accepter et se soumettre à la modernité tout en évitant ses effets dégénératifs. Les islamistes, dans la confrontation avec la modernité, ont essayé de former leurs futurs cadres tout en usant des moyens de l'éducation moderne, mais sans perdre de vue la nécessité de créer un programme d'enseignement faisant la synthèse du divin et du matériel. Ainsi un million de diplômés - c'est plus que cela - de ces établissements se trouve, actuellement placé à différents niveaux de l'administration, jusque dans les forces de sécurité… »[247].

Les pouvoirs islamistes, qui se servent de tous les moyens pour réaliser leur mission essentielle, ont choisi d'établir des écoles « modernes », des LFR, conformes à la logique contemporaine et dotés de dispositifs technologiques, à la place des medersas, qui font parti des principales institutions du système éducatif islamique, mais qui sont dépourvus de nos jours des conditions politiques pour leur existence. Avec cette politique adoptée depuis les années 1950, la mise en place et la pratique de nouveaux moyens sont devenues indispensables pour le développement politique et social du mouvement islamiste. Ainsi, comme une conséquence nécessaire des conditions de l'époque, les LFR ont pris la place des medersas et sont devenus les nouveaux 'centres' des islamistes.

L'un des principaux représentants des milieux islamistes, Hayrettin KARAMAN, issu d'un LFR et professeur dans le département de théologie de l'Université Uludag, s'exprime de la manière suivante :

« Désormais habituez-vous à vivre avec les LFR, avec la génération LFR et la mentalité LFR. Ne soyez pas troublés par le fait de leur laisser ces salles, ces postes. Ne soyez pas troublés par le fait que la génération ou la mentalité des LFR profite d'une part du gâteau commercial. Ne soyez pas troublés par le fait que nos enfants issus des LFR aient leur place dans la justice, dans l'armée ou dans les forces de sécurité. Habituez-vous à cela, tolérez cela. Car nous vous tolérons. Si vous ne le tolérez pas, sachez que nous saurons nous en emparer. Nous n'avons jusqu'ici jamais demandé de faveur. Nous avons tout obtenu par nos propres moyens. Notre appel n'était que trop petit, maigre. Aujourd'hui, il est immense.»[248]

---

[247]BULUT, *Kim Bu Fehtullah Gülen*, Istanbul, Ed. Ozan., 1998, p. 51.
[248] Cité par BALLI, *op. cit.*, p. 313.

Ce discours sur les LFR prononcé par professeur Karaman, l'un des islamistes éclairés les plus réputés, présente une véritable menace. De plus, il montre le rôle stratégique joué par les LFR pour assurer l'infiltration dans l'État des pouvoirs islamistes.

Les plus grands bénéficiaires des LFR ont été les partis MNP, MSP, RP et FP. Aujourd'hui, cette tradition est suivie par l'AKP et le SP. Lorsque donc Erbakan observe que « Les LFR sont nos bases électorales », il a un point de vue très réaliste dans la mesure où chaque année, le nombre des diplômés des LFR en âge de voter augmente considérablement. Ces personnes qui sont plusieurs millions, constituent un important potentiel électoral pour le mouvement politique islamiste.

Une écrasante majorité de la jeunesse islamiste s'est identifiée dans les discours islamistes des partis comme le MNP, le MSP ou encore le RP et le FP dans le passé et avec ceux de l'AKP et du SP aujourd'hui. Les Fondations de la Jeunesse nationale sont les centres d'organisation de la jeunesse étudiante islamiste. Ces deux partis politiques ont une influence considérable dans l'orientation politique et idéologique des étudiants des LFR.

Erdoğan, Arinc le vice-Premier ministre, et une grande partie des ministres et des députés sont issus des LFR. Des centaines de bureaucrates et de cadres nommés par le gouvernement sont d'origine islamiste. Ceux-ci n'hésitent pas à affirmer qu'ils sont « pour l'ordre de la charia ». La stratégie commune des cadres islamistes placés aujourd'hui dans le SP et l'AKP est de mettre en œuvre tous les moyens légaux afin d'accroître le pouvoir social des LFR qui sont devenus le centre de l'activité islamiste. Dans ce cadre, le gouvernement islamiste AKP fait un véritable effort pour donner aux LFR le statut de lycée normal et pour faciliter l'accès à l'université des étudiants issus de ces établissements.

L'AKP, qui a gagné les voix issues des ordres religieux, a promis à ces derniers de faire les modifications législatives nécessaires concernant les LFR durant leur mandat. Edoğan affirme par ces paroles qu'ils vont absolument résoudre le problème des LFR, car ils l'ont promis à leur base électorale islamiste :

« Il y a une injustice concernant les coefficients des LFR dans les concours universitaires. Mon fils et ma fille ont mérité d'entrer dans l'Université Bogazici, mais comme les points diminuent avec ces coefficients, ils n'ont pas pu s'y inscrire. Nous allons tenir notre promesse. »[249].

De même, dans un autre discours qu'il a prononcé dans la même période où les LFR occupaient l'actualité, il dit :

« Notre but n'est pas de créer une tension, cependant avant les élections nous avons rencontré ce problème dans toutes les régions que nous avons visitées. C'est donc la demande de nos citoyens, nous allons y répondre »[250].

L'idée que les citoyens réclament des changements dans les LFR ne reflète pas la réalité. Ce débat ne répond pas aux attentes économiques, politiques et sociales de la société. Le gouvernement AKP a choisi, délibérément, de maintenir cette réforme au cœur de l'actualité politique. L'idée est, premièrement, de préparer psychologiquement la société à ce processus de changement, deuxièmement d'analyser les réactions des forces opposées à ce changement, troisièmement d'envoyer un message à l'électorat traditionnel et enfin de maintenir le soutien des ordres religieux. Résoudre le problème des LFR passera pour une réussite de l'AKP dans les milieux islamistes. Les débats sur ces écoles illustrent en effet les tendances politiques concernant l'avenir de la Turquie. Le point de vue du professeur Saylan sur la modification en question de la loi sur le Conseil de l'enseignement supérieur (YÖK) est significatif :

« Je considère comme une décision erronée et nuisible par rapport à l'avenir de la Turquie, la nouvelle loi sur le YÖK que propose le gouvernement (AKP) qui rend possible l'accès aux étudiants des Lycées techniques (y compris les LFR) dans tous les départements d'universités »[251].

La modification de la loi sur le YÖK se concentre sur les LFR qui occupent une position stratégique pour l'activité d'islamisation. En ce qui concerne cette réforme, proposée par le gouvernement AKP, non seulement la réaction des universités mais aussi celle des pouvoirs militaires méritent d'être soulignées. Plusieurs généraux ont soutenu le discours prononcé sur ce changement par l'État-major qui le considère comme « une action contre la république laïque ».

---

[249] *Milliyet*, 12 mai 2004.
[250] *Milliyet*, 17 mai 2004.
[251] *Radikal*, 17 mai 2004.

Par ailleurs, la décision du gouvernement de l'AKP d'ajourner ce projet de loi en raison de l'équilibre politique du pays et dans ce en vue d'une modification plus étendue a fait l'objet d'une vive réaction de la part des milieux islamistes :

Le président de l'Association des Diplômés et des Adhérents des LFR (ÖNDER) Ibrahim SOLMAZ réagit par ces paroles : « Nous pensons que ce retard sera cause des problèmes insolubles. Car l'AKP, lorsqu'il est arrivé au pouvoir, avait fait la promesse de tenir compte de la volonté du peuple. Il avait dit qu'il allait supprimer les différences de coefficients dans les concours d'entrée à l'université. Nous souhaitons qu'ils reviennent sur leur décision. Notre inquiétude est que le dossier ne revienne plus sur la table. Or, l'AKP est dans l'obligation d'honorer ses engagements, sinon son sort sera le même que les gouvernements antérieurs ».[252]

Les milieux islamistes pensent que le gouvernement AKP ne sera pas capable de développer une réaction adéquate contre les interventions provenant surtout de l'armée, et que par conséquent les restrictions imposées aux LFR vont continuer. Ces milieux sont en effet hostiles à toute idée de limiter la fonction sociale et politique de ces écoles qu'ils considèrent comme étant leur arrière-cour. C'est la raison pour laquelle ils tentent, en exerçant une pression psychologique sur l'AKP représentant la tradition islamiste, de le forcer à effectuer les modifications législatives nécessaires. Ainsi, ils projettent de réactiver les LFR dans le processus d'islamisation.

Toutefois, ce problème ne concerne pas uniquement les milieux islamistes. Il concerne également les politiques stratégiques de l'État et occupe pour cette raison l'avant-scène de l'actualité. Il existe, en effet, un parallèle entre la politique suivie par les pouvoirs islamistes au sujet des LFR et celle suivie par l'État. Pour cette raison, la seule analyse de la politique des pouvoirs islamistes envers les LFR serait insuffisante, il faut également mettre l'accent sur la politique suivie par l'État au sujet de ces établissements.

4– LA CRÉATION DES LFR :
UNE POLITIQUE SUIVIE PAR L'ÉTAT

Le nationalisme turc constitue la base idéologique de la politique de la République turque de fonder un État et une nation. Axée sur la turquisation de l'Anatolie, ce processus idéologique et politique a résulté

---

[252] AKÇURA Belma, *Radikal*, 28 mai 2004.

en l'abolition du califat et du sultanat, ainsi qu'à la restriction des activités religieuses.

Pour éviter à long terme une opposition sociale hors système qui s'appuierait sur l'islam, les kémalistes ont essayé de neutraliser toutes les institutions religieuses en commençant par la fermeture de tous les « tekke et medersas « et d'une grande partie des LFR. Dans ce cadre, le nombre des LFR qui était de 29 à l'époque de Mustafa Kemal en 1923, a été réduit en 6 durant la période de 1929-1931. En 1940, il ne restait quasiment aucun LFR en Turquie. Les conséquences économiques et sociales de la Deuxième Guerre mondiale sur la population anatolienne ont entre temps dégradé l'image du CHP, le parti de la république, et affaibli sa place dans l'estime du peuple. Le second Président de la République, le « Chef National ». Inönü, afin de se refaire une popularité en attisant les sentiments religieux, a rouvert 7 LFR tout en faisant son autocritique : « Il était erroné de fermer tous les LFR. Il ne reste plus aucun imam dans les villages pour enterrer nos morts »[253]. Il a ainsi jeté les bases sociales de la propagation du mouvement islamiste.

Afin de s'accommoder aux développements politiques mondiaux, la Turquie a été obligée d'adopter le « multipartisme ». Les ordres religieux qui travaillaient et s'organisaient jusqu'alors dans la clandestinité sont tous remontés à la surface et ont soutenu le DP et son chef Menderes, qui s'autoproclamait « prince de la démocratie ». Dès lors, la création de LFR a regagné de la vitesse, pour en arriver à la situation actuelle.

Après la coalition DYP-RP, marquée par la démission « forcée » du gouvernement avec l'intervention verbale de l'armée le 28 février 1997, une série de précautions ont été mises en place contre les LFR. Avec certaines réformes dans le système éducatif, les collèges ont fermé et la durée de l'enseignement primaire obligatoire a été portée à 8 ans. Le but de ces réformes était la fermeture des collèges de formation de religieux et l'affaiblissement et d'affaibli les lycée. Cette pratique a connu temporairement une relative réussite. Cependant, il faut souligner que la politique éducative suivie par l'État n'était pas de fermer complètement les LFR, mais de réguler la structure de ces écoles pour mieux les contrôler.

Les ordres religieux ont mené une longue bataille pour que les LFR obtiennent un statut identique à celui des lycées normaux et permettant ainsi à leurs diplômés d'acquérir le droit d'accès à toutes les facultés des universités. Pour cela, il a fallu modifier la réglementation sur l'Éducation

---

[253] Cité par YETKİN Çetin, « İnönü ve İrtica » *Cumhuriyet*, 18 février 1997.

nationale et ils ont obtenu ainsi l'accès à tous les établissements d'enseignement supérieur sauf bien sûr, l'École Militaire. Ainsi, grâce aux politiques répondant aux besoins de l'État, les LFR sont devenus des établissements stratégiques d'importance.

Pendant les gouvernements de Demirel, l'ouverture de LFR s'est accélérée. L'armée qui a perpétré le coup d'État du 12 septembre 1980 a apporté un grand soutien à ce processus. A l'époque d'Ozal, les LFR ont acquis le même statut que les lycées normaux, avec une gestion collégiale à laquelle participe l'État, les fondations et les privés. Ainsi en améliorant la qualité de leur enseignement ils ont gagné en popularité.

Ces constatations éclairent non seulement la situation politique malsaine dans laquelle se trouvent les dirigeants du pays, mais aussi l'absurdité des débats autour des LFR, lesquels sont en fait le résultat des politiques de l'État. Le tableau ci-dessous peut nous donner une idée concrète en vue de comprendre le rôle des gouvernements et des présidents dans l'ouverture des LFR dans la période d'Inönü jusqu'à nos jours.

Tableau– 3 : La répartition des LFR selon les années et les gouvernements

Premier ministre	Années	Nombre de création de LFR
Adnan Menderes	1951-1959	19
İsmet İnönü	1962-1963	7
Süleyman Demirel	1965-1971	46
Bülent Ecevit	1974-1975	29
Süleyman Demirel	1975-1978	233
Bülent Ecevit	1978-1979	4
Süleyman Demirel	1979-1980	36

Turgut Özal	1984-1989	90
Mesut Yılmaz	1990-1992	23
Süleyman Demirel	1992-1994	12
Tansu Çiller	1994-1995	13
Autres gouvernements	1995-1997	97

*Source:*www.egitimsen.org.

En 1997, le président Demirel et le Premier ministre Ecevit étaient les premiers à soutenir les décisions prises et appliquées pour contrôler les LFR par l'initiative des généraux membres du Conseil National de Sécurité. Cependant Demirel et Ecevit sont en même temps les deux Premiers ministres qui, durant leurs mandats antérieurs, ont inauguré le plus de LFR.

Par exemple, le processus politique de la Turquie depuis 1964, porte la marque de Demirel, qui a aussi été Président de la République. Celui-ci a ouvert 46 LFR entre 1965 et 1971, 233 entre 1975 et 1978, 36 entre 1979 et 1980 et 12 entre 1992 et 1994. 327 des LFR actuels ont été ouverts sous les gouvernements de Demirel. Quant à Ecevit, qui tient un discours « nationaliste de gauche » et qui a été Premier ministre à plusieurs reprises, il a établi 34 LFR. Ce qui est à remarquer, c'est qu'en général les politiques d'éducation des gouvernements sont en accord avec les stratégies de l'État.

Quand Demirel prétend qu' « il n'y a pas de problème d'intégrisme en Turquie » et se vante d'être le premier à « faire la prière dans le Premier ministère », il apporte un plus grand soutien à l'activité d'islamisation[254].

Plus grave encore, les généraux du coup d'État du 12 septembre 1980 ont mis tous les moyens à la disposition des islamistes en matière d'éducation et d'enseignement. D'autant plus, ils ont confié les rênes de l'économie du pays à Ozal, membre actif de l'ordre des « Naqshibandi », en le nommant Vice-premier ministre. Plus tard, Ozal a également occupé le poste de Président de la République. Il n'est pas difficile dès lors

---

[254]*Ibid.*, p. 274.

d'imaginer le lien naturel entre la politique d'Ozal pour islamiser, l'État et l'ouverture des LFR.

Un autre facteur qui a aidé l'émancipation en Turquie de l'islamisme en tant que politique d'État a été le projet de « ceinture verte » mis en œuvre par les États-Unis au Moyen-Orient, dont nous avons déjà parlé précédemment. L'islamisation du système éducatif est jugée essentielle pour la mise en pratique de ce projet. C'est dans ce but que des stratèges américains ont soutenu la propagation de l'éducation religieuse en Turquie. Par exemple, le professeur Américain Howard Reed, qui a longtemps été conseiller au Ministère de l'Éducation nationale de Turquie déclare ceci au sujet des LFR :

« Les LFR ont plusieurs qualités prometteuses. Avant tout, les étudiants choisissent ces écoles par leur propre volonté et dans le véritable but d'apprendre l'islam. Dans cet objectif, ils travaillent dur, avec un vrai dévouement et en affrontant plusieurs difficultés. Deuxièmement, je tiens à dire que les étudiants des LFR sont très disciplinés et plus respectueux que les étudiants des autres écoles »[255].

Les paroles du professeur Reed concernant les LFR reflètent le point de vue des États-Unis sur l'islam politique en Turquie. Les États-Unis ont toujours soutenu le développement du mouvement islamiste politique en Turquie, afin de construire un modèle social conforme au rôle destiné à ce pays dans la région.

Avec la disparition du bloc soviétique, de nouveaux équilibres dans lesquels l'islam politique ocupe une place particulière, se sont mis en place dans la région. C'est pourquoi, des décisions ont été prises et appliquées dans le but de redéfinir les frontières du mouvement islamiste, qui dès lors avait atteint une influence considérable sur l'équilibre interne ainsi que sur les relations sociales du pays. Cette prise de position par l'État a eu un effet considérable dans le domaine de l'éducation.

5 – LES LYCÉES SCIENTIFIQUES ET LES LYCÉES PRIVÉS : LES PRINCIPAUX PROJETS ÉDUCATIFS DES MOUVEMENTS RELIGIEUX

Le projet éducatif du mouvement islamique n'est pas limité aux LFR. Les lycées privés établis par les fondations islamiques ont aussi un rôle important à jouer.

---

[255] Cité par BALLI, *op. cit.*, p. 312-13.

Afin d'intégrer les enfants les plus intelligents et les plus doués à la religion et aux idées de la charia, les islamistes créent partout dans le pays des écoles, dotées des moyens pédagogiques les plus modernes et assurant un enseignement de qualité dans une langue étrangère. Presque tous les ordres religieux ont ainsi leurs établissements privés, qui rassemblent les élèves les plus talentueux qui font les meilleurs scores dans les concours d'entrée à l'université. En particulier, de Gülen de l'ordre des Nurcu, dispose d'un vaste réseau d'écoles privées, principalement en Turquie, mais aussi dans d'autres régions, notamment dans les républiques turcophones et dans les Balkans, apportant une dimension internationale à l'activité d'islamisation.

Les ordres religieux ont établi au total 52 lycées scientifiques en Turquie, dont 14 à Istanbul, 12 à Ankara et 7 à Izmir.[256] La plupart de ces établissements, qui offrent une éducation de très grande qualité, ont déjà plusieurs palmarès dans les concours scientifiques internationaux, dans des domaines comme la physique, la chimie ou les mathématiques. Les ordres religieux mettent en place tous les moyens nécessaires pour la réussite de ces écoles. 90 % des diplômés de ces établissements réussissent dans les concours d'entrée à l'université. La majorité des 500 premiers de ces concours est issue de ces établissements et va directement dans les meilleures universités de la Turquie comme ODTU, Bogazici, et ITU Bilkent. Concernant le choix des filières dans ces universités, la préférence des islamistes va vers la médecine, l'ingénierie, les sciences politiques ou encore le droit.

Ainsi, par exemple, deux des quatre premiers étudiants sur un total d'un million de candidats aux concours de l'année 2000-2001, ont déclaré qu'ils devaient leur réussite au « Maître Gülen ». Cette déclaration est un appel général à l'attention des autres jeunes. L'objectif visé dans ces écoles sous contrôle des islamistes est de former de jeunes adeptes des ordres religieux qui constitueront à l'avenir les cadres bureaucratiques de l'État. De ce fait, l'ouverture des lycées scientifiques financés entièrement par des fondations islamiques, ne correspond pas en réalité à un esprit de service en faveur de la société, mais fait plutôt partie d'une activité politique et organisationnelle liée à l'idéologie islamiste.

Elle constitue en même un des maillons de la stratégie de conquérir l'État de l'intérieur. Le pouvoir que détiennent les cadres islamistes dans tous les échelons des structures étatiques est le résultat naturel des politiques suivies jusqu'à ce jour.

---

[256] www.egitimsen.org.tr

La stratégie de Gülen remonte aux années 1960. Alors qu'il était encore un simple fonctionnaire, il disait :

« Je suis d'accord pour les cours coraniques, pour les LFR, mais, encore mieux, nous devons créer des collèges... Si vous n'acceptez pas ma proposition, je prends ma veste, je m'en vais et on ne se voit plus »[257].

C'est là une vision de long terme que de penser à établir dès les années 1960 ces collèges si importants dans le domaine de l'éducation. Cette idée constitue le point essentiel du projet d'islamisation, à tel point que Gülen se dit prêt à « prendre sa veste et s'en aller » si elle n'est pas admise.

En 1980, dans une réunion de l'Ordre des Nurcular, Gülen réitère ses propositions :

« Pour que l'opération Huruc (opération d'islamisation et de conquête du pouvoir) puisse atteindre ses objectifs, il faut que, partout dans le pays, des établissements d'enseignement secondaire et supérieur soient installés dans leurs propres bâtiments ou dans des bâtiments en location mais appropriés, et commencent à donner leurs fruits. Il faut créer des établissements éducatifs de tous niveaux et il faut que la majorité des enseignants participent à nos efforts... »[258].

Ainsi, en mettant tous les moyens en œuvre, toutes les occasions à profit, pas à pas, Gülen et son ordre se rapprochent de leur objectif d'un régime de charia. Et l'éducation constitue la pièce maîtresse de cette stratégie.

Les ordres religieux remplacent l'État par le biais des fondations là où ce dernier est défaillant, surtout dans les domaines politiques, économiques et culturels. Dans les régions kurdes, par exemple, le vide créé par le dysfonctionnement du système éducatif à cause de la guerre, est comblé par les ordres religieux. Gülen et son équipe mettent bien à profit cette situation.

« Les lycées créés, en particulier à l'Est et au Sud-Est du pays subviennent aux besoins de la région dans le domaine. D'un côté, il existe des établissements publics fermés par manque d'enseignants, et de l'autre, des établissements privés fondés avec une équipe d'enseignants très motivés, issus des meilleures universités du pays. Les personnalités de la

---

[257] Transmis par BULUT, *Kim bu Fehtullah Gülen*, Istanbul, Ed. Ozan, 1998, p. 205.
[258] Cité par BULUT , *Op. Cit.*, p. 208-209.

région, préfets, maires, hommes d'affaires se font concurrence pour inscrire leurs enfants dans ces écoles… »[259]

Le projet des collèges privés établis par Gülen qui se charge du rôle de « missionnaire islamiste », était censé résoudre les problèmes de la politique éducative de l'État liés à la guerre entre activistes kurdes et l'armée turque.

L'activité éducative des pouvoirs islamistes va bien au-delà des lycées d'Anatolie et scientifiques, elle recouvre un éventail beaucoup plus large.

Ce projet met en place un processus d'enseignement allant de la maternelle au lycée, entièrement focalisé sur un objectif stratégique. 13 5000 élèves sont placés dans 337 établissements du primaire institués par les ordres religieux. Ces enfants qui passent par une formation religieuse, vont constituer les futures bases des pouvoirs politiques islamistes.

365 lycées privés appartenant à des fondations, à des particuliers ou à des entreprises sont en réalité contrôlés par les ordres religieux. Les 170 000 élèves n'atterrissent pas par hasard dans ces établissements, c'est par choix délibéré qu'ils viennent s'y inscrire.[260] En considérant la formation que reçoivent ces élèves, il est clair qu'ils constituent un potentiel énorme pour le mouvement islamique.

6 – LES ÉTABLISSEMENTS SCOLAIRES CRÉÉS À L'ÉTRANGER PAR LES ORDRES RELIGIEUX

Les activités des ordres religieux en matière d'éducation ne se limitent pas aux frontières nationales. En particulier celles de Gülen, s'appuyant sur un réseau de relations illégales, sont répandues dans tous les continents, aussi bien dans des pays sous-développés que dans des pays capitalistes les plus développés. Par exemple, il a établi 53 lycées en Afghanistan, qui est l'une des régions les plus critiques du monde et où plusieurs conflits armés ont lieu ; 17 lycées en Ouzbékistan, une université et 13 lycées au Turkménistan et 30 lycées au Kazakhstan. Au total, il a établi environ 250 écoles dans 54 pays sur 4 continents.[261]

Gülen considère ces écoles qu'il a créées comme les moyens d'atteindre son but, qui est d'établir l'ordre de la charia basé sur le mode

---

[259] GÜRSOY İdris, « Huzuru bozmak İsteyen Kim », *Zaman*, 18 février 1998.
[260] *Türkiye'de Din Eğitimi*, Ankara, Ed. Eğitim -Sen, 1999, p. 27-36.
[261] *Transmis par BULUT, Kim Bu Fehtullah Gülen, Istanbul, Ed. Ozan, 1998, p. 209-210.*

de vie turco islamique en Turquie. L'autre mission prioritaire de ces lycées et universités mis en place par les ordres religieux dans divers pays, c'est de former des cadres islamiques actifs en Turquie. « L'Empire des écoles de Fettullah établies dans le pays ou à l'étranger, recevant les éloges conscients ou inconscients de plusieurs intellectuels, les collèges et Université privés des « Naqshibandi » et des « Süleymanci », les collèges « Gazali » appartenant à l'AMGT, la section de jeunesse de RP à l'étranger, ont tous à long terme le même objectif : répandre en Turquie et à l'étranger l'idéologie de la synthèse turco musulmane et la mission islamiste ». Des milliers d'élèves sont envoyés dans ces établissements à l'étranger pour la réalisation de cet objectif. Ces écoles sont dotées des meilleurs moyens, leurs activités sont contrôlées et planifiées de manière sérieuse et elles assurent une éducation idéologique très disciplinée pour les étudiants. Dans ce sens, ce ne sont surtout pas « des établissements voués au service public », comme peuvent le croire certains, mais des centres de formation des cadres politiques et idéologiques du mouvement islamistes.

Ces écoles créées par le groupe Gülen dans divers pays du monde sont chargées d'une mission cruciale pour la formation des cadres nécessaires à établir l'ordre de la charia. Un des proches de Gülen explique leur démarche :

« La communauté de Gülen canalise tous ses efforts à moyen et long terme pour la préparation d'une élite islamiste, et ce sur une géographie qui soit la plus étendue possible. Cet objectif à la priorité sur celui d'atteindre les masses. Accorder la priorité à la création de collèges, d'un réseau de cours de préparation au concours d'entrée aux universités, à l'envoi à l'étranger de tant d'étudiants pour les études de troisième cycle, à former des élèves depuis le collège jusqu'aux écoles supérieures d'ingénieurs, d'administration, l'infiltration dans les établissements d'enseignement, de santé et de défense, tout, correspond à l'objectif final. Le jour venu, il faut avoir une équipe complète constituée d'ingénieurs, de techniciens maîtrisant une langue étrangère, d'académiciens, de journalistes, de préfets, de fonctionnaires de police... Puis après ? Probablement une transition douce vers un régime de charia... »[262] Mais cela peut être aussi, pour reprendre Erbakan, une transition sanglante !

En outre, selon ce courant, la Turquie, une fois le régime de charia adopté, dominera le monde musulman. « Une telle Turquie s'érigera en exemple qui entraînera le reste du monde musulman, ainsi dans l'avenir

---

[262] KOZANOĞLU CAN, « Dolunay-Cemaat », *Cumhuriyet*, 27 mai 1995.

elle deviendra un centre d'attraction »[263]. Cependant, la première étape à franchir est la conquête de la Turquie par le biais de tout ce réseau d'établissements éducatifs tant dans le pays qu'à l'étranger.

Nous retrouvons cette même idée dans une des critiques faites par Gülen concernant la période antérieure :

« Réfléchissez ; depuis 1950, 40-50 années se sont écoulées, si ceux qui avaient 10 ans à l'époque, avaient eu l'occasion de faire des études universitaires, ils auraient leur place actuellement au sommet ou seraient en lutte pour le conquérir. Ils avaient 20 ans à l'époque, ils auraient eu 60-65 ans maintenant, l'âge mûr pour occuper des fonctions de Premier ministre, de Président de la République »[264].

Ces écoles sont d'une importance vitale pour Gülen qui veut mettre en pratique son plan stratégique. Il a le but de former les cadres islamistes qu'il appelle « la génération en or » pour établir le régime de charia : « J'ai confiance en ces jeunes générations parmi lesquelles des esprits révolutionnaires se distingueront dans tous les domaines et mettront fin à cette triste période qui nous hante depuis quelques siècles ».

Dans une recherche sur les écoles des ordres religieux, Ömer Laciner souligne que le groupe de Gülen suit l'objectif de former les futurs cadres islamistes dans ces établissements et que ceci constitue leur activité principale :

« Le maître Fethullah et son groupe… la formation de cadres distingués qui constitueront le squelette de l'État et de la société, en exerceront les activités vitales, qui seront en d'autres termes au cœur du réseau de direction et d'orientation est une tâche préliminaire à accomplir, un préalable à la prise du pouvoir. D'autant plus qu'ils considèrent que toute prise du pouvoir, avant l'accomplissement de cette étape, serait une erreur fatale »[265].

Ces lignes mettent au jour l'importance accordée par le groupe de Gülen aux activités dans le domaine de l'éducation, pour la mise en pratique de leur stratégie.

---

[263] ASLAN Abdurrahman, "Seküler Dünya'da Müslümanlar" *Birikim,* Istanbul, Ed. Birikim, juillet-1997, N° 99, p.*30-37*
[264] GÜLEN, *Prizma,* İzmir, Ed. Nil, 1996, p. 102.
[265] LAÇİNER Ömer, « Postmodern Bir Din Hareketi: Fethullah Gülen Cemaati, » *Birikim*, Istanbul, Ed. Birikim, août 1995, N° : 76, p. 3-11.

7 – LES FACULTES DE THEOLOGIE : LES CENTRES ACADÉMIQUES ET POLITIQUES DU MOUVEMENT ISLAMISTE

Les pouvoirs islamistes qui considèrent depuis longtemps les universités comme le centre de leur organisation, comprennent bien l'importance stratégique du YÖK (Conseil de l'Enseignement supérieur). Contrôler en particulier les universités qui contribuent à la détermination des politiques de l'État, est aussi un moyen de contrôler les autres institutions publiques.

A ce point, il importe de bien comprendre la politique éducative actuelle dans les universités, qui sont les symboles du système laïque éducatif.

Quel est le rôle du système éducatif universitaire dans le développement de l'islam politique ? D'après les données, ainsi que nous l'avons vu, le système éducatif turc n'est pas fermé aux tendances islamistes, au contraire, il leur fournit les meilleurs moyens, et ceci est aussi valable dans les universités. Les « conflits » exceptionnels auxquels nous assistons ne changent pas cette réalité. En Turquie, l'enseignement religieux n'est pas limité aux programmes des collèges et des lycées. Les facultés de théologie sont établies au sein des universités pour former des hommes de religion. L'objectif principal de ces facultés, créées sous contrôle du YÖK, est de former des islamistes conscients, effectuant des recherches académiques. Nous savons qu'une grande partie des diplômés de ces facultés sympathisent avec des idées islamistes et participent à des activités en vue d'établir un régime de charia.

Selon les données actuelles, 1035 enseignants sont employés dans les facultés de théologie, dont 181 professeurs, 162 maîtres de conférences, 343 professeurs adjoints et 311 chercheurs.[266] Une grande majorité de ces enseignants sont adhèrent aux idées islamistes ou au principe de la synthèse turco musulmane. Parmi eux, les académiciens qui prononcent publiquement des discours politiques, n'hésitent pas à affirmer que l'islam est une religion qui régit la vie quotidienne et que la charia est l'expression concrète de cette organisation. Nous pouvons ainsi trouver ce genre d'analyses politiques dans les revues de recherche publiées par les facultés. C'est pourquoi, il ne serait pas erroné de considérer les facultés de théologie non pas comme des institutions scientifiques de recherche, mais comme des centres politiques contribuant à une activité d'islamisation.

---

[266] www.üniversiteler.com

Le principe de la formation donnée dans les universités par ces professeurs qui partagent un même style de pensée philosophique et politique, repose sur l'islamisation de la société et la préparation des fondements d'un régime de la charia. Que défend ce point de vue philosophique et politique qui affirme que « la laïcité, le pluralisme et la démocratie ne s'accordent pas avec l'islam, que ce dernier ne saurait s'adapter à ces concepts, lesquels devraient en fait s'adapter à l'islam » ? Quel peut être le but caché derrière l'idée d'un chef d'État qui soit « un bon musulman et un homme moral » ? Ce ne peut être que d'apporter le soutien nécessaire pour islamiser le système en entier et établir l'ordre de la charia.

15000 étudiants étudient dans l'une des 23 facultés de théologie de Turquie. Une grande majorité d'entre eux participent activement à des mouvements islamistes. La plupart des participants aux manifestations contre la « décision » de l'interdiction du voile dans les universités, étaient des étudiants en théologie. De même, ces étudiants constituent la majorité dans les manifestations politiques organisées dans les universités par des groupes islamistes.

Parmi les étudiants islamistes de ces facultés et désirant effectuer une recherche sur l'islam, « 29409 personnes poursuivent leurs études à l'étranger, dont 3000 à l'Université Al Azhar en Égypte »[267].

Le nombre de facultés de théologie, de leurs enseignants et de leurs étudiants croît de façon systématique. Suite à une décision du YÖK, 4 nouvelles facultés de théologie seront fondées dans les 5 ans à venir. Ce sont les tendances politiques de l'État qui déterminent le choix des régions pour implanter ces facultés. Par exemple, des facultés de théologie sont créées dans la quasi-totalité des universités des villes kurdes, dont l'université de Dicle à Diyarbakir, l'université de Firat à Elazig, l'université de Cumhuriyet à Sivas, l'université d'Atatürk à Erzurum, l'université de Harran à Urfa, l'université de Yuzuncu Yil à Van et l'université de Sutçu Imam à Maras. Ce n'est pas par hasard si ces facultés sont établies dans des régions où se développe le mouvement social kurde et où des conflits régionaux ont lieu. Le fait que 30 % de ces facultés se trouvent dans la région kurde dépend directement de la mission accordée à celles-ci par l'État. Il y a un parallèle entre la mentalité qui propose de « bâtir des mosquées » pour annihiler le mouvement social kurde et celle qui propose de créer des facultés de théologie.

---

[267] TUŞALP, *Op. cit.*, p. 236.

Les facultés de théologie ne forment pas des hommes de religion uniquement pour la Turquie, mais également des religieux islamistes sur le plan international, conformément à leurs prétentions politiques.

Les facultés de théologie en Turquie accueillent des étudiants étrangers qui viennent de divers pays du monde. Par exemple, dans la faculté de théologie de l'université d'Uludag,

« Il y a des étudiants venus des pays Balkans comme la Bulgarie, la Grèce, la Macédoine, le Kosovo, la Bosnie-Herzégovine et l'Albanie, ainsi que des étudiants venus de l'Ukraine, la Fédération de la Russie, l'Azerbaïdjan, le Kazakhstan, la Mongolie, le Turkménistan et le Nigeria ». En outre, cette université « est en partenariat avec la faculté de théologie de l'université de Mahdumkulu au Turkménistan et le Haut Institut d'Islam de Sofia »[268].

Ce fait qu'une grande partie des facultés de théologie accueillent des centaines d'étudiants étrangers constitue une part de la politique d'internationalisation de l'islam. Le système de l'éducation religieuse en Turquie est principalement le même que celui des pays où règnent les lois islamiques, comme l'Iran, le Pakistan et l'Égypte en partie. Il n'y a aucune différence qualitative entre la formation donnée à l'Université Al Azhar en Égypte et celle des facultés de théologie en Turquie. Ces établissements se retrouvent sur un fond commun essentiel, malgré les divergences dans l'administration et les contenus des cours.

Les mouvements politiques islamistes, qui ne nient pas l'importance historique des universités, ne sont pas satisfaits de leur emprise sur les facultés de théologie. Ils poursuivent leur activité afin de conquérir les universités entièrement. Pour cela, ils s'organisent dans les universités en profitant de la collaboration des gouvernements de droite.

Dans ce cadre, ils concentrent leur activité sur deux points : la création des universités privées par les fondations des ordres religieux, grâce à la mise en vigueur de la loi y relative ainsi que l'infiltration dans les établissements académiques et l'administration des universités.

L'université de Fatih, qui appartient au groupe de Gülen, est une université privée établie par une fondation. Dotée de tous les moyens technologiques, elle assure une formation en anglais et accueille surtout des étudiants liés à divers ordres religieux. Sa politique éducative est orientée par ce principe de Gülen qui dit : « pour obtenir le pouvoir, nous

---

[268] www.ilahiyat.uludag.edu.tr.

avons besoin des générations conscientes à hautes valeurs morales ». Dans le même sens, voici les propos de Turgut Balan, le recteur de l'université de Fatih :

« Les individus et les sociétés peuvent décliner, mais ils ont la capacité de se relever. Pour cela, il faut former des générations avec les valeurs morales pour l'intérêt de la société. Les universités ont cette responsabilité première. L'université de Fatih est consciente de cette responsabilité qu'elle partage avec ses étudiants et ses enseignants »[269].

Le recteur emprunte à Gülen cette idée de «former des générations avec les valeurs morales», et met l'accent sur leur objectif de former une nouvelle génération imprégnée de valeurs islamiques.

Suite à la politique de l'État basée sur la synthèse turco musulmane et déterminée par le coup militaire du 12 septembre 1980, des centaines de nationalistes extrémistes et d'islamistes ont été placés dans les universités comme « hommes de science ». Ainsi, les universités sont devenues elles aussi des instruments du processus d'islamisation.

---

[269] www.fatih.edu.tr.

HUITIEME PARTIE : LA POLITIQUE MÉDIATIQUE DE L'İSLAM POLITIQUE

1- LA STRATÉGIE DES ORGANISATIONS D'ISLAMISTES EN DIRECTION DES MEDIAS

Les médias, qui sont considérés comme le « 4ème pouvoir » par l'opinion publique, jouent un rôle pour orienter les idées et les tendances générales de la société. Ils ont la capacité de créer un nouveau pouvoir de pression sur les gouvernements ou sur les États. On sait également que lorsque les médias sont monopolisés, ils jouent un rôle déterminant pour contrôler la stratégie politico-économique de l'État. Les médias exercent, non seulement une influence politique et idéologique, mais aussi sur les secteurs économiques. De ce fait, la guerre nationale ou internationale des médias est toujours non seulement politique mais économique.

Ces appareils médiatiques, qui ont une fonction de propagande politique et idéologique sont également une partie intégrante de l'action des organisations. A ce jour, l'action des médias a dépassé les frontières des simples activités journalistiques et a atteint un niveau de plus grande ampleur à travers les appareils visuels et audiovisuels tels que la radio, la télévision et internet. Ces outils ont un rôle déterminant dans la diversification de la société dans ses domaines idéologiques, politiques, voire psychologiques. Les systèmes politiques qui connaissent parfaitement le rôle de ces médias dans le contrôle de la société, les utilisent comme pouvoir de pression.

C'est pour ces raisons que le mouvement islamiste a accordé beaucoup d'importance aux quotidiens, ainsi qu'aux chaînes de télévisions et de radios, à tel point que leur contribution à la création d'une chaîne de télévision était « un travail très précieux sur le chemin du djihad ». Le discours qui a été tenu par Erbakan, lors de la cérémonie en l'honneur de Kanal 7 (la plus grande chaîne à tendance islamiste), nous montre à quel point les médias étaient importants pour les mouvements islamistes.

« ...Un État n'est jamais un vrai État, sans la télévision... Si vous établissez un État sans établir sa télévision, vous ne pouvez pas diffuser vos idées plus de 24 heures. Vous connaissez la façon d'établir un État ? Je l'avais déjà dit dix ans auparavant et maintenant je me souviens de mes paroles à ce sujet. Les personnes qui ont une croyance, une communauté et qui ont des idées sur le monde, grâce à Dieu, ont heureusement une chaîne de télévision. C'est un très grand évènement... Il n'est pas possible de poursuivre ou de diriger un combat sans télévision. On peut définir la télévision ainsi : pour que les fantassins puissent réussir à envahir une colline, il faut d'abord envoyer l'artillerie ou l'armée de l'air pour bombarder cette colline et dans notre cas, pour ce combat qui a pour but de mettre le peuple au pouvoir, la force de notre djihad est la télévision. C'est pour cela, qu'il n'est aujourd'hui pas possible d'effectuer le djihad sans télévision... » [270]

Erbakan affirme donc qu'établir une télévision est aussi important que d'établir un État. Ils peuvent utiliser ces moyens de communication tels que la télévision pour diffuser leurs idées et diriger politiquement une partie de la population la plus large possible. Ils affirment même que donner de l'argent pour l'établissement d'une télévision équivaut à aller au paradis. La création d'une chaîne de télévision est pour lui la plus grande aide au combat du djihad. Pour Erbakan, la télévision joue un rôle prépondérant dans la diffusion de ses idées politiques tout en étant l'appareil le plus basique de l'organisation pour qu'elle devienne une organisation de masse.

Esat Coşan, qui est propriétaire de médias islamistes et qui connaît très bien l'impact des quotidiens et des revues sur la prise de conscience de la population et leur rôle dans l'organisation collective, explique ainsi le rôle le plus important de ses revues est l'éducation des musulmans.

« Nous avons vu que les travaux sur le terrain menés jusqu'à présent, ne sont pas suffisants et ils ne répondent pas à la demande et aux besoins. Nous n'avons pas encore atteint le niveau que nous souhaitions atteindre, c'est-à-dire, celui où les communautés islamistes nous invitent. Nous ne publions cet hebdomadaire que dans cet objectif... Nous espérons que grâce à cet hebdomadaire, nous allons diffuser largement notre éducation et la voie que nous souhaitons suivre, et que

---

[270] Acte d'Accusation du Procureur de la République de la Cour de Cassation, Le Procès de Clôture de Parti de la Prospérité RP (Refah Partisi) Le discours de *Necmettin Erbakan, Président Général de RP*, le 07 mai 1996.

nos liens d'unité et de solidarité et nos liens de respect et d'amour entre nous seront renforcés... »[271]

Les divers travaux menés autour des médias ont toujours, en toile de fond, cette optique. Cela veut dire que dans le cadre de leurs actions d'islamisation, ils utilisent les médias...

Fetullah Gülen, le leader de l'une des plus grandes confréries (Fettullahçılar), qui possède le plus grand journal (*Zaman*), et qui exerce une très grande influence sociale, explique clairement à son entourage qu'il a besoin d'une chaîne de télévision pour attirer en masse la population. Son interview réalisée par des journalistes de la chaîne publique TRT, sur des sujets techniques concernant la création de sa chaîne de télévision *Samanyolu TV*, fut très instructif. À l'une des questions posées par représentants techniques de la chaîne, à savoir : « il faut au moins 500 milliards pour mettre en place une télévision, comment allez-vous trouver cette somme ? », Gülen a répondu ainsi :

« Ne pensez pas à l'argent. Nous pouvons réunir cette somme malgré les difficultés où nous pourrions nous trouver. Une Mercedes coûte 1 milliard. Je peux me réunir avec mes 500 frères et leur demander de vendre leurs Mercedes. Je peux trouver cette somme très facilement. »[272]

Avoir un appareil de communication comme une chaîne de télévision était si important pour Gülen qu'il peut « trouver » cet argent en le demandant à ces « 500 frères ». Il a ainsi fondé Samanyolu TV.

Avec l'aide de leurs appareils médiatiques, ainsi que de l'État après le coup d'État du 12 septembre 1980, les mouvements islamistes ont développé une très large propagande en attaquant politiquement et idéologiquement les démocrates, ainsi que les mouvements socialistes et progressistes. L'augmentation diversifiée dans le domaine de la communication et de la publication, a permis de les transformer en mouvement de masse et leur intellectualisation. Les fronts islamistes ont acquis un pouvoir en Turquie dont l'origine provient de leur passé historique. En examinant plus en détail les étapes historiques du développement des mouvements islamistes, on peut voir que le niveau de publication de ces mouvements est enraciné depuis de longues années dans leur politique d'action. Les mouvements islamistes tels que les Nurcular, les Süleymancılar, les Nakşibendiler ont des publications

---

[271] *Islam*, septembre 1983.
[272] Par cité BULUT, *Kim Bu Fethulla Gülen,* Istanbul, Edition Ozan, 1998, p. 247.

depuis 1955 : *İttihad, Bugün, Sabah, Bizim Anadolu, Hakikat, Yeni Asya,* et *Tercümanon,* pour ne citer qu'eux. Après 1980, *Türkiye, Zaman, Yeni Şafak, Yeni Çağ, Milli Gazete, Ortadoğu, Vakit,* etc... ont eu un fort impact au sein des médias.

Parallèlement à leur développement politique et organisationnel, les groupes islamistes ont créé un immense réseau de publication. Même s'ils ont des divergences d'idées sur l'interprétation de l'islam, leurs objectifs de publication ont un même but : islamiser la société et la faire rejoindre les actions pour la charia. Il est nécessaire d'approfondir plus en détail les progrès que les islamistes ont réalisés dans le secteur des médias où ils sont devenus des experts dans tous les types de relations médiatiques, et de se demander où et comment ils ont progressé.

2- LES OUVRAGES PUBLIÉS PAR LES CONFRÉRIES

Nous savons que les confréries islamistes ont eu plusieurs publications, dans les domaines économiques, politiques, philosophiques, scientifiques, religieux, sociaux, notamment sur la famille, l'enfant, la femme. Depuis les quinze dernières années notamment, ils ont publié des romans, des poèmes et des histoires qui montrent la culture et la façon de vivre des islamistes, ils ont créé un style littéraire islamiste, en publiant des milliers de livres dans ce domaine. Par ailleurs, ils ont également publié de nombreux ouvrages en rapport avec leurs idées.

Tous les groupes et les confréries islamistes ont publié de nombreux ouvrages sur les sujets de société. Les groupes islamistes, qui disposent d'un très large réseau de relations dans le monde des médias, comptent 132 maisons d'édition, plus de 6 000 livres politiques, économiques, historiques, philosophiques, artistiques, littéraires, culturels et sociaux, en relation avec la ligne politique islamique. Les actions de publication des groupes islamistes, qui ont rapidement progressé et qui ont eu un très fort impact sur le réseau d'information de masse basé sur des recherches dans le domaine de l'islam, ont ainsi été à l'origine du processus d'intellectualisation islamiste. On dénombre environ 200 chercheurs qui publient des livres et qui écrivent dans des journaux islamistes.

3- LES REVUES ISLAMISTES

Les revues occupent une place très importante dans la politique de publication des mouvements islamistes. Tous les groupes et les confréries islamistes publient des revues dans différents domaines, mais ils ont porté une attention toute particulière à ceux liés aux femmes, aux enfants et à la jeunesse. Cette politique, qui a permis de couvrir les différentes composantes de la société, a rencontré un grand succès. Certaines revues ont ainsi réussi à atteindre plus de 100 000 exemplaires.[273]

Selon les chiffres actuels, il y a environ 90 revues et magazines littéraires, artistiques, politiques ou scientifiques qui sont publiés par les groupes islamistes et dont la diffusion se fait à un niveau national ou international. De plus, le nombre d'exemplaires de revues islamistes mensuelles ou hebdomadaires est de 550 000. Compte tenu du niveau atteint par les revues et les magazines islamistes dans les domaines économiques, politiques, artistiques et culturels, il est facile de comprendre leur niveau d'organisation et leurs impacts politiques. Les tendances politiques générales de ces publications sont l'islamisme ou encore la synthèse turco-islamiste.

Comme on a pu le voir précédemment, à travers leurs publications les organisations islamistes ont pour objectif de toucher tous les domaines qui peuvent intéresser la société. Ainsi, la revue technique et scientifique, *Sızıntı* aborde tous les phénomènes naturels et démontre, à travers des méthodes de recherches expérimentales basées sur des vérités scientifiques que ces phénomènes ont un lien concret avec leurs croyances religieuses. Une revue philosophique intitulée *l'Homme et l'Univers*, apporte des explications sur les évènements de la nature et de la société en s'appuyant sur une philosophie religieuse, et plus particulièrement sur la philosophie de l'islam. Même si leur contenu traite de la famille comme la plus petite institution de la société, ces revues restent politiques. Leurs diffusions sont basées sur une stratégie politique. Même si à travers leurs visions intellectuelles de l'islam politique, ils font une analyse différente des évènements politiques et économiques, toutes ces revues n'ont cependant qu'un même objectif : contribuer au processus d'islamisation de la société.

Les forces islamo-politiques qui ont parfaitement compris qu'il était nécessaire d'avoir et d'utiliser les mass-médias pour parvenir à leurs fins politiques, ont réussi à faire des outils de communication leur

---

[273] TOUZANNE Jean-Pierre, *L'Islamisme Turc*, Paris, Edition L'Harmattan, 2001, p. 85-86.

lieu de travail comme base de leurs activités politiques et religieuses. En associant leur processus politique avec leur appropriation des médias, ils ont su créer de cette manière, les conditions nécessaires pour influencer et diriger la société.

4- DES JOURNAUX ISLAMISTES POUR ORIENTER LE PROCESSUS POLITIQUE

Les mouvements islamistes ont longtemps mené leur propagande grâce à leurs revues mensuelles ou hebdomadaires. Cependant, après s'être intensivement organisés dans cette voie, ils ont ensuite compris que ce type de publication n'était pas suffisant. Ils ont alors décidé d'éditer des journaux quotidiens dans le but de devenir les meneurs de la société et de créer de nouvelles politiques en phase avec la rapidité de l'évolution de la société. Les journaux des confréries qui ont choisi cette orientation et qui sont apparus après les années 70, sont ceux qui sont actuellement les plus vendus. Les journaux sont non seulement des appareils de communication mais sont aussi des sources de revenus financiers.

Ces journaux sont essentiels pour continuer à diriger la politique et pour poursuivre la guerre psychologique déjà engagée. Ils peuvent jouer un rôle très important dans la canalisation et l'organisation de la société, en l'influençant autour de leur propre politique. Après avoir perçu l'ensemble de ces réalités, on peut en conclure que ces publications politiques ont atteint un niveau très élevé au point de peser fortement sur l'équilibre politique.

Le nombre de tirages des quotidiens islamistes se situe entre 900 000 et 1,2 million d'exemplaires pour un nombre de lecteurs estimé à 2 millions. En considérant que ces journaux islamistes ont des objectifs politiques, il est facile de comprendre l'importance qui est donnée au fait d'être en contact avec tant de personnes par jour.[274]

Le journal *Zaman*, qui appartient à Fethullah Gülen, le fondateur de la confrérie Fethullahçılar, est toujours resté parmi les 3 premiers journaux de Turquie. Les médias islamistes représentent 27 % des 4,2 millions de tirages quotidiens que compte le pays. A contrario, le journal *Cumhuriyet*, qui a été fondé avec la République de Turquie, ne se place qu'à la 19ème position. Alors que les médias occupent une place prédominante, les journaux de gauche et social-démocraties ne représentent que 125 000 tirages journaliers, soit 8 fois moins que les

---

[274] TOUZANNE, op. cit., p.88-89.

journaux islamistes. Ces chiffres permettent de comprendre facilement quelles sont les tendances générales de la société turque.

5- DES MÉDIAS VISUELS ET AUDIOVISUELS AU SERVICE DE LA PROPAGANDE ISLAMISTE

Quand ils ont acquis une puissance importante, les mouvances islamistes ont commencé à fonder des médias visuels et audiovisuels qui ont augmenté leur impact politique sur la société.

De nombreuses chaînes de télévision qui répondent aux besoins de la société dans tous les domaines, ont alors rapidement fait leur apparition. 24 heures sur 24, ils traitent de la manière de vivre islamique, de la vie du prophète Mahomet, ils lisent et interprètent les paroles du Coran et enfin, expliquent comment établir un système basé sur la charia. Les émissions politiques dans lesquelles ils discutent, interprètent et analysent l'actualité par rapport à l'islam, et ont un impact important sur l'orientation idéologique du peuple.

Les médias islamistes nationaux et internationaux sont composés de :

« ...19 quotidiens, 110 revues, 51 radios, 20 chaînes de télévision... » [275] Le Groupe de Travail de l'Est (Batı Çalışma Grubu) de l'armée, recense quant à lui : « 20 confréries, 41 chaînes de télévision, 5 200 revues et journaux locaux, ainsi que d'innombrables maisons d'édition.»[276]

Ces données confirment que les forces islamistes ont une très grande capacité à utiliser les médias d'une manière la plus large possible, dans le but d'influencer et d'organiser la société.

Face à ces événements, il est important de s'intéresser au rôle de l'État dans l'augmentation à ce point du nombre de médias islamistes.

Si on s'intéresse à la gauche, on peut voir qu'il y a eu de nombreuses attaques de l'État à l'encontre des publications de gauche. De nombreux écrivains et éditeurs de gauche, des progressistes et des démocrates ont été arrêtés, des revues et des journaux ont été fermés, de nombreuses éditions ont été interdites, de nombreuses enquêtes ont été

---

[275] ÇALIŞLAR Oral- ÇELİK Tolga- GÜMRAH Ergün, chronique du Quotidien *Cumhuriyet*, le 02 juillet 2000.
[276] ÖZAKINCI, *op. cit,* p. 355-370, *Le Briefing sur les actions islamistes de l'État Majore General.*

ouvertes par le RTUK (équivalent au CSA français) contre toutes les radios de gauche. L'État a mobilisé toutes ses forces diplomatiques pour faire fermer la chaîne kurde Med TV en Belgique. Cependant, l'État n'a quasiment rien fait contre les journaux islamistes. Pour quelles raisons ? Comme le disait Kenan Evren, l'ancien président de la République de Turquie qui a été à l'origine du coup d'État de 1980 : « les confréries ne se battent pas contre l'État ». Au contraire, ceux-ci se battaient contre la gauche et les socialistes. Pour ces raisons, le « conflit » islamiste n'a pas visé le système. Les confréries telles que les Nurcular, les Süleymancılar, les Nakşibendiler, les Fethullahçılar et les Kadiriler défendent l'État.

Enver Ören, le propriétaire du holding Ihlas, justifie la publication du journal à tendance islamiste *Turkiye* :

« Les années 1970 étaient une période où les feux de l'anarchie, la terreur et le mécontentement nous entouraient de toutes parts. Pendant toutes ces années, ils ont tenté d'affaiblir notre État. Le bateau de l'État était en train de couler... Pour ces raisons, j'ai décidé de mettre un terme à mes travaux académiques et de quitter mon université. Avec quelques amis croyants, nous avons décidé de publier un journal qui était loyal vis-à-vis de l'État. Pour partager cette mission avec notre grand peuple et pour nous rassembler avec eux, nous avons décidé de fonder *Türkiye*... »[277]

Le journal islamiste a donc été publié pour s'attaquer aux mouvances de gauche qui étaient alors considérées comme « terroristes » et « anarchistes ». Depuis sa création, le journal *Türkiye*, continue dans cette ligne directrice et remplit parfaitement sa mission.

À l'occasion de l'inauguration de la chaîne TV5, Y. Kaplan, écrivain au journal à tendance islamiste *Yeni Şafak,* fait un discours dans lequel il montre comment les médias étaient des appareils importants pour les mouvements islamistes dans le cadre de leur propagande religieuse et politique, et de leur organisation au sein du peuple :

« ...Comme notre prophète avant nous, nous devons conquérir les cœurs, nous devons ouvrir les portes qui nous semblent closes, nous devons franchir une par une les barrières qui nous semblent infranchissables, nous devons montrer les nouveaux chemins. Dans cette mission, cette idée et cette perspective, nous voulons accomplir avec TV5, notre devoir

---

[277] TOMBULOĞLU Fatih, «İhlas Holding İktidara Ortak » Le Quotidien *Aydınlık*, le 06 avril 1994.

et notre responsabilité pour enraciner et développer, petit à petit, cette troisième étape de l'islam. Dans la réalisation de ces travaux, je vous demande de ne pas vous arrêter une seconde. Nous sentons le souffle de notre Prophète dans tout notre corps, et nous sommes décidés à le disperser vague par vague, tout d'abord dans notre pays mais ensuite dans notre région, et enfin dans tous les lieux que notre télévision pourra atteindre. En vous donnant notre promesse de ne jamais faire de concession sur nos valeurs et sur nos sensibilités, nous sommes ouverts à toutes vos critiques et à vos propositions. »[278]

Ce discours, qui souligne l'importance des médias dans le but d'atteindre leur objectif politique, est mis en œuvre de manière stratégique pour amener son soutien aux mouvances islamistes.

La plus grande fonction de ces millions de publications et de ces milliers de télévisions, radios et autres appareils visuels et audiovisuels, est de créer une base populaire qui soit contre les mouvances de gauche et sociaux-démocraties, et de contrôler le système en utilisant les sentiments et les croyances religieuses du peuple.

6- L'IMPORTANCE D'INTERNET SUR LES ACTIONS ISLAMISTES

Alors qu'il y avait un grand débat au sein des mouvements islamistes sur l'utilisation des nouvelles technologies, ceux-ci ont su largement utiliser internet comme appareil de communication à l'heure de la mondialisation. À ce jour, internet est devenu un outil essentiel dans le cadre de leur propagande politique, car il permet de diffuser l'information très vite et à un niveau international. Les mouvances islamistes sont une des forces les plus importantes qui utilisent le système internet. Pour ces raisons, les sites islamistes sont devenus chaque jour de plus en plus nombreux et ils possèdent maintenant un réseau de communication très puissant.

L'écrivain Français Olivier Roy, a ainsi fait une analyse sur l'utilisation d'internet en tant qu'appareil de propagande politico-idéologique :

« Nous avons travaillé sur les sites web créés par des fidèles musulmans, pour les musulmans et les non-musulmans, dans le but de diffuser l'islam. Nous avons donc laissé de côté les sites des universités ou les sites de groupes appartenant à des institutions. Les sites qui nous

---
[278]KAPLAN Y., *Yeni Şafak*, le 03 janvier 2005, www.yenisafak.com.tr.

intéressent sont ceux qui appartiennent à une personne ou qui ont été créés par une personne (par exemple les étudiants des universités). Ils sont généralement anonymes, et ne présentent aucune appartenance à un groupe mais à une communauté. Ils ont souvent des liens entre eux, ils peuvent faire référence à d'autres sites. Ils sont généralement ouverts aux questions des internautes. Ils organisent souvent des forums de discussion. En conséquence, ils agissent déjà dans un cadre déjà très dominé... »[279]

Il existe actuellement 455 sites internet qui ont été créés par des mouvances islamistes d'origine turque pour une propagande idéologique et politique. Naturellement, ces chiffres augmentent de jour en jour.

Les sites islamistes se partagent entre : 1- Les sites entièrement politiques, 2- Les sites entièrement religieux, 3- Les sites culturels et artistiques, 4- Les sites sociaux.

Ces sites permettent de s'informer très facilement sur des milliers de sujets, et d'avoir accès gratuitement à de nombreux livres et articles. Ils sont devenus un centre d'organisation et d'information virtuelle. Ils n'ont qu'un seul but : toucher le plus de lecteurs possible, les influencer et les diriger politiquement.

Les institutions et les organisations islamistes ajoutent une nouvelle dimension dans le monde de la propagande politico-idéologique internationale en organisant des « téléconférences » sur leurs sites. Tous les jours, plus de 100 000 internautes naviguent sur ces sites. Cela veut dire que chaque jour, plus de 100 000 personnes sont confrontées aux activités idéologiques et aux propagandes des islamistes.

---

[279] ROY Olivier, *L'islam Mondialisé*, Paris, Edition du Seuil, 2002, p: 167.

NEUVIÈME PARTIE :
LE NIVEAU DE DÉVELOPPEMENT ÉCONOMIQUE DE L'ISLAM

La principale stratégie de l'islam politique consistait à posséder un pouvoir économique considérable. Grâce à leurs actions depuis de nombreuses années, ils ont atteint un niveau important dans le domaine économique. Les groupes islamistes qui tiennent entre leurs mains, 25 % de l'économie de la Turquie, développent également leur compétitivité au niveau international. Grâce à leurs relations avec des fonds d'investissement internationaux, ils ont su exercer de fortes pressions sur le système politique.

Il y a un lien direct entre le niveau de développement des entreprises islamistes, qui avaient été créées par des petits groupes de capitaux d'Anatolie et qui sont devenues de grandes et moyennes entreprises, et leur influence politique. De ce fait, le développement économique leur est impératif. Ce chapitre abordera les réalités, l'évaluation économique et le niveau de développement de nouvelles bourgeoisies islamistes qui sont apparus au sein des nouvelles relations économiques.

1- L'ASSOCIATION DES CAPITAUX ISLAMISTES AVEC LES CAPITAUX INTERNATIONAUX.

Dans tous les pays, tous les groupes de capitaux et toutes les banques qui ont été créés sous un nom islamique ont également des relations directes avec les capitaux multinationaux. Selon les données de 2004 du FMI (Fonds Monétaire International), les capitaux islamistes actifs représentent 300 milliards de dollars, soit 225 milliards d'euros, et ils augmentent de 15 % chaque année.[280] Cette accumulation de capitaux est contrôlée par les institutions capitalistes comme la Banque

---

[280] *Le Monde*, le 08 décembre 2005.

Mondiale Internationale et par le FMI. Ils contrôlent également les économies des pays pétroliers.

La mondialisation, qui est le résultat inéluctable d'un système économique capitaliste, agit directement sur l'économie des pays et sur les liquidités des capitaux actifs. Concernant ce sujet, il est nécessaire d'attirer l'attention sur le point suivant: la structure économique, qui s'est dessinée comme le capital principal de l'islam, est associée à des capitaux internationaux, lesquels leur procurent de grandes possibilités d'action. Dans sa chronique intitulée *le capital de l'islam est aussi sur le chemin de la mondialisation*, parue dans la revue *Forum* en octobre 1996, Abdullah Ersoy évoque clairement cette réalité :

« D'après les estimations les plus *optimistes*, le capital dans les pays musulmans a atteint le *modeste* chiffre de 150 milliards de dollars. Ce capital a été recueilli par des centaines de banques et d'agences financières dans des dizaines de pays. De plus, une partie de cette somme a été investie dans les sections *bancaires islamistes* des banques occidentales telles que la Citibank, la Kleinworth Benson et l'ANZ Grindsley Bank. Dans le monde de la finance, on considère que la somme de 150 milliards de dollars (60 à 80 milliards de dollars selon des estimations plus réalistes) progresse de 15 % par an... »[281].

La Citibank, qui est connue comme la plus grande société financière du monde et dont le nom est associé au changement de gouvernement dans de nombreux pays,[282] a ouvert des filiales financières sous l'appellation d' « Islam » pour ainsi contrôler les capitaux islamistes dans les pays musulmans. Plusieurs autres sociétés financières ont ouvertement utilisé la même méthode que la Citibank. Il est vrai que, quel que soit le nom du fond d'investissement, il n'y a aucune différence dans son caractère économique.

Ersoy nous apporte des éclaircissements sur les relations capitalistes entre les fonds d'investissements internationaux et les pays musulmans :

« Le monopole islamiste amasse les capitaux et les propriétés des croyants, et les utilise dans des sociétés financières étrangères (comme la British Bank ou l'American State Street). Avant les années 1970, le capital islamique n'était pas important pour les marchés financiers

---

[281] *Magazine Forum*, octobre 1996.
[282] Pour plus d'informations, voir ROUQUİE Alain, *Latin Amerika'da Askeri Devlet*, Istanbul, Ed. Alan, 1982.

mondiaux. Cependant, après la crise pétrolière de 1970 et l'augmentation du prix du baril de pétrole, les capitaux islamistes ont atteint des niveaux non négligeables. Les banques islamistes se sont alors implantées à Dubaï, à Bahreïn, en Égypte, au Soudan et dans les Philippines. Avec la participation des autres pays musulmans, l'Arabie Saoudite a fondé la Banque de Développement Islamique (IKB). L'objectif était de développer les relations qui étaient alors assez limitées, entre les différents pays musulmans, de renforcer le financement de l'islam et de réunir ces pays autour d'un monde financier commun. Cependant, l'IKB est restée très passive dans l'atteinte de ses objectifs. L'Arabie Saoudite est restée très indécise du fait de sa peur de l'émergence de mouvances islamistes radicales et parce qu'elle voulait garder des relations privilégiées avec le monde financier. Pour ces raisons, l'IKB n'a donné l'accréditation de « Société Financière Islamiste » qu'à une seule société financière. La première et unique banque islamiste qui a été en charge du marché des devises, a été fondée en 1988. Cependant, comme dans l'islam, il est interdit de « gagner de l'argent grâce aux intérêts », il y eut un débat houleux sur la question de prévoir des intérêts ou non. Les dirigeants saoudiens ont alors supprimé le mot "Islam" du nom de la banque.

Le financement islamiste s'est développé et s'est répandu dans les pays musulmans au cours des dernières années, au Maroc, en Algérie, en Tunisie, en Turquie, en Indonésie et en Malaisie... Mais il n'y a que deux pays où le système bancaire s'organise autour des règles de l'islam et qui applique scrupuleusement le système bancaire islamiste : l'Iran et le Soudan. Les banques pakistanaises ont bien essayé de développer un système bancaire islamiste, mais ce projet a été compromis du fait de leurs relations intenses avec les banques occidentales. Des banques islamistes existent également en Australie, au Danemark, en Suisse, en Inde, en Thaïlande, au Sénégal, en Guinée et en Afrique du Sud.

Les fonds d'investissement islamistes cherchent actuellement la manière de s'ouvrir au monde de la finance et de se développer autour d'un système financier. Pour cette raison, les financiers des pays musulmans pensent qu'à la suite du développement de nouveaux moyens d'investissements financiers, les capitaux de sociétés traditionnelles vont parvenir aux sociétés de financement islamistes.

Ce développement rapide du capital islamiste oblige les banques occidentales à s'intéresser au domaine financier islamiste. La Citibank, qui est ironiquement reconnue comme la plus grande société financière islamiste, avec un portefeuille de 12 milliards de dollars dans des financements à court terme du commerce islamiste, a décidé pendant l'été 1997 de fonder, la *citibank Islamist Investment*. Dans le même pays, l'ABN-ABMRO Bank a commencé à se préparer pour un investissement identique à celui de la Citibank. L'Arab Banking Cooperation, qui fonctionne toujours selon les méthodes traditionnelles de l'Arabie Saoudite, a fini sa préparation dans cette même optique. Les banques Union of Switzerland, ING d'origine hollandaise et Nat West d'origine anglaise ont commencé à établir leurs sections bancaires islamistes à Londres. »[283]

Cette longue citation nous permet de définir concrètement et de comprendre le véritable état des capitaux que l'on appelle « islamiste » et comment il s'inscrit au sein des capitaux internationaux. La BNP en France, la Citicorp aux États-Unis, la Deutsche Bank en Allemagne et HSBC en Angleterre ont déclaré qu'ils avaient accepté les principes de la Charia pour conserver un pouvoir d'action dans les pays musulmans.[284] Le « capitalisme islamiste » s'est totalement intégré dans le système capitaliste global tout en restant en harmonie avec la structure historique, culturelle, religieuse de la société. L'essai de mettre en place ce « capitalisme islamiste » n'a eu aucune influence sur les activités économiques et politiques. Il a créé un autre système basé sur l'intérêt des banquiers. L'intérêt et le bénéfice sont les objectifs communs de toutes les grandes sociétés mondiales. De plus, la nature générale des fonds d'investissements est d'investir l'argent dans les pays où il y a la possibilité de faire les plus grands bénéfices.

Dans des pays tels que l'Arabie Saoudite, le Koweït, Dubaï, Bahreïn, l'Égypte, le Soudan, le Maroc, l'Algérie, la Tunisie, l'Indonésie, la Malaisie et la Turquie, la « nouveauté » des relations internationales sur leurs capitaux n'a aucune influence sur le système national des banques et de la finance. Les économies des pays qui appliquent le système islamique, comme le Soudan, l'Iran, le Koweït, les Émirats Arabes Unis, l'Arabie Saoudite et peut-être le Pakistan et l'Égypte, sont directement contrôlées par de grands groupes de capitaux internationaux. Toutes les grandes sociétés financières, bancaires et commerciales ont des relations directes avec les capitaux internationaux. Si on ne tient compte que de grandes sociétés contrôlant des capitaux au niveau international, on peut constater que les capitaux « islamistes » ne sont qu'une partie des capitaux dans un réseau extrêmement diversifié.

---

[283] Transmis par BULUT, *İslam Ekonomisinin Eleştirisi*, Istanbul, Ed. Su, 1999, p. 237-238.
[284] *Le Monde*, du 8 décembre 2005.

La question des taux d'intérêt est un sujet très sensible dans l'économie islamique qui s'est indexée sur le système capitaliste international. En effet, la réalisation de profits par l'application de taux d'intérêt est prohibée par l'islam. Dans certains pays musulmans, cette règle économique de l'islam n'est cependant pas vraiment appliquée comme le prévoit la religion. Toutes les structures économiques de ce système capitaliste agissent généralement dans un seul objectif : augmenter la part des bénéfices. Le moyen et la forme pour parvenir à cet objectif n'ont que peu d'importance. Pour ces raisons, le système de l'intérêt, qui représente une partie importante des bénéfices, est fortement ancré dans le système économique de l'islam.

Ainsi, le Dr Abdurrahman el Beydani, Vice-Président et Vice Premier ministre du Yémen, dans un article, publié le 21 octobre 1996, en Égypte, dans le journal *El Ahram*, affirme ainsi :

« Je ne sais pourquoi les banques islamistes portent ce nom. En réalité, ils ne remplissent pas les fonctions d'une banque, ce sont des sociétés de finance et d'investissement. En plus de cela, ils choisissent le statut de société anonyme. Ce sont plus des sociétés, dont la structure est monopoliste plutôt qu'anonyme, et qui devraient être ouvertes au public. Dans les sociétés anonymes, le conseil d'administration est constitué d'actionnaires qui choisissent le directeur, contrôlent les dirigeants et ont le pouvoir de licencier les membres du conseil de direction. Ce n'est pas le cas de ce système. Les actionnaires n'ont pas tous ces droits... »[285]

De plus, ces banques qui portent le nom d'« islam » ont une part importante d'investissements dans les marchés étrangers avec les sociétés étrangères avec qui elles ont des relations étroites.

À partir des années 70, dans plusieurs pays, des banques dont la dénomination contenait le mot « islam », et qui étaient fortement orientées par la Banque de Développement de l'islam (İKB), ont fait leur apparition :

« La Banque Islamique de Dubaï (1975), la Banque de Faysal İslam du Soudan (1977), la Banque de Faysal Islam d'Égypte (1977), la Société Financière du Koweït (1977), la Banque de l'Investissement et des Finances de l'islam de Jordanie (1978), La Banque de l'islam de Bahreïn (1979), La Banque Sociale de Nasir, les banques islamistes d'Iran (à partir de 1982), La Banque Islamique de

---

[285] Transmis par BULUT, *İslam Ekonomisinin Eleştirisi*, Istanbul, Ed. Su, 1999, p. 235.

Malaisie (1981), les sociétés financières islamistes de Turquie (à partir de 1983), l'Union des Émirats Arabes (1985), la Banque islamistes Internationale du Danemark (elle se trouvait au Luxembourg en 1978, et a ensuite déménagée au Danemark), Albaraka İnternational Ltd. Co. (1981)... etc.

Alors que toutes ces banques avaient des relations avec des sociétés financières internationales, elles ont placé des capitaux actifs dans les mains de sociétés qui étaient jusqu'à présent très limitées dans les pays musulmans et sur les marchés internationaux. Avec le système d'intérêts à court terme, ils ont pu en tirer des bénéfices considérables. Si on examine les données de 1995, le cumul des fonds des sociétés islamistes sur les marchés étrangers représente 112,5 milliards de dollars : dont 42 milliards appartiennent à des sociétés saoudiennes, 10,5 milliards à des sociétés koweïtiennes, 6,3 milliards à des sociétés du Bahreïn, 37,3 milliards à des sociétés turques, 3,3 milliards à des sociétés marocaines, 11,5 milliards à des sociétés pakistanaises, 1,42 milliard à des sociétés égyptiennes et 232 millions à des sociétés soudanaises... »[286]

Ainsi, la thèse selon laquelle « la structure de l'économie islamiste et le système bancaire sont contre le système des intérêts » ne tient pas. Celle-ci n'est pas seulement en phase avec les systèmes qui sont aux frontières du capitalisme, mais aussi avec les orientations pratiques de leur politique économique. Selon les données de l'année 1995, plusieurs sociétés qui utilisaient le nom d' « Islam » possédaient 112 milliards de dollars d'investissements sur les marchés internationaux. Ces chiffres ont atteint 205 milliards de dollars en 2002. L'ouverture de sociétés financières, qui sont un autre type de système bancaire est le résultat de cette politique. Aujourd'hui, il y a plus de 100 banques et sociétés financières islamistes sur les marchés internationaux qui interviennent sur le système bancaire international. Dans les Bourses de New York, Paris, Londres, voire Tokyo, de nombreuses actions de sociétés internationales ont été achetées par de riches pétroliers islamistes. Beaucoup d'actions de ces sociétés islamistes sont vendues ou achetées sur ces marchés boursiers.

El Beydani explique ainsi :

« Dans le processus de mondialisation, les banques islamistes utilisent des capitaux islamistes dans les pays étrangers sous le nom d'islam. Ces

---

[286] *Ibid.*, p. 236.

activités sont l'exploitation des croyants ordinaires au nom de la Charia par des investisseurs étrangers qui sont plus intelligents que l'exploiteur local. »[287]

Il souligne ainsi les problèmes liés au développement capitaliste que rencontrent les pays musulmans qui ne sont pas encore développés. En même temps, il attire l'attention sur les relations qu'ont alors ces pays avec les organismes financiers. Selon lui, les pays musulmans, qui ne sont pas développés industriellement et qui ont un marché intérieur insuffisant, doivent impérativement faire appel à des sociétés internationales pour obtenir des crédits, et rendre ainsi l'économie islamiste dépendante du système capitaliste économique international.

D'après Radinson, « l'islam n'a jamais été contre le système de production capitaliste et ne s'est jamais opposé à la formation de relations socio-économique avec le système capitaliste. »[288]

Olivier Roy, qui effectue des recherches sur cette question, affirme ainsi :

« L'idée de *banques islamistes* crée une perspective d'économie technocratique plus qu'idéologique. L'économie islamiste, ne peut pas se sortir de l'espace des Finances et des impositions. Dans des pays comme le Pakistan et l'Arabie Saoudite, cette entreprise vise une islamisation pour les applications d'économie moderne uniquement dans l'espace de l'imposition et des banques, sans remettre en cause le système social et politique... Le principe de banquier islamiste est basé sur l'utilisation de l'argent pour faire du bénéfice par rapport à un système qui est acceptable dans la Charia. Il est intéressant de remarquer que sur ce point il n'existe pas de divergence entre les Sunnites et les Chiites. L'Iran a calqué son système sur celui du Pakistan et de l'Arabie Saoudite. »[289]

Le chercheur Samir Amir décrit le système bancaire islamiste comme une « création des États Unis sous le nom d'« islam », mais qui

---

[287] Transmis par BULUT, op. cit., p. 232.
[288] RADİNSON Maxime, *İslam ve Kapitalizm, Islam et Capitalisme,* Istanbul, Ed. Akyüz, 2002, p. 175.
[289] ROY Olivier, *L'Echec De L'İslam Politique,* Paris, Ed. Du Suil, 1992, p 177-178.

n'est en réalité que la troisième étape de l'économie néo-libérale, voire un compromis avec l'économie de marché moderne »[290]

Les décisions prises à Istanbul lors de la 11ème conférence du Comité permanent de la Coopération économique et commerciale des Organisations islamiques (ISEDAK) sont un autre exemple de cette mise en valeur. Lors de cette conférence, il a été décidé de mener des travaux sur le développement des relations et des coopérations économiques, de créer un marché commun pour pouvoir améliorer la circulation des capitaux, et d'intégrer au processus de mondialisation et la co-intégration les économies des pays membres de l'ISEDAK à ce processus.[291]

La Turquie est un des pays dont le système bancaire s'est indexé au système capitaliste international et qui était représentatif des besoins de capitaux islamistes. Le prince Muhammed El Faysal, le Président Directeur Général de la Société Financière Faysal, qualifie ainsi la Turquie :

« Nous considérons notre travail en Turquie comme un laboratoire d'essais. Appliquer l'idée d'un système bancaire islamiste en Europe est plus aisé qu'en Turquie. Une fois que l'importance de notre système aura été comprise, nous pourrons avancer plus loin en Turquie. Nous avons des objectifs à long terme. Nous allons travailler en Turquie pour développer le système bancaire islamiste. Nous allons ainsi contribuer au développement de l'économie turque via nos sociétés à l'étranger. Pour effectuer ces activités via nos sociétés en Turquie, il nous faut attendre que ces nouveaux instruments de développement soient acceptés par l'État turc, ce qui nous permettra de contribuer à l'économie via l'intérieur. Désormais, l'économie est globale, de la même façon que la philosophie de notre système... »[292]

Maxime Rondinson, qui examine en détail les relations économiques entre les pays musulmans, s'interroge sur cette question et essaie d'interpréter la relation qui existe entre les pays musulmans et le secteur capitaliste international:

---

[290]AMİN Samir « Siyasal İslam », *Le Reveu Cosmopolitique*, Ed. Edonis, hiver-2004, n° 7, p.90-95.
[291]Transmis par BULUT, *Yeşil Sermaye Nereye-Tarikat Sermayesi-2?*, Istanbul, Edition Su, 1999 p. 279.
[292]*Zaman*, le 14 novembre 1996.

« Les capitalistes musulmans utilisent leurs capitaux de manière plus productive dans le processus de participation du monde de l'islam au monde capitaliste, dans le processus de raccordement avec le secteur capitaliste mondial et dans l'établissement d'un secteur capitaliste dans les pays musulmans... »[293]

Rondinson cherche ainsi à mettre l'accent sur le fait que les structures qui sont désignées comme « économie islamiste » ne sont qu'une partie du système capitaliste. Il n'y a pas de structure alternative telle que l'économie socialiste. Il est donc important de noter que sur ces aspects, le changement de pouvoir politique dans un pays où l'islam a une forte influence, ne permet pas de changer la propriété de la structure économique, ni les relations entre les pouvoirs des classes. Il ne crée qu'une force de pouvoir qui possède les moyens de production. Il n'y a pas de changement essentiel dans la propriété du système économique.

À la lumière de ces données, il est nécessaire d'examiner les impacts que peut avoir sur la Turquie le développement d'un système capitaliste économique islamique dans l'espace international. Il est important d'expliquer plus particulièrement les relations économiques des mouvances islamistes, leur potentiel de développement et le niveau qu'ils ont atteint aujourd'hui.

En évoquant les « investissements internationaux », il met en valeur la nécessité de mettre en place des règlements juridiques pour faciliter la circulation des capitaux. Le choix de la Turquie comme lieu pour la réalisation de cette réunion n'a pas été anodin pour l'intégration des capitaux des pays musulmans dans les relations internationales. Tout d'abord, les capitaux islamiques s'y développaient considérablement. Ensuite, la Turquie a des relations étroites avec les autres pays musulmans. Enfin, ce pays a été choisi comme pays modèle dans le cadre de la contribution des pays musulmans dans le processus de mondialisation. Grâce à ces données, on peut aisément comprendre que les capitaux que l'on désigne comme « capitaux islamistes » ne sont en réalité que les capitaux libéralisés ordinaires.

---

[293] RADİNSON, *op.cit.*. *p.* 217.

2- DESCRIPTION DE L'ÉCONOMIE POLITIQUE DU CAPITALISME ISLAMISTE TURC

Il est facile de comprendre, en regardant la situation du capitalisme d'aujourd'hui, que la structure économique islamiste est une forme originale du système capitaliste. La perspective de mouvance de l'islam des capitaux n'a jamais changé. Comme il sera expliqué plus loin, du fait de l'accumulation importante de capitaux, les islamistes ont commencé à se voir comme des représentants économiques classiques du système capitaliste. L'ancien président de l'Association des Hommes d'Affaires Indépendants (sous-entendu Musulman) MUSIAD a affirmé: « Un capital est un capital. Pourquoi a-t-on besoin d'y ajouter un substantif ? » Les dénominations telles que « capital des confréries », ou « capital islamiste » ne font aucune différence sur la propriété de ces capitaux qui sont entre les mains des islamistes.

Dans un même temps, suite à l'augmentation de leurs capitaux, à leur intégration dans le système capitaliste mondial et à la progression des capitaux internationaux, ils ont été obligés de prendre en compte toutes les règles du système capitaliste international. La croissance des parts de marché des sociétés « islamistes », vont devoir faire face au système des taux d'intérêt auxquels ils restent toujours réticents. Ils veulent, sans doute, trouver de nouveaux moyens et de nouvelles méthodes qui correspondent à leurs convictions politiques. Par exemple, les sociétés financières qui sont des dérivées du système bancaire, travaillent avec les banques internationales en utilisant le principe des intérêts.

À l'aube du 21eme siècle, le capitalisme islamiste qui avait atteint un niveau important en Turquie, comme dans tous les pays musulmans, a été obligé de s'adapter aux règles du système capitaliste international. Ils ont dû par exemple entrer en bourse, travailler avec les nouveaux outils de communication, notamment avec internet, respecter les conditions de travail imposées par l'économie de libre-échange, et accepter les privatisations.

À ce stade, ils sont maintenant gênés par le concept de « capitalisme islamiste ». Natık Akyol, l'ancien Vice-président de MUSİAD affirme que « le capital n'a pas de religion. Il a une nature globale et liquide,»[294] et a ajouté que « nous travaillons exactement comme Sabancı [un des plus grands patrons libéraux]»[295]. La Sabancı Holding, un des plus grands

---

[294] Le Magazine Inter média Economie, 17 novembre 1996.
[295] Transmis par BULUT, *Tarikat sermayesinin yükselişi,* Istanbul, Ed. Doruk, 1997, p. 299.

holdings de la Turquie, est le symbole économique du système capitaliste. Le Group İhlas (le symbole du capitalisme islamiste) préfère expliquer son caractère économique et politique en prenant l'exemple de Sabancı Holding. En effet, il sait que l'économie est déterminante sur les relations sociales et qu'il n'existe pas de religion ou de croyance de l'argent. Il y a cependant une idéologie, c'est le capitalisme. Les capitaux, dans toutes les parties du monde, avec toutes les dénominations qu'ils peuvent avoir, sont la raison d'être du capitalisme et le moyen le plus important pour défendre son intérêt. Les capitaux rapprochent les sociétés des différents pays et les différentes religions. Ils permettent de les réunir sous un intérêt commun. Le sociologue islamiste iranien, Ali Şeriati, explique ainsi très nettement la relation entre l'argent et la religion :

« Si la religion est dépendante de l'argent, personne ne le reconnaît. Une religion, dont le fondateur est l'argent, doit être la défenseuse de cet argent... »[296].

Les sociétés islamistes ont vu qu'elles étaient obligées d'obéir aux règles du capitalisme et ont donc dû adapter leur discours face à cette réalité. Les sociétés défendent donc le concept de laisser libre les prix et la concurrence, à l'instar des néolibéraux. [297]

Le système capitaliste islamiste a défendu son caractère au nom du « marché de Médine ». Il est cependant utile d'expliquer quelques points. Il ne faut pas omettre certains caractères économiques importants du capitalisme libéral. Tout d'abord, la concurrence est inéluctable, ensuite, les prix doivent être libres de tout contrôle, les obstacles aux investissements doivent être supprimés, les capitaux doivent devenir mondiaux ; enfin, le processus de privatisation doit être poursuivi pour s'adapter à l'économie mondiale. La vraie situation expliquée par le président du MUSIAD est donc celle-ci : il faut créer des investissements et les mondialiser pour permettre de résister aux sociétés multinationales du système capitaliste. La participation d'hommes d'affaires musulmans, qui habitent aux États-Unis et qui appartiennent à l'association MUSIAD est donc un appel aux sociétés multinationales. Agir sous un quelconque nom n'a plus d'importance à notre époque où les capitaux n'ont plus de nationalité, de langue ou de religion.

Il est vrai que toutes ces explications ne sont pas suffisantes pour pouvoir bien comprendre le capitalisme en Turquie. Le capitalisme islamiste, qui est devenu de nos jours un capitalisme géant, est totalement

---

[296] ŞERİATİ Ali, *Islam ekonomisi,* Istanbul, Ed. Dünya, 2004, p.141.
[297] Transmis par BULUT, *op cit.*, p. 312.

en accord avec les règles économiques du système capitaliste en Turquie. Sans cela, il ne serait pas possible de survivre dans le même système.

Le président du MUSIAD affirme qu'ils « veulent travailler avec un système où il n'y a pas d'intérêt bancaire et où il y a un système de participation aux bénéfices, mais dans les conditions actuelles il n'est plus possible de vivre sans les intérêts... Les sociétés qui font du commerce international et qui exercent des crédits d'investissement doivent automatiquement appliquer des taux d'intérêt... »[298]

Ainsi, il essaie d'influencer et de convaincre les peuples qu'il vise dans son discours. Il défend et applique le système des intérêts qui fait parti du caractère du capitalisme.

Le propriétaire de Kombassan, une des plus grandes sociétés islamistes en Turquie, déclare ainsi :

« Le but des investissements commerciaux est de se préparer au monde d'après la mort », ils ont amassé les épargnes des populations qui avaient réuni cet argent en travaillant pendant des dizaines d'années. « Créer de grands capitaux en associant les petites épargnes des musulmans croyants. Il est, à vrai dire, intéressant comme modèle de s'associer aux capitaux... »[299]

Le modèle islamiste, qui a été fondé par la création de grandes sociétés de capitaux, en s'associant aux capitaux des croyants, est totalement capitaliste. Les entreprises définies comme des « sociétés collectives » étaient l'unification de petites sociétés pour former ainsi des moyennes et grandes sociétés, ce qui représentait une partie du combat des groupes de capitaux islamistes, pour parvenir à gagner de nouveaux marchés économiques.

Les sociétés islamistes pensent qu'il est obligatoire d'augmenter leurs parts de marchés et de devenir de grandes sociétés. Ils ont donc ressenti la nécessité de faire appel aux banques. Ils se sont ensuite tournés vers des sociétés financières pour collecter de l'argent auprès de la population. Ils se sont enfin obligatoirement ouverts au système boursier. Pour pouvoir rendre leurs sociétés légitimes auprès du peuple, ils ont demandé aux institutions religieuses d'élaborer des fatwas (décrets religieux) pour reconnaître que tout ce qu'ils font, est licite aux yeux de la religion. Par exemple, les sociétés telles que İhlas Holding, Yimpaş,

---

[298] Le Magazine *Inter média Economie*, 6 novembre 1994.
[299] Le quotidien *Türkiye*, 13 mars 1997.

Kombassan, Sanko. Jetpa, ont ainsi tenté d'acheter des banques, voire d'être actionnaire en Bourse en effectuant des partenariats avec des sociétés multinationales. Ils ont commencé à défendre la bourse qui est l'élément le plus important du système capitaliste en défendant la thèse de l' « islamisation de la Bourse ». De cette manière, ils ont réussi à faire accepter leurs sociétés en bourse. Dans ce but, ils n'ont pas hésité à faire appel aux fatwas. Ils y sont parvenus dans les domaines de la finance et sont même devenus très efficaces.

Gülen, le plus grand capitaliste islamiste en Turquie, a fait appel aux musulmans en clamant : « Réunissez-vous, créez de grandes sociétés… La concurrence avec l'Occident passe par cette voie. Si vous voulez vous emparer de quelque chose à Eximbank, cela dépend de votre pouvoir ». Il a souligné que pour pouvoir se développer, les sociétés musulmanes devaient coopérer avec les sociétés multinationales.

Lors de ses études sur le développement des capitaux musulmans, Mustafa Sönmez, un chercheur islamiste, nous éclaire sur différents concepts :

«Les petites, les moyennes et quelques grandes entreprises se sont réunies autour de valeurs communautaires, elles souhaitaient être une force dans la distribution du pouvoir économique. Cette union s'est faite pour des raisons politiques mais aussi économiques. Elles ont compris qu'il fallait avoir le pouvoir économique pour réussir à mettre en place le régime islamiste qu'elles souhaitaient fonder. Elles ont tout d'abord essayé de créer une force autour de leurs valeurs islamistes. Elles ont réalisé ainsi qu'il n'était pas possible de collecter des capitaux sans posséder une banque. Mais comme il était interdit de bénéficier d'intérêts bancaires, elles ont tenté de s'inscrire dans le système bancaire sans être obligées de souscrire des intérêts. En regardant de plus près les pratiques utilisées, on peut voir deux modèles d'organisation économique de l'islam en Turquie : d'un côté, avec l'aide des institutions comme la Banque de Développement de l'islam ou avec des sociétés financières privées des autres pays musulmans, ces entreprises ont développé le système bancaire islamiste qui s'appelle la 'Société Financière Privée'. De l'autre côté, elles ont fondé de grandes sociétés communautaires, en mettant en place une organisation de sociétés horizontale et verticale. Elles ont ainsi pu amasser des capitaux provenant de la communauté de l'islam…»[300]

L'idée que « l'économie islamiste, qui a été fondée sur les bases d'une idéologie politique basée sur l'islam, est une partie du système capitaliste » a été très nettement approuvée par Erol Yarar, l'ancien président du MUSIAD : « Nous devons être riches. Nous devons travailler plus pour devenir plus riches. Nous serons ainsi plus forts contre les infidèles qui ne croient pas en l'islam. Nous devons leur reprendre les trésors de Dieu et les avoir entre nos mains… Les riches seront alors sacrés parmi les martyres…»

À travers ce discours, et notamment quand il affirme qu'il faut être riche pour pouvoir combattre les infidèles, il défend la création d'une nouvelle bourgeoisie religieuse. Le professeur Orhan Türkdoğan, professeur connu pour ses idées de synthèse turco-islamiste, défend également cette idée. En commentant la courbe de croissance des capitaux islamistes, il argumente ainsi :

« Les intellectuels islamistes, qui étaient alors considérés comme illégitimes mais qui avaient une bonne éducation politique, sont entrés dans un processus économique en développant des holdings grâce à leur leadership communautaire très fort. Ils ont commencé à créer une nouvelle classe bourgeoise islamiste. Les communautés islamistes sont entrées très rapidement dans les secteurs des finances et des médias. Ils ont soi-disant créé un « État dans l'État » en entrant également dans les secteurs de l'import-export, du bâtiment, et de la santé (hôpitaux et cliniques islamistes). Par conséquent, le mouvement islamiste, plutôt spirituel, a alors fait une pause dans ses relations avec le peuple pour diriger ses actions vers les hautes classes de l'économie. »[301]

Les mouvements islamistes ont vite compris qu'il fallait avoir une force influence au sein des relations économiques pour ainsi devenir une force politique du système. Les intellectuels islamistes ont donc alors approuvé qu'ils étaient devenus un « État dans l'État » grâce au pouvoir politique qu'ils avaient atteint. Cette définition peut donc être considérée comme le « processus d'accession au pouvoir politique absolu ».

Le chercheur Bulut fait ainsi une analyse politique du capitalisme islamiste d'aujourd'hui et nous en donne une idée plus concrète :

---

[300] SÖNMEZ Mustafa, «İslami Sermaye Nasıl Tırmanıyor?», *Journal du Dimanche,* 16 mars 1997.
[301] Orhan Türkdoğan, Magazine *Power,* avril1997.

« L'objectif stratégique de l'islam est de créer des groupes de capitaux au pouvoir qui possèdent de vastes marchés, de s'ouvrir vers l'espace international en s'unissant à des capitaux internationaux et en fondant des coopérations avec des sociétés multinationales... » [302]

Cependant, ont-ils atteint ce niveau économique ? Il existe 4 000 sociétés islamistes en Turquie. Elles ont couvert l'Anatolie et tissé leur réseau en Turquie mais très peu d'entre elles ont atteint le monopole ou ont acquis du pouvoir dans le système politique.

3- LE NIVEAU DE L'ACCUMULATION DU CAPITAL DU POUVOIR ISLAMISTE EN TURQUIE

Il convient à présent d'apporter des éléments plus concrets afin de montrer le statut du capitalisme islamiste dans les relations économiques actuelles en Turquie. Pour cela, il faut donc examiner en détail le pouvoir économique du mouvement islamiste par rapport à différents facteurs de la capacité économique actuelle de la Turquie. Comme il a déjà été démontré précédemment, il existe un lien direct entre les objectifs stratégiques des forces islamistes et leur accumulation de capitaux.

Erol Yarar, l'ancien président du MUSIAD dévoile cette stratégie politique en soutenant qu'il faut « prendre les biens des infidèles et les utiliser pour les musulmans. » L'un des principaux objectifs des capitalistes islamistes qui agissent sur les relations économiques à des fins politiques, est d'augmenter leurs parts de marchés à l'intérieur du pays et de s'ouvrir aux marchés internationaux. Autrement dit, les groupes de capitaux islamistes ne sont pas seulement des groupes qui ont des moyens de production, mais aussi qui se battent pour gagner un pouvoir économique et politique.

Les groupes de capitaux qui ont des racines islamistes ont commencé à se développer à partir des années 1950, mais particulièrement après le coup d'État du 12 septembre 1980 pour devenir un acteur essentiel de l'économie turque. À cause de leur fort développement économique, ces groupes ont dû se diviser, ce qui fait qu'aujourd'hui on ne peut plus parler d'un seul, mais de plusieurs groupes à capitaux islamistes.

Les groupes islamistes sont plutôt connus pour s'organiser sous la protection du MUSIAD. Cependant, ce n'est pas le cas de tous les groupes. En effet, aujourd'hui, plusieurs sociétés qui sont des membres de TUSİAD qui est une association turque équivalente au MEDEF et qui

---

[302] BULUT, *Yeşil sermaye nereye-Tarikat sermayesi-2?*, Istanbul, Ed. Su, 1999, p. 293.

regroupe des sociétés plutôt laïques et libérales, sont politiquement islamistes. Il existe également de nombreuses sociétés qui sont membres des deux associations.

Ces groupes islamistes ont été classés en 6 groupes en fonction de leur niveau de développement et de leurs capitaux. Il existe 7 sociétés qui possèdent des capitaux supérieurs à 100 millions YTL, 12 sociétés avec des capitaux compris entre 50 et 100 millions YTL, 16 sociétés avec des capitaux compris entre 20 et 50 millions YTL, 20 sociétés avec des capitaux entre 1 et 10 millions YTL, 22 sociétés avec des capitaux compris entre 500 000 et 1 million YTL, et 30 sociétés avec des capitaux proches de 500 000 YTL.[303]

Après les années 1980, les sociétés islamistes qui sont surnommées les « Tigres d'Anatolie » et qui ont le soutien de tous les gouvernements, ont connu un développement rapide. Les données ci-dessus datent d'il y a 9 ans. Depuis cette période, tous les partis politiques du centre ou de droite tels que l'ANAP, le DYP et le FP et enfin l'AKP ont apporté un soutien important à toutes ces sociétés qui ont alors pris une place essentielle dans la vie économique et politique du pays. Les capitalistes ont particulièrement progressé avec le soutien de l'AKP qui leur a permis d'occuper une position très importante dans l'économie du pays. Ils ont atteint un niveau tel, qu'ils peuvent à présent faire parti du TUSIAD qui est reconnu comme une organisation dominante du système. Ils ont développé des relations très importantes sur les marchés intérieurs ainsi qu'au niveau international. Ils mettent maintenant en place des coopérations avec des sociétés multinationales sur des secteurs économiques stratégiques tels que l'alimentation, l'automobile, l'électronique, la métallurgie ou encore, les banques.

Pendant de nombreuses années, ils ont amassé de petits capitaux mais commencent maintenant à agir avec leurs grandes sociétés et leurs nombreux capitaux. Les actions et le niveau de développement de ces sociétés islamistes de différents secteurs économiques, qui sont membres du MUSIAD, ont atteint un niveau important à tel point qu'elles occupent à présent une place prépondérante dans l'économie turque.

D'après les données des années 1996-1997, il existait 2048 sociétés islamistes dans 25 secteurs différents.[304] Les données de 2004, quant à elles font état de 2267 sociétés islamistes dans 33 secteurs. Ces sociétés

---

[303]BULUT, *Yeşil Sermaye Nereye ?*, Istanbul, Ed. Su, 1999, p. 242-246.
[304]Transmis par BULUT, *Tarikat Sermayesinin Yükselişi*, Istanbul, Ed. Doruk, 1997, p. 308.

ont pris une ampleur importante dans l'économie turque grâce à leurs ressources financières et à leurs accumulations de capitaux.

Si on tente de classer plus précisément ces sociétés islamistes. On distingue plusieurs groupes, classes en fonction de l'importance de leurs capitaux.

Le premier groupe est constitué de sociétés qui ont ouvert leurs capitaux à l'espace international et se sont orientées vers de grands investissements. Ces sociétés ont construit plusieurs dizaines d'usines, et comptent entre 4 et 25 000 salariés.[305] Leur capital actif représente aujourd'hui plusieurs milliards de dollars dans plusieurs secteurs, de la métallurgie à l'automobile, de l'énergie à la chimie, de l'alimentation aux services. Elles ont maintenant commencé à se hisser vers le haut en rachetant de grandes sociétés en cours de privatisation telles que les banques, Telecom, Turkish Airlines, PETKIM (produits pétroliers), Cimento (ciment) ou encore Demir Çelik (sidérurgie). Ces groupes de capitaux utilisent le concept de « l'islam » dans leur propre intérêt. Grâce aux capitaux acquis, certaines entreprises tentent d'acquérir une place plus importante sans utiliser le mot 'Islam'.

Le deuxième groupe représente les sociétés qui ont franchi le niveau médian et qui sont proches des groupes capitalistes monopolistes, ou des groupes capitalistes qui n'ont pas encore de monopole, mais qui sont membres du TUSIAD, comme par exemple la société Kalebodur. Ces groupes ont donc la capacité d'atteindre le stade de monopole dans leurs différents domaines. Si on tient compte de leurs accumulations de capitaux, de leurs relations avec des capitaux internationaux et de leur rôle dans l'importation et dans l'exportation, on peut constater clairement qu'elles ont le potentiel pour obtenir ce monopole.

Le troisième groupe de capitaux islamistes représente plutôt les moyennes entreprises. Le quatrième groupe représente des sociétés d'une taille plus modeste. Le cinquième et le sixième groupe sont en général de petites entreprises. Cependant, les classer comme des petites entreprises n'a un sens que si on les compare avec les autres groupes de capitaux.

Cette hiérarchisation est importante et nous fait comprendre qu'il ne faut pas considérer ces groupes de capitaux islamistes comme un ensemble homogène. Même s'ils s'inscrivent dans la même ligne politique, leurs niveaux économiques de développement sont très différents. Autrement dit, certaines sociétés islamistes ont acquis un

---

[305] BULUT, *Ibid*

monopole et se sont associées au système alors que les autres conservent des particularités liées à leur petite taille.

4- UN MODELÉ POUR L'ORGANISATION ÉCONOMIQUE ISLAMISTE : LES SOCIÉTÉS FINANCIERES

L'émergence de sociétés financières islamistes après acceptation du gouvernement issu du Coup d'État de 1980, a été possible grâce au soutien de l'État. Ces sociétés financières ont été considérées par les islamistes comme une partie intégrante de leur structure économique. Cette structure était en effet très avantageuse pour les activités économiques et politiques des sociétés internationales islamistes, particulièrement pour la société Rabıta. Les sociétés financières se sont répandues et sont devenues un pouvoir économique très puissant dans toute la Turquie grâce au soutien de l'État et des sociétés financières internationales.

Voici la liste de quelques sociétés internationales ayant des relations avec les sociétés financières:

L'Institut Islamiste de Banque et d'Assurance, le Programme de Harvard des Connaissances de la Finance Islamiste, l'Université Online, le Guide de Conférence des Banques Islamistes, Les Recherches de la Finance, Le Forum Internationale de la Finance Islamiste, l'islam et l'Economie, l'Institut bancaire et Financière de Bahreïn, l'Institut bancaire du Koweït, l'Institut bancaire d'Arabie Saoudite, la Littérature du Banquier Islamiste, Réseau de Banques Islamistes, La Banque de Développement Islamiste (İKB), l'Organisation d'Audit et de Comptabilité pour les sociétés financières islamistes, l'Union des Banquiers Arabes d'Amérique du Nord.[306]

Le Directeur Général de Faysal Finance, Hikmet Güler, affirme que les sociétés financières sont une partie intégrante du système bancaire islamiste et qu'il faut que l'État les soutienne.

«Nous considérons notre travail en Turquie comme un laboratoire expérimental. Appliquer l'idée d'un système bancaire islamiste en Europe est plus aisé qu'en Turquie. Une fois que l'importance de notre système aura été comprise, nous pourrons avancer plus loin en Turquie. Nous avons des objectifs à long terme. Nous allons travailler en Turquie pour développer le système bancaire islamiste. Nous allons ainsi contribuer au développement de l'économie turque

---

[306] www.ofkbirgazetesi.com.

via nos sociétés à l'étranger. Pour effectuer ces activités via nos sociétés en Turquie, il nous faut attendre que ces nouveaux instruments de développement soient acceptés par l'État turc, ce qui nous permettra de contribuer à l'économie par l'intérieur. Désormais, l'économie est globale. Comme la philosophie de notre système. »[307].

La stratégie est claire : il s'agit de combattre pour que l'économie islamiste soit au pouvoir en Turquie. Un soutien économique et politique nécessaire pour que le système bancaire islamiste occupe une place active et efficace dans le système économique, a toujours été apporté par l'État. En effet, tous les changements de lois politiques et économiques, ont toujours été réalisés pour que les sociétés de finance puissent agir selon les règles de l'islam. Ainsi, par exemple, Özal, président de la Turquie, qui était connu pour ses idées islamistes, a toujours accepté les lois favorables aux sociétés financières islamistes.

Le leader religieux Necmettin Erbakan a suivi. Quand le RP, le parti d'Erbakan a été au pouvoir au sein d'un gouvernement de coalition avec le parti centriste de droite DYP, de nombreux avantages ont été offerts aux sociétés financières islamistes. Mais « l'âge d'or » de ces sociétés est vraiment arrivé avec le gouvernement de l'AKP et son leader Erdoğan. Il s'agit de sociétés qui ont pu souscrire une majorité de crédits.[308] Par exemple, la société financière Albaraka Turk, après avoir eu l'accord des généraux auteurs du coup d'État de 1980, a pu se mettre en activité en 1985, suite à la décision du gouvernement du 19 décembre 1983..

En août 1996, dans le rapport intitulé « Plan d'action d'urgence», préparé par le MUSİAD et qui a été remis au Premier ministre Erbakan, on pouvait y voir des propositions de création de « sociétés financières sans taux d'intérêt ». Le rapport a été approuvé par Erbakan, ce qui a permis aux sociétés financières de devenir une partie intégrante de l'économie et de la politique de son gouvernement. Erbakan a, par exemple, supprimé les limitations de trésorerie pour les sociétés financières privées (SFP) pour qu'elles puissent ouvrir plus de 10 filiales par an. Grâce à cette décision, les SFP ont pu se répandre plus largement. Le gouvernement d'Erbakan a également accordé le statut de banque aux SFP, il a diminué la part de prélèvement de l'État sur les bénéfices, qui est ainsi passée de 10.5 % à 5.5 %, et il a diminué le montant de la réserve

---

[307] *Milliyet,* 16 septembre 1996.
[308] Journal des *Finances,* 21 juillet 2003.

des comptes courants qui peuvent être bloqués par la Banque Centrale, qui est passé de 20 % à 10 %. Il a donné aux SFP, le droit d'être garant dans le cadre des différents investissements. Le gouvernement a également autorisé les maires et les fondations à placer de l'argent en banque. La loi sur la TVA a été modifiée pour que les SFP puissent utiliser leurs ressources pour des financements dans l'Import-export. Les SFP ont été exonérées d'impôts pour les opérations d'achat ou de vente de biens immobiliers. Après l'application de toutes ces nouvelles directives entre 1990 et 1996, il y a eu une explosion de la demande d'ouverture de sociétés financières sans taux d'intérêt.

« Le Groupe Albaraka agit dans plusieurs pays, dans les domaines de la finance du commerce et de la construction. Albaraka Turk a été fondée sous l'impulsion de l'IKB et du groupe Albaraka, qui avait servi l'économie turque depuis plus d'un demi-siècle. Elle compte plus de 170 actionnaires principaux... Grâce à son réseau de 140 banques dans plus de 40 pays, de Singapour à l'Angleterre, de l'Afrique du Sud à la Chine et de l'Australie au Kazhakistan, elle fournit un service de très haute qualité, rapide et fiable, surtout dans les domaines de l'import/export et du commerce des devises... »[309]

Pour légitimer auprès du peuple islamiste ces établissements financiers fondés par des sociétés islamistes, les dirigeants de ces sociétés ont tenté de faire publier des fatwas pour faire accepter l'idée que « ce type de sociétés ne va pas à l'encontre de l'islam ».

Ainsi, par exemple, Ihlas Holding a fondé un « Conseil de Fatwa » pour créer la société financière qui s'appelle İhlas Finance.

« İhlas Finans, qui a été créée le 7 décembre 1994, a mis en place un conseil, l'Assemblée Suprême Consultative qui est constituée de 10 personnes (dont les professeurs Ahmet Akgündüz, Sabahattin Zaim, et Hayrettin Karaman, l'ancien imam d'İstanbul Selahattin Kaya et l'écrivain Abdurrahman Dilipak).

De son côté, Asya Finance, la société financière de Fethullan Gülen créée de 24 octobre 1996, a fondé un conseil de fatwa similaire, qui est constitué du professeur Sabahattin Zaim de l'Université de Sakarya, du professeur Suat Yıldırım, du Dr Abdülaziz Bayındır, de Halil Gönenç et de l'ancien imam d'Istanbul Selahattin Kaya... »[310]

---

[309] www.albaraka.com.tr.
[310] *Radikal*, 9 décembre 1997.

Murat Uslu, le Directeur Général d'Asya Finance, exprime ses objectifs ainsi :

« Le part des sociétés financières privées dans le système financier représente 3 %. Notre objectif n'est pas prendre une partie de ces 3%, nous voulons les 97% restants. On parle d'une réserve d'or de 70 milliards de dollars. Nous allons montrer aux musulmans ce que nous pouvons faire avec. Nos buts ne sont pas uniquement d'attirer les gens à Asya Finans, mais de leur offrir un système bancaire islamiste… »[311].

Le nombre de filiales de ces « sociétés financières sans taux d'intérêts » qui ont été fondées en Turquie est beaucoup plus élevé les banques de taille moyenne. Elles ont apporté leurs crédits à des dizaines de projets. Presque toutes les sociétés islamistes possèdent au moins un établissement financier qu'elles ont fondé elles-mêmes, ou avec lequel elles collaborent. Les « sociétés financières sans taux d'intérêt» qui ont été fondées sous le gouvernement Özal et qui se sont développées pendant le gouvernement de coalition DYP-RP (Refahyol) ont atteint une force économique considérable grâce à leurs filiales répandues à travers tout le pays et à l'étranger.

Durant la période de 1997 à 2004, le nombre de filiales d'Albaraka Türk a augmenté pour atteindre le chiffre de 37, et cette société a atteint un total de transactions de près de 1 200 millions de YTL.[312] Faysal Finance qui a changé de nom en « Family Finance » lors de l'Assemblée Générale du 11 mai 2001, comptait en 2004 34 filiales, et réalisait 500 millions YTL de transactions avant d'être rachetée par Ülker Holding en décembre 2004.[313] Le nouveau propriétaire d'Anadolu Finans est Istikbal Holding. Anadolu Finans compte 42 filiales a et réalisé 1, 600 milliards YTL de transactions.[314] Asya Holding compte 43 filiales et a réalisé 790 millions YTL de transactions.[315] Ce développement et cette croissance économique des sociétés financières islamistes nous montrent concrètement l'impact et le pouvoir des banques islamistes en Turquie.

Les représentants de ces sociétés financières et les directeurs généraux de grandes sociétés ont souvent affirmé qu'il était inévitable d'appliquer le système des intérêts en restant dans le système actuel. Ce n'est pas important que cela soit fait ouvertement ou soit dissimulé. La

---

[311] *Milli gazete*, 11 janvier 1997.
[312] www.albaraka.com.tr.
[313] www.familyfinans.com.
[314] www.anadolufinans.com.
[315] www.asyafinans.com.

fonction la plus importante des SFP était de répondre aux besoins de crédits des banques en travaillant avec le système bancaire comme le font les deux plus grands holdings libéraux, Koç et Sabancı, qui ont uni leur capital bancaire avec leur capital industriel pour atteindre un niveau très élevé. Cette méthode est maintenant utilisée par les grandes sociétés telles que İhlas Holding, Kombassan, Toprak Holding, Yimpaş Holding, Sanko et Yıldız Holding.

İhlas Holding, Kombassan, Sanko, Kar Şirketler Grubu, Yimpaş, Çetinkaya, Jet-Pa, Ülker, Kalebodur qui sont connues pour être des « sociétés islamistes », possèdent des banques et en même temps, des sociétés financières privées. Dans ce regroupement, les appeler «banque» ou «société financière privée» importe peu. Les sociétés financières privées ont d'ailleurs acquis le statut de banque suite à la décision gouvernementale n°4389 et à la loi n° 4491.[316] Pour ces raisons, les fonctions de ces deux structures financières sont identiques en pratique: il s'agit amasser des capitaux pour en faire bénéficier les sociétés. La fonction économique des SFP est alignée sur le système bancaire.

5- L'ASSOCIATION DES HOMMES D'AFFAIRES INDÉPENDANTS (MUSIAD)

En lien avec le niveau économique des capitaux islamistes, L'Association des Hommes d'Affaires Indépendants MUSIAD (*Müstakil Sanayici ve İşadamları Derneği*) qui couvre les grandes sociétés telles que Kale Kilit, Toprak Holding, Kombassan, Yimpaş, Ülker, Asya Finans et Albaraka Türk, a été fondée en mai 1990.[317] Elle est apparue comme une alternative à l'association TUSIAD (Association des Hommes d'Affaires de Turquie- *Türk Sanayici ve İşadamları Derneği*) qui domine la plus importante part de l'économie du pays. MUSİAD qui est monté en puissance comme une force alternative dans les relations des pétrodollars, a développé des relations avec des moyennes et grandes entreprises à capitaux islamiste. MUSIAD qui comptait 1 819 membres et 18 filiales en 1994, a très rapidement développé ses activités pour passer en 1996 à 21 filiales et à 2 100 membres, et à 35 filiales et 4 000 membres (y compris à l'étranger) en 2000.[318] MUSIAD représente plus de 10 000 sociétés.[319] D'après les données actuelles, 600 000 personnes travaillent pour des sociétés qui sont membres du MUSIAD. Ces sociétés représentent 15 à 18% du PIB, ce qui est considérable. La lettre 'M' de MUSIAD ne

---

[316]www.resmigazete.com.tr.
[317]ZARCONE Thierry, *La Turquie Moderne et L'islam,* Paris, Ed. Flammarion, 2004. p. 247.
[318]Zaman, 15 avril 1996.
[319]Bulletin du MÜSİAD, Volume 6, N°. 31, septembre - décembre 1998.

symbolise pas réellement « Indépendant » (*müstakil*), mais plutôt « musulman » et ce mot est utilisé consciemment pour rappeler l'identité musulmane de cette association d'entreprises.[320]

Dans sa publication bimensuelle, MUSIAD définit ses buts et ses objectifs de la façon suivante :

« Si on s'intéresse au profil général de MUSIAD par rapport au règlement général des associations, MUSIAD se donne comme responsabilité de créer un pays qui possède des métiers de haute technologie, qui est développé industriellement et commercialement, qui garde ses valeurs spirituelles et commerciales, où l'on n'abuse pas du travail mais où on ne provoque pas de haine contre le capitalisme, où on est juste dans le partage des bénéfices, un pays performant dans sa région et une Turquie respectable dans le monde. »[321]

Le MUSİAD, qui est un groupe de capitaux, fondé par des sociétés traditionnelles et religieuses, a essayé d'adapter ses relations commerciales aux règles du capitalisme international tout en y créant un motif religieux. En d'autres termes, il voulait faire une synthèse entre les règles du système économique capitaliste et leur croyance et manière de vivre islamiste. Parmi les membres du MUSIAD, on dénombre de nombreuses sociétés de très grande taille. Le MUSIAD représente une partie de la classe capitaliste qui soutient l'islam politique avec le soutien duquel elle progresse.[322]

L'ancien Secrétaire Général de MUSIAD, fait une remarque sur l'identité politique de l'association :

« On a tenté de nous cataloguer comme des islamistes ou quelques chose de similaires. Cependant, la réalité n'est pas ainsi : le MUSIAD est le reflet de la culture du peuple moyen d'Anatolie… Le peuple d'Anatolie est conservateur, croyant, fidèle à sa religion, et défend des valeurs éthiques comme ne pas mentir, ne pas voler et être juste dans son commerce. Bien sûr, ce sont également les valeurs éthiques des autres religions. Mais dans l'islam, le sujet des intérêts est un peu plus sensible »[323].

---

[320] Recueillis, *Türkiye'de Milliyetçilik ve Sivil Toplum*, Istanbul, Ed. İletişim, 2002, p. 326.
[321] *Ibid.*, p. 327.
[322] GÜLAP Haldun, *Kimlik siyaseti- Türkiye'de siyasal islamın temelleri*, Istanbul, Ed. Metis, 2003, p.51-52.
[323] Recueillis, *Türkiye'de milliyetçilik ve sivil toplum,* Istanbul, Ed. İletişim, 2002, p. 335.

Cependant, on peut voir clairement que les membres du MUSIAD ne sont absolument pas sensibles au sujet des intérêts et qu'ils travaillent dans des domaines internationaux avec des sociétés étrangères.

À vrai dire, le MUSIAD n'était pas gêné par la dénomination « islamiste » car il voulait autant se développer et augmenter ses parts sur les marchés intérieurs que sur les marchés internationaux. Enfin, le conflit entre le TUSIAD, qui prétend soutenir l'Occident, et le MUSIAD, qui prétend être du côté de l'islam, ne pose aucun problème au système. C'est en fait un problème en relation avec le pouvoir économique et le souhait d'acquérir les plus grandes parts de marchés.

Le TUSIAD porte l'image d'une association de grands groupes de capitaux qui représente un club élitiste composé d'entreprises qui est très proche d'acquérir le monopole. En ce qui concerne le MUSIAD, il représente en général les moyennes entreprises et quelques grandes sociétés. Sous l'aile du MUSIAD, il y a des sociétés qui sont en train d'acquérir un monopole dans leurs domaines tels que İhlas Holding, Yimpaş, Sanko, Yıldız, Toprak Holding et Kombassan. Il y a également des entreprises avec un capital compris entre 1 et 10 millions YTL

Le MUSIAD qui exerce dans 32 secteurs économiques, dont la sidérurgie, la métallurgie, la chimie, l'automobile, l'électricité, l'électronique, le textile, le bâtiment et les services a dépassé 4 milliards d'exportations. Bulut met ainsi le MUSIAD en valeur :

« D'un côté, le capital islamiste qui se fond dans le paysage islamiste des pays du Proche-Orient et de l'Afrique, de l'autre côté, des modèles financiers et de production capitaliste des sociétés traditionnelles de l'Extrême-Orient (Corée du Sud, Singapour, Malaisie, Taïwan et leur référence, le Japon). On préfère ces modèles que le modèle capitaliste européen, qui est ultra conservateur et sauvage. »[324]

Autrement dit, le caractère économique du MUSIAD est « un capitalisme qui a été brodé par des motifs religieux ». Le MUSIAD et le TUSIAD ont des relations directes avec des monopoles multinationaux du capitalisme. Il n'y a pas de différence de dimension entre elles.

Compte tenu des conditions politiques actuelles de la Turquie, le plus important espace de dispersion du mouvement islamiste correspond

---

[324]Transmis par BULUT, *Tarikat sermayesinin yükselişi,* Istanbul, Ed. Doruk, 1997, p. 310.

aux relations économiques. Les forces islamistes ont vite compris que les relations économiques sont un facteur prépondérant pour dominer les relations politiques et étatiques. Par conséquent, elles ont toujours mené un combat économique pour gagner la bataille politique. Dilipak, un écrivain connu pour être islamiste et collaborateur de plusieurs entreprises, défend son idée dans une chronique du journal Vatan :

« Le MUSIAD peut être une plate-forme par rapport à nos objectifs jugés urgents, à court, à moyen et à long terme. Désormais, c'est nous qui menons la marche. Le MUSIAD doit effectuer de nombreuses missions. Nous devons gagner cette bataille économique. Nous devons bien sûr le faire avec nos propres règles et les règles de l'islam »[325] Cette citation résume parfaitement la volonté des islamistes de « gagner la bataille économique ».

---

[325]DİLİPAK A., Le Journal de *Beklenen Vakit*, 6 novembre 1994.

CONCLUSION

Durant la période pendant laquelle, j'ai effectué ma thèse, de nombreux évènements se sont produits en Turquie et ont un impact sur les constats que j'avais fait concernant le sujet principal. À l'ordre du jour de la politique intérieure du pays, l'élection du président de la République de Turquie a été un maillon important des relations entre les mouvements islamistes et l'État. La discussion sur le choix du président de la République, a pris une place très symbolique dans la structure traditionnelle de l'État turc et a mis également en évidence la concurrence politique qui existe entre les deux forces du système. La concurrence entre l'Armée, porte-parole des forces kémalistes, défenseur de la persévérance de la politique traditionnelle de l'État, et l'AKP, le représentant des forces islamistes, qui est devenu une des forces incontournables du système, nous montre clairement les relations politiques de l'État.

Le poste de Président n'est pas seulement une place symbolique pour l'État. Il a pour mission de contrôler entièrement les institutions du système. En plus de la fonction symbolique de commandant de l'Armée turque, il nomme les hauts fonctionnaires tels que les présidents ou membres des institutions comme la Cour de Cassation, le Conseil d'État, le Conseil Constitutionnel, la Cour des Comptes, les Renseignements Généraux, le Conseil de Sécurité nationale, les préfets et secrétaires d'État. De plus, il a pour fonction de contrôler les institutions de l'État, accepter ou rejeter les lois. Il a la responsabilité directe de diriger le Conseil de Sécurité nationale, qui est une institution centrale de l'État. Autrement dit, le partage des responsabilités entre le Président et le Premier ministre est en pratique un système semi-présidentiel. L'important pour les pouvoirs islamistes, était de voir à la tête de la pyramide du système, une personne qui provient de la tradition islamiste. L'AKP voulait compléter son processus d'organisation du système, et a donc proposé la candidature d'Abdullah Gul, deuxième homme du parti, pour le poste de Président. L'objectif était de pouvoir appliquer plus facilement ses différentes stratégies politiques.

Le 27 avril 2007, l'État Major des Armées est alors intervenu par rapport à cette proposition, en précisant dans un communiqué qui faisait office en fait d'ultimatum : « Les forces armées turques, qui ne cautionnent pas les discussions qui sont en cours et leurs interprétations négatives, se mettront au centre de ces idées et ses oppositions seront clairement énoncées si nécessaire. Personne ne doit en douter. Les forces armées turques, protègent ses convictions par rapport aux fonctions exactes qui leur ont été données par la loi pour sauver les principes établis de la République de Turquie. »

Lors des élections présidentielles au parlement, et après avoir commencé à voter mais sans obtenir les 367 voix nécessaires pour l'élection du Président, le parti opposant CHP (Parti Républicain du Peuple) a fait appel au Conseil Constitutionnel pour arrêter les élections et annuler celles-ci. Sous les pressions de l'Armée, à travers l'ultimatum du 27 avril 2007, le Conseil Constitutionnel a décidé d'invalider les élections présidentielles effectuées au Parlement pour « transgression de la Constitution ».

Compte tenu de la situation politique extraordinaire, le parlement turc a donc décidé de provoquer des élections anticipées qui se sont tenues le 22 juillet 2007. Ainsi, un nouveau processus, qui va fortement influencer l'Histoire politique future de la Turquie, a été lancé. Les résultats des élections ont considérablement changé l'équilibre politique du pays. L'AKP, qui était défini comme un parti islamiste modéré, a obtenu 47% des votes et a donc largement renforcé son pouvoir au Parlement, et a ainsi pu créer une atmosphère plus favorable à l'atteinte de ses objectifs stratégiques politiques.

L'armé a interrompu le processus qu'elle avait pourtant engagé. L'atmosphère régnant dans le paysage politique après les élections a donc permis de renforcer les cartes de l'AKP. Avec le soutien de tous les groupes musulmans, l'AKP a alors choisi Abdullah Gül comme Président et un islamiste issu de la synthèse turco-islamique occupe donc maintenant la tête de la pyramide du système. Cette nouvelle situation a donc été un coup de poignard à l'État qui a alors perdu le principal centre d'initiative du système. Cela montre également que l'islam modéré, dans la politique du Proche-Orient aura beaucoup plus d'impact sur le système. La présence d'un président au côté d'un Premier ministre, venant tous les deux de la mouvance islamiste, a créé un nouvel équilibre stratégique.

Cette stratégie politique s'est considérablement changée dans les relations entre l'Armée et les islamistes. Le mouvement islamiste a tiré, de cette situation, de multiples avantages. L'armée conserve cependant, un pouvoir important grâce à sa puissance militaire.

L'AKP, et particulièrement le nouveau président Abdullah Gül, a pris conscience de sa victoire dans ce conflit. Il a donné une importance spéciale à ses relations avec l'Armée. En réalité, la nouvelle balance politique entre les différentes institutions du système va alors aider au développement de la mouvance islamiste et de son efficacité dans la société. Les forces politiques islamistes progressent fortement en plaçant leurs cadres aux postes stratégiques et renforçant ainsi leurs pouvoirs politiques dans la structure de l'État. La majorité des cadres du bureau du Président, proviennent de la tradition islamiste. Le Président du Conseil de Sécurité nationale (MGK), qui est nommé par le Président, est un bureaucrate issu de la mouvance islamiste modéré proche de l'AKP, le secrétaire d'État du Premier ministre est proche de la confrérie de Gülen, les membres du Conseil de l'Enseignement supérieur (YÖK) ont été choisis parmi des personnalités proches des sectes et communautés islamistes. Ceci apporte différentes informations permettant de mieux comprendre la nouvelle organisation. La désignation de l'islamiste Haşim Kılıç à la Présidence du Conseil Constitutionnel, qui est la plus importante institution de la justice, met en évidence que la balance de l'État a changé en faveur des islamistes

Un changement de Constitution, qui tient un rôle très important dans les relations du pouvoir au système, est maintenant à l'ordre du jour du gouvernement. Le processus de changement de Constitution a été engagé par l'AKP pour adapter celle-ci à la conjoncture politique actuelle. La Constitution mise en place par les généraux à la suite du coup d'État du 12 septembre 1980, a tenu son rôle historique mais ne répond plus aux besoins internationaux et à l'équilibre politique. Le projet de loi, préparé et présenté par le gouvernement AKP reprend la structure idéologique et politique de la synthèse turco-islamique. Il n'y a aucune avancée remarquable pour la démocratisation de la société turque.

Par exemple, il n'existe pas de différence qualitative entre la constitution des généraux du Coup d'État et celle du projet de l'AKP. Les principes du préambule de la Constitution nous donnent une idée concrète de la nouvelle structure politique et idéologique de l'État. La définition faite dans le troisième article du projet, « la République de Turquie est un ensemble indivisible avec son Territoire et avec sa Nation », nous montre précisément le contenu politique de la constitution.

De plus, dans leur définition de l'identité turque, « Toutes les personnes qui sont rattachées la République de Turquie par un lien de citoyenneté, sans tenir compte de sa religion, ni de ses origines, est Turc », ceci nous montre que la politique raciste, nationaliste et négationniste s'applique sous toutes ses formes. Tous les autres articles ont été préparés sur la base de cette définition. En tenant compte de l'ensemble du projet, on peut remarquer que ce n'est pas une constitution démocratique, mais au contraire, elle reflète les éléments de la constitution du Conseil de Sécurité nationale, à l'origine du Coup d'État.

De plus, les lois, qui empêchaient le développement de l'islam modéré, ont été supprimées. Tous les changements nécessaires, tels que le changement d'orientation du YÖK, la légalisation du port du voile dans les universités, le contrôle des activités des ordres religieux par la loi au nom de la liberté de « la religion et des croyances », ont été intégrés à la nouvelle constitution, pour supprimer tout obstacle à l'établissement du nouveau cadre stratégique des organisations islamistes.

L'équilibre stratégique s'est construit entre la structure intérieure du pouvoir de l'État et les pouvoirs islamistes modérés. L'espace pour la légitimation et la sécurisation de cette balance est la Constitution. Ce nouveau texte assure un équilibre entre le régime kémaliste et celui de l'islamisme modéré.

Cette situation qui a influencé directement la structure politique du régime au cours des derniers mois, ne s'est pas faite brusquement et de manière hasardeuse. Elle est le résultat d'un long processus historique, social, culturel, économique et politique que nous avons examiné dans l'ensemble de la thèse. Les mouvements islamistes se sont intégrés à la structure traditionnelle du système sont devenus une force dominante dans la politique intérieure ainsi que dans les relations internationales. Autrement dit, les fondations sont en place pour construire la République islamiste de Turquie.

BIBLIOGRAPHIE

OUVRAGES

- ARKOUN Mohammed, *İslam Üzerine Düşünceler (*Les idées sur l'islam*)*, Istanbul. Edition metis, 1999
- AKSOY Ergün, *28 Şubat'tan Bağdat'a Mücahit!!!* (Moujahid !!! *Du 28 février à Bagdad)*. Istanbul, édition Ümit, 2000.
- AZAM Abdullah, *Müslüman Halkın Cihadı* (Le djihad du peuple musulman). Istanbul. Edition Tarık, 1997
- AKINCI Cengizı, *İrtica,1945-1999* (l'étau de l'intégrisme, 1941999), Istanbul, édition Doğan, 1999.
- AKDENİZ Sabri, *Toplumumuz Ve Eğitimimiz* (Notre société et notre éducation), Istanbul, édition Akay, 1982.
- ALKAN Ayten, *Yerel Yönetimler Ve Cinsiyet* (Les administrations locales et la sexualité). Istanbul, édition Dipnot, 2005.
- AYDIN Erdoğan, *İslamiyet Gerceği Cilt 4* (La vérité de l'islamisme, tome-4), Istanbul, édition Öteki, 1995.
- BALCI Bayram, *Coopération culturelle et éducative entre la Turquie et les républiques turcophones d'Asie centrale,* les dossiers de l'IFEA n°5. Istanbul, édition Institut Français d'Etudes Anatoliennes Georges Dumezil, 2001.
- BALLI Rafet, *Batı ve İrtica* (*L'étau de l'intégrisme et l'Occident)* Istanbul, édition kaynak, 1999.
- BULAÇ Ali, *Din, Devlet ve Demokrasi* (La religion, l'État et la démocratie), Istanbul, édition Zaman, 2001.
- BULUT Faik, *İslam Ekonomisinin Eleştirisi* (Critique de l'économie islamique)*,* Istanbul, édition Su, 1999.
- BULUT Faik, *Yeşil Sermaye Nereye-Tarikat Sermayesi-2* (Les capitaux des confréries -2*)*, Istanbul, édition Su, 1999.
- BULUT Faik, *Tarikat Sermayesinin Yükselişi* (La montée du capital des confréries), Istanbul, édition Doruk, 1999.
- BULUT Faik, *Kim Bu Fethullah Gülen*? (Qui est ce Fethullah Gülen?), Istanbul, édition Ozan,1999.

- BAŞKAYA Fikret-Editör, *Temel Kavramlar* (Les notions fondamentales), Yücel Demirer/Bölüm Siyasal İslam. Ankara, édition Özgür Ünv, 2005.
- BRZEZİNSKİ Zbigniew, *Le Grand Echiquier*, Paris, Edition Bayard, 1997.
- BÖLÜK Mehmet, *El Tayyip,* Istanbul, édition Toplumsal dönüşüm, 2003.
- BORA Tanıl ; CAN Kemal, *Devlet-Ocak-Dergah* (L'État - la Communauté - le Foyer), Istanbul, édition İletişim, 2004.
- BESSON F. J, *La Montée de l'islamisme en Turquie,* Paris, édition Hérodote, 1995
- ÇALIŞLAR Oral, *RP Nereden Nereye* (Le RP : d'où vient-il, où va-t-il?), Istanbul, édition Pencere, 1995.
- ÇAKIR Ruşen, *Ayet ve Slogan* (le Verset et le slogan), Istanbul, édition Metis, 1994.
- ÇAKIR Ruşen; ÇALMUK Fehmi, *Recep Tayyip Erdoğan-Bir dönüşüm Hikayesi* (Recep Tayyip Erdoğan, histoire d'une transformation), Istanbul, édition Metis, 2002.
- CİLACI Osman, *Hıristiyanlık propagandası ve Misyoner Faaliyetleri* (La propagande chrétienne et les activités de mission*)*, Ankara, édition Diyanet İşleri Bakanlığı, 1982.
- COŞAN Esat, *Güncel Meseleler (*Histoires Actuelles), Istanbul, édition Serin, 1992.
- ÇELİK Serdar, *Türk Kontrgerillası* (La Contreguérilla turque), Istanbul, édition Ülkem Presse. 1995.
- CİZRE Ümit, *Muktedirlerin Siyaseti* (La politique des puissants), Istanbul, édition İletişim, 1999.
- ÇETİNKAYA Hikmet, *İrticanın Kara Yüzü* (Le côté obscur de l'étau de l'intégrisme), Istanbul, édition Günizi*, 2002.*
- ÇETİNKAYA Hikmet, *Şeriat Pazarı* (Le Marché de la Charia), Istanbul, édition Çağdaş, 1997.
- DİLİPAK Abdurrahman, Sorunlar, Sorular ve Cevaplar *(Les Problèmes, les questions et les réponses)*, Istanbul, édition Beyan, 1995.
- DORRANSORO Gilles (Sous la direction de) : *La Turquie Conteste*, Paris, Cnrs Editions, 2005.
- ERDOĞAN Latif, *Fethullah Hocaefendi; Küçük Dünyam* (Monsieur Fattullah Hodja: mon petit monde), Istanbul, édition AD, 1998.
- EKİNC Oktay, *Şeriatın Kravatlı Başkanı* (Le chef de la charia en cravate), Istanbul, édition Çağdaş, 1998.
- ERBAKAN Necmetin, *Milli Görüş Ve 5 Yıllık Kalkınma Planı Broşürü* (Brochure du Plan quinquennal de développement et Vision Nationale), Ankara, 1973.
- EKŞİ Ayşe, *Din Devletleri* (Les États religieux), Istanbul, édition Ümit, 1994.

- FUKUYAMA Francis, la *Fin de l'Histoire et le dernier homme*, Paris, édition Flammarion, 1992.
- GERGES Fawaz, *Amerika ve Siyasal İslam* (L'islam politique et les États Unis), Istanbul édition, 1998.
- KEPEL Gilles et Yann Richard (Sous la direction de) *Intellectuels et militants de l'islam contemporain*, Paris, éditon Seuil, 1990.
- GÖLE Nilüfer, *İnterpénétrations de l'islam et l'Europe*, Paris, édition Galaade, 2005.
- GÜR Metin, *Şeriat ve Refah* (le Parti de la Prosperité et la charia), Istanbul, édition Çağraş, 1997.
- GÜVENÇ Bozkurt, TEKELİ İhlan TURAN, Şerefetin Turan, ŞAYLAN Gencay, *Türk-İslam Sentezi* (la Synthèse turco-islamique), Istanbul, édition Sarmal, 1994.
- GÜRDOĞÜN Ersin, Görünmeyen Üniversite *(L'université invisible)*, İzmir, édition Nil, 1994.
- GÖKDEMİR Orhan, *Devletin Din Operasyonu:Öteki İslam* (l'opération religion d'État: l'autre islam), Istanbul, édition Sorun,1998.
- GÜLEN Fehtullah, *Asrın Getirdiği Tereddütler-2, 3 ve 4* (les hésitations à amener le siècle – tomes 2, 3 et 4), İzmir, édition Nil,1998.
- GÜLEN Fethullah, *Prizma-1 ve 2* (Prisme – tomes 1 et 2), İzmir, édition Nil, 1996.
- GÜLEN Fethullah, *Fasildan Fasıla-1 ve 2* (d'Intervalle en intervalle - tomes 1 et 2), İzmir, édition Nil, 1996.
- GÜZELSOY Mansur, *İlim ve Siyasi Tahliller* (Analyses scientifics et politiques), Istanbul, édition Fırat, 1996.
- GÜNGÖR Nasuhi, *Yenilikçi Hareket* (Le Mouvement rénovateur), Istanbul, édition Anka, 2001.
- GÜLER Ayman Birgül, Yerel Yönetimler *(Les administrations locales)*, Ankara, édition Imge, 2006.
- HATİBOĞLU Tahir, *Batı ve İrtica* (L'Occident et l'étau de l'intégrisme), Istanbul, édition Kaynak, 1999.
- HABLEMİTOĞLU Necip, *Şeriatçı Terör'ün ve Batının Kıskacındaki Ülke* (Le pays entre la terreur de la Charia et l'étau de l'Occident), Istanbul, édition Toplumsal Dönüşüm, 2003.
- HUNTINGTON Samuel Paul, *Le Choc des Civilisation,* édition Odile Jacob, Paris, 1992.
- HÜSEYİN Asaf, *Batı'nın İslamla Kavgası* (La Guerre de l'Occident contre l'slam), édition Pınar, Istanbul,1991.
- HAN M.Ekren, *İslam Ekonomisinin Temel Meseleleri* (Les problèmes fondamentaux de l'économie islamique), Istanbul, édition Kayıhan, 1998.
- LEWİS Bernard, *la Crise en islam,* Paris, édition *Gallimard, 1993.*
- LEWİS Bernard, *le Retour de l'islam*, Paris, Edition Gallimard, 1993.
- KALELİ Lütfi *İrtica ve ABD Kıskacında Türkiye* (la Turquie dans l'étau de l'intégrisme et des États-Unis), Istanbul, édition Alev, 2003.

- KARSSON İngmar, *İslam ve Avrupa* (l'islam et l'Europe), Istanbul, édition Cem, 1996.
- KAHRAMAN Hayreddin, *Her Şeye Rağmen* (Malgré toutes choses), Istanbul, édition İz, 2001.
- KARA İsmail, *İslamcıların Siyasal Görüşleri (les Idées politiques des islamistes)*, Istanbul, édition Dergah, 2001.
- KIŞLALI Mehmet, *Güneydoğu, Düşük Yoğunluklu Çatışma* (le conflit de faible intensité), Istanbul, édition Ümit,1996.
- KONGAR Emre, *21.Yüzyılda Türkiye* (La Turquie dans le 21ème siècle), Istanbul, édition Remzi Kitapevi, 1998.
- KAHRAMAN Hayrettin, *İslamın Işığında Günün Meseleleri* (les problèmes de clarté de l'islam), Istanbul, édition İz, 2003.
- MANNAN M. A. *İslam Ekonomisi-Teori ve Pratik* (l'Economie islamique: théorie et pratique), Istanbul, édition Fikir, 1987.
- Modern Türkiye'de Siyasal Düşünce *Cilt-6/ İslamcılık,* (La Pensée politique dans la Turquie moderne, toma 6 : İslamisme), İstanbul, edition iletişim, 2004.
- Modern Türkiye'de Siyasal Düşünce *Cilt-4/ Milliyetçilik,* (La Pensée politique dans la Turquie moderne, toma 4 : le nationalisme), İstanbul, edition iletişim, 2002.
- MİRZABEYOĞLU Salih, *Tilki Günlüğü İBDA* (Journal du Renard İBDA), Istanbul, édition İBDA, 1996.
- NECCAR Ahmed, *İslama Göre Banka ve Sigorta* (la banque et l'assurance selon l'islam*)*, Istanbul, édition Nesil, 1992.
- ÖCAL Mustafa, İmam Hatip Liseleri ve İlköğrentim Okulları *(les Lycées de Formation des Religieux et les écoles primaires),* Istanbul, édition Neşriyat, 1998.
- ÖZAKINCI Cengiz, *İrtica 19945-1999* (l'Etau, 19945-1999), Istanbul, édition Otopsi, 1999.
- ÖZSOY Osman, *Türkiye'de Seçmen Davranışları Ve Etkin Propaganda* (les Comportements des électeurs en Turquie et la propagande active), Istanbul, édition Alfa, 2000.
- ÖZEK Çetin, *Devlet Ve Din* (l'État et la Religion), Istanbul, édition Ada, 1980.
- PARLA Taha, *Türkiye'nin Siyasal Rejimi, 1980-1989* (Le Régime politique de la Turquie, 1980-1989*)*, Istanbul, édition İletişim, 1995.
- PEKÖZ Mustafa, *Avrupa Birliğinde Göçmenler-Almanya'da Türkler ve Kürtler,* (les Immigrés dans l'Union Européenne – les Turcs et les Kurdes en Allemagne), Istanbul, édition Gün, 2002.
- POYRAZ Ergün, *Fethtullah'ın Gerçek Yüzü* (le vrai visage de Fethullah), Istanbul, édition Otopsi, 2000.
- RODİNSON Maxime, *l'islam politique et la croyance*, Paris, édition Fayard. 1993.

- RODİNSON Maxime, *Islam et capitalisme,* Paris, édition du Seuil, 1987.
- ROY Olivier, *Küreselleşen İslam* (l'islam mondialisé), Istanbul, édition Metis.
- ROY Olivier (sous la direction de), *la Turquie aujourd'hui, un pays européen ?* Paris, édition le Tour du Sujet, Universalis, 2004.
- ROY Olivier, *l'Echec de l'islam Politique,* collection Esprit, Paris, édition Seuil, 1992.
- SAVAŞ Vural, *Türkiye Cumhuriyeti Çökerken* (la République Turque en perte de vitesse), Istanbul, édition Bilgi, 2004.
- SAVAŞ Vural, *Bölücülüğe ve İrticaya Karşı militan Demokrasi* (la Démocratie militante contre le séparatisme et l'étau de l'intégrisme), Istanbul, édition Bilgi yayinevi, 2000.
- SERTEL Nur, *Dinde Siyasal İslam Tekeli (*le Monopole de l'islam politique en religion), Istanbul, édition Sarmal, 1998.
- ŞEN Faruk; ÖZ, GÜRAY; İYİDİRLİ, Ahmet, *Federal Almanya'da Türklerin Kültürel*
- SEVİNDİ Neval, *Fethullah Gülen ile New York Sopbeti* (Entretien avec Fetullah Gulen à New York), Istanbul, édition Sabah, 1997.
- SEVİGEN M.Gündüz, *MSP'den 4 Yıl - 1973-1977* (Quatre années du MSP, 1973-1977), Ankara, édition Yüksel Matbaası, 1980.
- SARIBAY Ali Yaşar, *Türkiye'de Modernleşme Din Ve Parti Politikası* (la Modernisation en Turquie: la politique du parti et la religion), Istanbul, édition Alan, 1984.
- SELİM Yavuz, *Gül'ün Adı* (le nom de Gül), édition Kim, Istanbul, 2000.
- SIDDIKİ Kelim, *İslam Devriminin Aşamaları* (Les Etapes de la révolution islamique), Istanbul, édition Ekin, 1997.
- SIDDIKİ Kelim, *Modern Ulus-Devlet ve Ötesi* (l'État-nation moderne et au-delà), Istanbul, édition Ekin, 1998.
- ŞERİATİ Ali*, İslam Ekonomisi* (L'Economie islamique), Istanbul, édition Dünya, 2004.
- ŞEYLAN Gencay, *Türkiye'de İslamcı Siyaset* (la Politique İslamiste en Turquie), Istanbul, édition V, 1992.
- YETKİN, Çetin, *Hıristiyanlık ve İslam Siyasal Düşüncesi* (l'Idée d'islam politique et le christianisme), Istanbul, édition Otopsi, 2005.
- TUNAYA Tarık Ziya, *İslamcılık Akımı (*la Tendance islamiste), Istanbul, édition Simavi, 1991.
- TANYOL Cahit, *Neden Türban* (Pourquoi le voile?), Istanbul, édition Gendaş Kültür,1999.
- TANYOL Cahit, *Şeriat ve İrtica* (la Charia et l'Etau de l'intégrisme**),** Istanbul, édition Gendaş Kültür, 2000.
- TURHAN Sara Gül, *Refah Partisinin Negatif Yüzü* (Le côté négatif du Parti de la Prospérité), Istanbul, édition Leyal,1995.

- TUŞALP Erbil, *İslam Faşizmi* (le Fascisme islamique), Istanbul, édition Doğan,1999.
- TOUZANNE Jean Pirerre, *l'islamisme turc*, Paris, édition L'Harmattan, 2001.
- ÜNLÜ Vildan Özcan, *Bütün Yönleriyle Başörtüsü Sorunu* (La question du voile en entier), Istanbul, édition Mazlum-Der, 1998.
- YARAŞIR Volkan ; AYGÜN Tarık, Siyasam İslam Ve AKP *(l'islam politique et l'AKP),* Istanbul, édition Akyüz, 2002.
- YARAR Erol, *21.Yüzyıla Girerken Dünyaya Yeni Bakış*, (le nouvel aspect du monde à l'aube du 21ème siècle), Istanbul, édition MÜSİAD, 1996.
- YALÇIN Soner, *Hangi Erbakan* (Quel Erbakan ?), Istanbul, édition Su.
- YILDIRIM Ergün, İktidar Mücadelesi Ve Din *(*la Lutte du pouvoir et la religion), Istanbul, édition Bilge,1999.
- ZELLUM Abdulkadim, *Demokrasi Küfür Nizamıdır* (la Démocratie est l'ordre insulté), Istanbul, édition Hizb-u Tahir, 1998.
- ZARCONE Thierry, *la Turquie moderne et l'islam,* Paris, Flammarion yay, 2004.
- WEBER Max, *Sociologie des religions*, Paris, édition tel gallimard,1996.
- HAMİDULLAH Muhammed (traduit par), *le Saint Coran,* Paris, édition Beyan, 2002.
- *Refah Partisi Kapatma Davası*-1998, (le Procès d'interdiction du Parti de la Prospérité), İstanbul, édition Kaynak, 1998).
- *Türkiye'de Sivil Toplum ve Milliyetçilik*, (la Société civile et le nationalisme en Turquie), İstanbul, édition İletişim, 2000.
- *Türkiye'de Din Eğitimi (*l'Education religieuse en Turquie*),* édition Egitim –Sen, Ankara, 1996/1997/1998.

ARTICLES

- ABDELWAHAB al-Effendi, *Turquie, Iran: si près, si loin,* Courrier international, (juin-juillet-août- 2003), p.21-23.
- AKŞİT Bahattin et COŞKUN Kemal Mustafa, *Türkiye'nin modernleşmesi bağlamında İHO,* (les Ecoles de Formation de Religieux – EFR – dans le contexte de la modernisation de la Turquie, la pensée politique en Turquie Tome 6 / Islamisme) Türkiye'de Siyasal Düşünce Cilt-6/İslamcılık Ed. İletişim, İstanbul, (2004,) p. 402-403.
- AKTAY Yasin, *Türkiye'de Siyasal İslamcılığın Marjlari* (Les Marges Politiques de l'islam en Turquie, L'idee Politique dans la Turquie/la Pensée politique dans la Turquie moderne, tome 6: Islamisme, Edition İletişim,(2004), p.18-25.
- AMİN Samir, *Politik İslam* (Islam politique), Cosmo Politik n°7- (hiver 2004), p.90-95.

- ASLAN Abdurrahman, *Seküler Dünya'da Müslümanlar* (Les musulmans dans le monde séculier), revue Birikim (mensuel), İstanbul,(juillet-1997), n° 99, p.*30-37*
- BERNARD Philippe, *le Foulard dans la vie scolaire,* Le Monde - 2 (novembre 2003).
- BORA Tanıl, *2002 Seçimi ve Siyasi Güzergah Problemleri* (Les Elections et les problèmes d'itinéraire politique), Birikim, (octobre-décembre- 2002), n°163/164, p.29-35
- BROWN James, *İslamic Fundemantalism and Turkey* (Fondamentalisme islamique et Turquie*)*, Jurnal of Politics and Military Sociology, vol.16, (printemps 1996).
- BUİ Doan et GUIRCHOUN Henri, *Faut-il avoir peur des Turcs ?,* le Nouvel Observateur n° 2092, Paris, (décembre – 2004), p.8-22.
- BRADFER Alain, *Turquie: la laïcité reste maître à bord,* Histoire et Patrimoine, (2005), p.136-141.
- BULAÇ Ali *Dinlerin Meydan Okuyuşu: Entegrizm ve Fundamentalizm,* (le défit des religieux: l'intégration et le fondamentalisme) Birikim, N° 37 (mai1992) p.17-28
- CAN Eyüp et ŞAHİN Alpay, *Fethullah Gülen Hocaefendi ile Ufuk Turu (Tour d'horizon avec Fethullah Gülen),* Milliyet, 1er (novembre1996).
- ÇAKIR Ruşen, *Au nom de Dieu, de la Turquie et du progrès social,* Courrier international, (juin-juillet-août -2003), p.23.
- CESARİ Jocelyn, *Islam européen, islam en Europe*, Questions Internationales, (septembre-octobre -2006), n° 21. p.33-46.
- CHANTAL Mouffe, *Siyasetin Sonu ve Sağ Kanat Popülizmin Meydan Okuması »* (La fin de la politique et le défit du populisme de droite) Birikim, (2002), n° 163/164, p. 94-105.
- ÇİĞDEM Ahmet, *İslamcılık Üzerine bazi notlar* (Certains notes sur islamisme), Modern Türkiye'de Siyasal Düşünce/İslamcılık Cilt-6,-la Pensée politique dans la Turquie moderne, tome 6: Islamisme, Edition İletişim, (2004), p.26-33
- FEROZ Ahmet, *Politices and islam in Modern Turkay (Politique et islam dans la Turquie moderne)* Middle Eastern Studie, vol.27, n° 1, (janvier 1991)
- GERAY Haluk, *Yeni Dünya Senaryoları ve Türkiye* (Les scénarios du nouveau monde et la Turquie)- Cumhuriyet, (20 février 1995).
- CONAN Eric et MAKARİAN Christian, *Enquête : la montée de l'islam en Europe* l'Express, février- 2006, n°01722, p.20-26
- DJEREJİAN Edvard, *War and Peace* (Guerre et paix), U.S. Depatement ou State Dispatch, New York, (octobre -1994), N): 41, p.23-29
- İNSEL Ahmet, *Olağanlaşan Demokrasi ve Modern Muhafazakarlık* (La normalisation démocratique et le conservatisme moderne), Birikim, (novembre-décembre 2002), n° 163-164, p.21-28

- İNDYK Martin, *Beyond The Balance of Power: America's Choice in the Middle East* (Au-delà de l'équilibre des forces : le choix de l'Amérique au Moyen-Orient), The National İnterest, N°26, (1992), p.56-76
- LAÇİNER Ömer, *Postmodern Bir Din Hareketi: Fethullah Gülen Cemaati*, (Un mouvement religieux postmoderne : la communauté de Fethullah Gülen), Birikim, août 1995, N° 76, p. 3-11
- LAKET Anthony, *The Middles East Moment, at the Heart of Our Policy: Ektremism it the Enemy* (Le Moyen Orient Moment au cœur de notre politique: l'extremisme tel est l'ennemie), The Washington Poste, (24 juillet 1994), p.36-39.
- LESER Eric, *Les limites de la guerre contre le terrorisme*, le Monde Dossiers et Documents n°3 (septembre 2005), p.1-2.
- KOZANOĞLU CAN, *Dolunay-Cemaat*, (la Pleine lune – la communauté), journal Cumhuriyet, (27 août 1995).
- PIPES Daniel, *Same Difference: The İslamic Threat* (Même différence: la menace islamiste), National Review, (Novembre 1994), p. 33-35.
- PELLETREAU Robert, « *Resurgent islam in the Middle East* » (L'islam résurgent au Moyen-Orient) Middle East Policie, Vol.III, N° 2, 1994
- SÖNMEZ Mustafa, *İslami Sermaye Nasıl Tırmanıyor?* (Comment monte le capital islamiste?), Gazetepazar, (16 mars1997).
- SENCER Ayata, *Patronage, party and State: The politicalization of islam in Turkey* (Patronage, parti et État : la politisation de l'islam en Turquie), Middle East Journal, Vol.50, N°.1 (janvier 1995).
- SARIBAY ALİ YAŞAR, *İslami Popülizm ve sivil Toplum Arayışı*, (Le populisme islamique et la recherche de la société civile) Birikim, (mars-1993), N°:47, p.14-20.
- VELİDEDEOĞLU Meriç, *Yaratılan Türban Fırtınası* (la création de la tourmente du voile), Cumhuriyet, (5 Juin 2003).
- YENER Nedim, *Gecekonduya Cami Kalkanı* (le bouclier de la mosquée dans le bidonville, Milliyet, (4 octobre 1996).
- YILDIRIM Ergün, *AKP: Bir Politik Tasarının Sosyolojik Temsiliyeti* (AKP : représentativité sociologique d'un projet politique), Birikim, (octobre-décembre- 2002), N° : 163/164., p.66-70.

REVUES
Birikim (mensuel)
Nokta (hebdomadaire)
Aktüel (hebdomadaire)
Cosmopolitique (mensuel)
Cuma (hebdomadaire)
Forum (mensuel)
Gökyüzü (hebdomadaire)
İktisad (mensuel)
Köprü (mensuel)

Le Monde Diplomatique (mensuel)
Öğüt (hebdomadaire)
Power (mensuel)
Sızıntı (mensuel)
Türk Tarihi (mensuel)
Taraf (hebdomadaire)
Questions Internationales (mensuel)
Wall Street Journal

D- QUOTIDIENS
Milli Gazete
Ortadoğu
Selam
Yeni Asya
Yeni Şafak
Yeni Çağ
Yeni Masaj
Vakit dın
Wall Street Journal
Zaman

E- SITES INTERNET
www.amgt.de
www.antimai.com
www.anadoluajansi.com.tr
www.akparti.org.tr
www.asyafinans.com
www.anadolufinans.com
www.aksiyon.com.tr
www.die.gov.com
www.bianet.org
www.albaraka.com.tr
www.diyanet.gov.tr
www.eğitimsen.org
www.fatih.edu.tr
www.familyfinans.com
www.hilafet.com
www.ilahiyat.uludag.edu.tr
www.islamiyetgercegi.com
www.iktibas.info
www.mahalli-idareler.gov.tr
www.meb.gov.tr
www.resmigazete.govr.tr
www.8 Sütun.com

www.turkis.com.tr
www.üniversiteler.com
www.yenicag.com.tr
www.yenisafak.com
www.yerelsecim.com
www.ysk.gov.tr
www.zaman.com.tr

TABLE DES MATIÈRE

INTRODUCTION 7

PREMIÈRE PARTIE : LES TENDANCES IDÉOLOGIQUES ET POLITIQUES DU MOUVEMENT ISLAMISTE POLITIQUE 17

1- LE DJIHAD : UNE STRATÉGIE DE LUTTE DÉFENDUE PAR LES ISLAMISTES POUR INSTAURER UN RÉGIME POLITIQUE, LA CHARIA 17

2- LE PLACE DE LA DÉMOCRATIE DANS LA STRATÉGIE POLITIQUE DE L'İSLAM 26

3- LA BASE IDÉOLOGIQUE DES MOUVEMENTS RELIGIEUX : L'ANTICOMMUNISME 32

4- LA LIGNE DE PROGRESSION DE L'İSLAM POLITIQUE : LA SYNTHÈSE TURCO-ISLAMIQUE 35

5- LES MOUVANCES ISLAMISTES ET LA QUESTION DE LA LAÏCITE 40

6- UN SYMBOLE POUR LE MOUVEMENT ISLAMISTE : LE VOILE 44

DEUXIEME PARTIE : LES CONFRÉRIES : DES FORCES SOCIALES DU DÉVELOPPEMENT DE L'İSLAM POLITIQUE 53

1 - ISKENDERPASA : LA DERGAH D'OÙ SONT ISSUS LE PRÉSIDENT ET LE PREMIER MINISTRE 55

2- LA COMMUNAUTE SÜLEYMANCILIK : DES CENTRES DE COURS CORANIQUES POUR L'ISLAMISATION 62

- 3- LA COMMUNAUTE NURCULUK: UN MODELE D'ORGANISATION HORS DES TRADITIONS 67
- 4- LA COMMUNAUTÉ GÜLEN: LES NEO-NURCUS DU TURCO-ISLAMISME SE MONDIALISENT 74
- 5- LE RÔLE DE DÉFENSE DE L'ÉTAT DE LA COMMUNAUTÉ IŞIKÇILAR 78

TROISIEME PARTIE: LE CONTEXTE SOCIAL DU MOUVEMENT ISLAMISTE POLITIQUE 83

- 1- LES NOUVEAUX CENTRES ORGANISATIONNELS DES ISLAMISTES : LES GECEKONDU 83
- 2- UN SOUTIEN DE BASE DU MOUVEMENET İSLAMİSTE : "LES FEMMES" 86
- 3- LA JEUNESSE : UN PUBLIC STRATÉGIQUE CONVOITE PAR LES ORDRES RELIGIEUX 94

QUATRIEME PARTIE: LES FACTEURS INTERNATIONAUX DU PROGRÈS DE L'ISLAM POLITIQUE EN TURQUIE 97

- 1- LA STRATÉGIE D'ISLAM POLITIQUE SUIVİ PAR LES ÉTATS-UNIS EN TURQUIE 97
- 2- L'İSLAM POLITIQUE ET LE PROCESSUS DE L'INTÉGRATION DE LA TURQUIE À L'UNION EUROPPEENNE 106
- 3- LE RÔLE DES ÉTATS MUSULMANS DU MOYEN-ORIENT DANS LE PROGRÈS DE L'İSLAM POLITIQUE EN TURQUIE 112
- 4- LE RÔLE DES ÉMIGRÉS DE TURQUIE DANS LE PROGRÈS DE L'İSLAM POLITIQUE 117
- 5- L'ORGANISATION VISION NATIONALE EUROPÉENNE (AMGT) 121

CINQUIEME PARTIE: LES PRINCIPAUX FACTEURS INTERNES DU PROGRES DE L'İSLAM POLITIQUE 129

- 1 - LES FACTEURS ÉCONOMIQUES ET SOCIAUX 129
- 2- LE RÔLE STRATÉGIQUE DE L'ÉTAT DANS LE PROGRÈS DE L'İSLAM POLITIQUE 134

2. A- LES PARTIS DU SYSTÈME ENTRELACES
AVEC LES ORDRES RELIGIEUX 134

2.B- L'ARMÉE ET LES ORDRES RELIGIEUX :
DEUX PUISSANCES INSÉPARABLES........................... 141

SIXIÈME PARTIE : PRIORITÉS ET DOMAINES DE L'ORGANISATION STRATÉGIQUE DE L'ÎSLAM POLITIQUE 147

1 – L'ORGANISATION AU SEIN DES INSTITUTIONS FONDAMENTALES DE L'ETAT 148

2 – L'INFILTRATION ISLAMISTE PAR LE PARTI DE JUSTICE ET DÉVELOPPEMENT DANS LES INSTITUTIONS DE L'ÉTAT............................... 155

3 – LES CENTRES STRATÉGIQUES DE L'ORGANISATION DES ORDRES RELIGIEUX 161

3.A – LA PRÉSIDENCE DES AFFAIRES RELIGIEUSES..... 161

3.A.1 – LE POUVOIR ÉCONOMIQUE DE LA PRÉSIDENCE DES AFFAIRES RELIGIEUSES (PAR).......................... 162

3.A.2- LA PLACE DE LA PRÉSIDENCE DES AFFAIRES RELIGIEUSES DANS LE BUDGET DE L'ETAT 166

3.A.3 – LA FONCTION DE MISSIONNAIRE DE LA PRÉSIDENCE DES AFFAIRES RELIGIEUSES 168

3.A.4 – LA PRÉSIDENCE DES AFFAIRES RELIGIEUSES COMME UN CENTRE D'ORGANISATION DE PELERINAGE 171

3.A.5 – LE PROJET DES AFFAIRES RELIGIEUSES POUR L'AVENIR 172

3.B – LES MOSQUÉES COMME CENTRES STRATÉGIQUES DE L'ORGANISATION DU MOUVEMENT POLITIQUE ISLAMISTE.............. 173

3.C – LES FONDATIONS ET LES ASSOCIATIONS 178

3.D – LES COURS CORANIQUES 181

4- LES MUNICIPALITÉS ET LE POUVOIR ISLAMISTE REGIONAL... 191

SEPTIÈME PARTIE : LA STRATÉGIE ÉDUCATIVE DU MOUVEMENT POLITIQUE ISLAMISTE ET SES APPLICATIONS PRATIQUES 199

   1 – LE RÔLE DES LYCÉES DE FORMATION DE RELIGIEUX DANS L'ISLAMISATION DE L'EDUCATION 200

   2 – LES INTERNATS RÉGIONAUX ET LES LYCÉES DE FORMATION DE RELIGIEUX (LFR) 206

   3 – L'IMPORTANCE DES LFR POUR LES POUVOIRS POLITIQUES ISLAMISTES 207

   4 – LA CRÉATION DES LFR : UNE POLITIQUE SUIVIE PAR L'ETAT 212

   5 – LES LYCÉES SCIENTIFIQUES ET LES LYCÉES PRIVÉS : LES PRINCIPAUX PROJETS ÉDUCATIFS DES MOUVEMENTS RELIGIEUX 216

   6 – LES ETABLISSEMENTS SCOLAIRES CRÉÉS À L'ÉTRANGER PAR LES ORDRES RELIGIEUX 219

   7 – LES FACULTES DE THEOLOGIE : LES CENTRES ACADÉMIQUES ET POLITIQUES DU MOUVEMENT ISLAMISTE 222

HUITIEME PARTIE : LA POLITIQUE MÉDIATIQUE DE L'ISLAM POLITIQUE 227

   1- LA STRATÉGIE DES ORGANISATIONS D'ISLAMISTES EN DIRECTION DES MÉDIAS 227

   2- LES OUVRAGES PUBLIES PAR LES CONFRERIES 230

   3- LES REVUES ISLAMISTES 231

   4- DES JOURNAUX ISLAMISTES POUR ORIENTER LE PROCESSUS POLITIQUE 232

   5- DES MÉDIAS VISUELS ET AUDIOVISUELS AU SERVICE DE LA PROPAGANDE ISLAMISTE 233

   6- L'IMPORTANCE D'INTERNET SUR LES ACTIONS ISLAMISTES 235

NEUVIEME PARTIE : LE NIVEAU DE DÉVELOPPEMENT ÉCONOMIQUE DE L'ISLAM 237

1- L'ASSOCIATION DES CAPITAUX ISLAMISTES AVEC LES CAPITAUX INTERNATIONAUX. 237

2- DESCRIPTION DE L'ÉCONOMIE POLITIQUE DU CAPITALISME ISLAMISTE TURC 246

3- LE NIVEAU DE L'ACCUMULATION DU CAPITAL DU POUVOIR ISLAMISTE EN TURQUIE 251

4- UN MODELÉ POUR L'ORGANISATION ÉCONOMIQUE ISLAMISTE : LES SOCIÉTÉS FINANCIERES 254

5- L'ASSOCIATION DES HOMMES D'AFFAIRES INDÉPENDANTS (MUSIAD) 258

CONCLUSION 263

BIBLIOGRAPHIE 267

L'HARMATTAN, ITALIA
Via Degli Artisti 15 ; 10124 Torino

L'HARMATTAN HONGRIE
Könyvesbolt ; Kossuth L. u. 14-16
1053 Budapest

L'HARMATTAN BURKINA FASO
Rue 15.167 Route du Pô Patte d'oie
12 BP 226
Ouagadougou 12
(00226) 76 59 79 86

ESPACE L'HARMATTAN KINSHASA
Faculté des Sciences Sociales,
Politiques et Administratives
BP243, KIN XI ; Université de Kinshasa

L'HARMATTAN GUINÉE
Almamya Rue KA 028
En face du restaurant le cèdre
OKB agency BP 3470 Conakry
(00224) 60 20 85 08
harmattanguinee@yahoo.fr

L'HARMATTAN CÔTE D'IVOIRE
M. Etien N'dah Ahmon
Résidence Karl / cité des arts
Abidjan-Cocody 03 BP 1588 Abidjan 03
(00225) 05 77 87 31

L'HARMATTAN MAURITANIE
Espace El Kettab du livre francophone
N° 472 avenue Palais des Congrès
BP 316 Nouakchott
(00222) 63 25 980

L'HARMATTAN CAMEROUN
BP 11486
(00237) 458 67 00
(00237) 976 61 66
harmattancam@yahoo.fr

632414 - Décembre 2015
Achevé d'imprimer par